KB253841

지도력의 핵심

크리스천의 영성
지도력

크리스천의 영성

지도력

폴 시다 지음 · 윤 필교 옮김

신교횃불

Contents

1장

영성 훈련

이번 장은 목회자뿐 아니라 사모들에게도 유익할 것이다. 그 이유는 진정한 영적 생활은 가정에서 시작되기 때문이다. 누구도 남편이나 아내, 또는 아이들만큼 우리의 장점과 약점을 잘 알지는 못한다. 진실한 영적 생활은 가정에서 시작되어야 한다. 아래 구절은 대단히 친숙하지만 또한 영적 생활을 이해하려는 사람들에게는 대단히 중요한 말씀이다.

"그가 혹은 사도로, 혹은 선지자로, 혹은 복음 전하는 자로, 혹은 목사와 교사로 주셨으니 이는 성도를 온전케 하며 봉사의 일을 하게 하며 그리스도의 몸을 세우려 하심이라 우리가 다 하나님의 아들을 믿는 것과 아는 일에 하나가 되어 온전한 사람을 이루어 그리스도의 장성한 분량이 충만한 데까지 이르리니" (엡 4:11-13)

여기서 우리는 교회의 목적과 존재 이유를 발견하게 된다. 그것은 남자와 여자 그리고 청년과 어린이가 예수 그리스도를 더욱 더 닮아 가도록 도와주는 것이다. 특히 13절은 참된 영적 생활의 궁극적인 정의를 우리에게 가르치고 있다. 하나님은 우리가 예수 그리스도의 장성한 분량까지 자라는 것을 원하신다. 우리의 삶이 예수님의 삶에 비추어 평가되기 때문이다.

위대한 개혁자 마틴 루터도 언젠가 이 중요한 사실을 언급했다. 루터는 "세계는 그 무엇보다도 작은 그리스도들을 필요로 하고 있다"고 했다. 작은 그리스도는 예수 그리스도처럼 사는 사람들이다. 이것이 이번 장에서 우리가 함께 추구할 목표라고 할 수 있다. 이제 영성 훈련을 함께 살펴보자.

"어떻게 하면 우리의 삶이 예수 그리스도를 더욱 더 닮아 갈 수 있을까?"

"어떻게 하면 우리 사역과 개 교회에서 다른 사람들이 예수님을 더욱 더 닮아 가도록 도울 수 있을까?"

영성(Spiritual)이란?

먼저 몇 개의 용어를 정의해 보자. 영적 생활과 영성 훈련에서 '훈련' 이라는 단어를 영어에서 한글로 옮기기 좀 어려우므로 단순화하여 그것을 '영적 생활' 이라고 하자. 우리는 영적인 삶과 육적인 삶의 차이를 알고 있다.

"그런즉 너희가 어떻게 행할 것을 자세히 주의하여 지혜 없는 자같이 말고 오직 지혜 있는 자같이 하여 세월을 아끼라 때가 악하니라 그러므로 어리석은 자가 되지 말고 오직 주의 뜻이 무엇인가 이해하라 술 취하지 말라 이는 방탕한 것이니 오직 성령의 충만을 받으라"(엡 5:15-18).

우리가 참으로 영적이고자 한다면, 성령으로 충만해야만 한다. 성령의 충만함이 없이는 절대로 영적일 수가 없다. 우리는 아주 자연스럽게 육적인 삶을 살게 된다. 갈라디아서 5장에는 아주 자연스러운 육체의 일 혹은 행사의 목록이 있다.

> "육체의 일은 현저하니 곧 음행과 더러운 것과 호색과 우상 숭배와 술수
> 와 원수를 맺는 것과 분쟁과 시기와 분냄과 당 짓는 것과 분리함과 이단
> 과 투기와 술 취함과 방탕함과 또 그와 같은 것들이라 전에 너희에게 경
> 계한 것같이 경계하노니 이런 일을 하는 자들은 하나님의 나라를 유업
> 으로 받지 못할 것이요"(19-21절).

이 세상은 육체의 일을 하는 사람들로 가득 차 있다. 이 육체의 일의 목
록은 사람 전체 또는 대부분을 묘사하는 것이라고 생각한다. 그러나 성령
으로 충만할 때는 성령의 열매가 육체의 일을 대체하게 된다. 마치 어두움
과 빛이 대조되듯이 육체를 위한 옛 삶과 예수 그리스도 안의 새 삶은 대
조된다. 이것은 복음서에 나오는 베드로와 사도행전에 나타난 베드로의
차이점과도 같다. 이것이 바로 진정한 기독교 신앙과 자연인의 생활과의
차이점이다.

고린도후서 3장 6절에서 이런 구별을 요약해서 볼 수 있다. "의문은 죽
이는 것이요 영은 살리는 것임이니라." 성령의 삶은 곧 예수 그리스도 자
신의 삶이다. 예수 그리스도께서 성령의 인격으로 우리 안에서 사시는 것
이다. 영적인 생활이 있는 그곳에 우리의 행동을 주장하시는 예수 그리스
도가 계시는 것이다. 그러므로 영적 생활을 언급하는 것은 예수님의 삶에
관해서 이야기하는 것이라고 할 수 있다.

A. 훈련 (disciplines)

'훈련'이라는 단어는 '제자'(disciple)와 어원이 같다. 제자는 배우는 사
람이므로, 그리스도의 제자는 예수 그리스도에게서 배우는 사람이라고
말할 수 있다.

"무리와 제자들을 불러 이르시되 아무든지 나를 따라 오려거든 자기를 부인하고 자기 십자가를 지고 나를 좇을 것이니라 누구든지 제 목숨을 구원코자 하면 잃을 것이요 누구든지 나와 복음을 위하여 제 목숨을 잃으면 구원하리라 사람이 만일 온 천하를 얻고도 제 목숨을 잃으면 무엇이 유익하리요 사람이 무엇을 주고 제 목숨을 바꾸겠느냐"(막 8:34-37).

여기서 예수 그리스도의 제자 됨의 의미에 대한 기본적인 정의를 볼 수 있다. 우리는 그리스도의 제자로서 이 세 가지 단계들을 거쳐 왔다. 첫째, 우리 자신을 부인하였다. 둘째, 자기 십자가를 졌다. 셋째, 우리 삶의 주인으로 예수님을 따르기로 헌신했다. 이런 단계를 거치지 않고는 누구도 예수님의 참된 제자가 될 수 없다.

그런 삶은 우리가 어떻게 제자의 삶을 시작하는가 뿐 아니라, 그리스도인의 생활을 어떻게 유지하는가도 중요하다. 누가복음 9장 23절에 병행구절이 있다. "누구든지 나를 따라오려거든 자기 자신을 부인하고 날마다 자기 십자가를 지고 나를 좇을 것이니라."

날마다 우리는 자신을 부인하는 기회를 갖는다. 우리는 하나님의 뜻을 따를 것인지, 우리 자신의 길을 따를 것인지를 선택하게 된다. 날마다 우리는 다시 한 번 십자가를 질 기회를 갖는다. 이것은 우리 자신에 대해서 죽고 그리스도에 대해서 사는 것이다. 그것이 바로 사도 바울의 간증이었다. 부활장인 고린도전서 15장에서 바울은 "나는 날마다 죽노라"(31절)고 했다.

사람들은 대개 자신의 소원을 따른다. 그리스도인이라고 고백하는 많은 사람들도, 아니 안타깝게도 복음사역과 목회를 하는 많은 이들도 그렇게 산다. 만일 우리가 날마다 죽고 그리스도가 우리 안에서 살도록 하지 않는다면, 성령의 능력과 예수 그리스도의 사랑과 능력으로 섬기는 삶을 살려고 하지 않는다면 영적 생활과 영성 훈련에 대해서 배워야 할 아무런 이유가 없다.

영적 생활은 그리스도의 임재를 나타낸다. 그리고 그분의 주권과 은혜 그리고 성령의 능력을 나타내는 것이다. 영적 생활은 우리가 하나님을 위하여 무엇을 하는 것이 아니다. 만약 그렇게 한다면, 그것은 율법주의라고 할 수 있다. 그것은 성령 충만한 가운데 예수 그리스도의 통제 아래 있는 것이다. 그것은 그리스도께서 우리를 통하여 역사하시게 하는 것이다. 이것이 참된 영적 생활이다.

B. 영성 훈련의 실제

그러면 영성 훈련이란 무엇인가? 오랜 세월 동안 교회에는 소위 고전적인 영성 훈련의 목록이 있었다. 25가지 목록이 있는데, 우리가 알아야 할 것은 사람마다 그 목록이 다르다는 사실이다. 이것은 미국의 여러 신학자들이 고전적인 영성 훈련을 연구하면서 모은 목록이다. 목록별로 간단히 살펴보자.

1번은 기도, **2번**은 금식, **3번**은 경배, **4번**은 하나님의 말씀 또는 성경, **5번**은 묵상. 시편 기자가 말한 대로 우리가 하나님의 말씀을 주야로 묵상한다면 형통할 것이다.

6번은 찬양. 찬양은 경배와 매우 밀접한 관계가 있다. 찬양은 하나님께서 모든 그리스도인들에게 원하시는 삶의 양식이라고 할 수 있다. 우리는 찬양의 제사를 하나님께 계속적으로 드리는 것을 배울 것이다.

7번은 침묵. 그를 듣는 것이다. 대개의 목회자들은 너무 말을 많이 하는 경향이 있다. 우리는 침묵 훈련을 필요로 한다.

8번은 연구. 하나님의 말씀을 연구하고, 교회의 역사와 하나님의 진리를 연구해야 한다.

9번은 고백. 고백을 지속적으로 시행하는 것이 우리에게 얼마나 중요한가! 우리 마음이 예수 그리스도의 보혈로 계속 씻음을 받기 때문이다.

10번은 주는 것. 관대함과 환대다. 영적 생활을 하는 사람은 주먹을 움켜쥐고 살지 않는다. 오히려 손과 마음과 삶을 열고 산다. 하나님이 주신 축복들을 혼자 다 써버리면서 살지 않고, 다른 사람들과 그 축복을 나눈다. 예수님은 이렇게 말씀하셨다. "누구든지 자기의 목숨을 건지고 붙잡으려고 하는 자는 잃어버릴 것이나, 자기의 목숨을 잃고 주어 버리는 자는 건질 것이다."

그것은 놀라운 길이다. 하나님의 은혜를 더 많이 주면 줄수록 하나님께서는 우리에게 더 많은 은혜를 주신다. 그러면 우리의 삶은 하나님의 은혜가 넘쳐흐르는 강처럼 된다. 그리스도인의 관대함과 환대는 모두가 그렇다. 초대 교회의 성도들은 대단히 관대한 사람들이었다. 그들은 놀라운 환대를 계속 베풀었고, 이집 저집 다니면서 한결같은 기쁨을 나누었다. 우리도 그런 삶을 즐기기를 소망한다.

11번은 단순함. 우리는 아주 다양하고 복잡한 사회에 살고 있다. 일전에 신문에서 아주 재미있는 사실을 본 적이 있다. "뉴욕 타임즈 신문의 하루 기사에는 16세기 사람이 평생 동안 얻은 평균 정보량보다 많은 정보가 실려 있다." 그러니 우리가 모든 것을 다 기억 못하는 것은 당연하다. 우리는 단순한 삶이 필요하다. 단순한 삶은 자족하게 한다. 사도 바울은 자족하기를 배웠다고 했다. 그는 삶의 단순한 것들을 즐기는 것을 배웠는데, 곧 삶의 축복을 즐기는 것을 배운 것이다. 목회사역에서 목회자들은 단순한 삶을 즐기는 것을 배우는 기회가 더 많다. 영적 생활은 어떠한 상황에서도 자족하기를 배우는 것이다. 사도 바울과 실라는 빌립보 감옥 안에서도 찬송하고 찬양하고 경배할 수 있었다. 하나님께서 우리가 자족할 수 있도록 가르쳐 주시기를 기도하자.

12번은 한 마음을 갖는 것. 산상수훈에서 예수님이 말씀하셨다. "한 사람이 두 주인을 섬기지 못할 것이니 혹 이를 미워하며 저를 사랑하거나 혹 이를 중히 여기며 저를 경히 여김이라"(마 6:24). 우리의 마음은 한 가지로 예수 그리스도에게 초점을 맞출 필요가 있다.

13번은 사랑의 역사. 예수님이 말씀하셨다. "너희가 서로 사랑하면 이로써 모든 사람들이 너희가 내 제자인 줄 알리라"(요 13:35). 사랑은 행위로 나타나야만 한다. 요한일서 3장에서 사랑은 참으로 말과 혀의 일이 아니라고 하였다. 사랑은 참으로 행동으로 나타내야 한다. 예수님이 계신 곳에 사랑이 있다. 왜냐하면 하나님은 사랑이시기 때문이다. 우리의 삶이 성령으로 충만하다면 그 성령의 첫 열매는 바로 사랑이다.

14번은 교제. 교제는 하나 되게 한다. 그리스도의 교회에 가장 필요한 것 중의 하나가 바로 이 하나 됨이다.

15번은 순종. 하나님께 순종하는 것을 배우는 것이다.

16번은 복종. 그리스도 때문에 하나님께 복종하는 것을 배우고 서로에게 복종하는 것을 배우는 것이다. 복종하는 것은 누구에게나 자연스러운 것이 아니다. 오직 영적 생활만이 하나님께 복종하게 만든다.

17번은 개방성. 하나님의 성령에 대한 개방성이다. 우리의 삶의 잔이 채워지기 위해서는 먼저 비워져야 한다. 사도 바울은 우리의 삶을 예수 그리스도로 충만한 질그릇이라고 하였다. 그렇게 되기 위해서 우리는 하나님의 성령에 대해서 개방되어야 한다.

18번은 인도받음. 성경 전체를 통하여 우리는 주님의 인도하심을 받은 많은 사람들을 발견한다. 우리는 주님의 인도하심을 바란다. 나의 마음과 삶의 가장 깊은 소망은 내가 하는 모든 일에서 주님의 인도하심을 받는 것이다.

19번은 봉사. 그것은 섬기는 지도력을 포함하고 있다. 예수께서 말씀하셨다. "내 나라에는 전혀 다른 지도력이 있다. 내 나라에서 가장 큰 자는 섬기는 것을 배우는 자다. 마치 인자가 섬김을 받으려 함이 아니라 섬기고 자기의 목숨을 많은 사람의 대속물로 주려 함과 같다"(참고, 마 20:25-28).

20번은 책임. 하나님 앞에 책임을 지는 것이다.

21번은 웃음의 영적 훈련. 나는 수년 간 목회하면서 이런 진리를 발견했다. "진짜로 영적인 사람치고 웃음의 은사가 없는 사람은 없다." 그것은 주님의 기쁨인데, 그 기쁨은 우리의 마음에 기쁨을 주고 우리의 입술에는 웃음을 준다. 하나님은 우리가 웃음을 즐기기를 원하신다.

22번은 귀를 기울이는 것. 단지 조용한 것이 아니라 귀를 기울이는 것이다. 하나님이 그의 말씀을 통하여, 또한 성령을 통하여 우리에게 말씀하실 때 귀를 기울이는 것이다.

23번은 목사들을 좀 불편하게 만드는 주제이지만 아주 중요한 것이다. 그것은 바로 모델 혹은 모범이 되는 훈련이다. 사도 바울은 고린도전서 11장 1절에서 이것에 대해 이렇게 언급한다. "내가 그리스도를 본받은 것 같이 너희도 나를 본받으라." 우리는 교인들에게 예수님처럼 사는 것이 어떤 것인지 가르쳐 줄 뿐 아니라, 그리스도께서 우리의 마음과 삶을 다스리시게 함으로써 그들에게 그런 삶의 실례를 보여주어야만 하는 것이다.

24번은 좀 다른 고전적인 훈련이다. 이것은 모든 그리스도인들이 그렇게 하도록 요구하는 것은 아니다. 우리가 아는 대로 로마 가톨릭 사제들은 이 훈련을 지키고 있다. 그것은 동정(童貞) 훈련 또는 하나님의 영광을 위하여 독신으로 지내는 것이다.

25번은 이 목록을 마무리하기에 아주 좋은 것으로 축하의 영적 훈련이다. 영적 생활은 축하의 생활이다. 하나님께서 우리 안에서, 우리를 통하여 이루신 모든 것을 축하하는 것이다. 우리의 삶이 어려울 때에도 우리는 축하할 수 있다. 바울과 실라는 빌립보 감옥에서도 축하했다. 그들은 매 맞았고 사슬에 매였으나 그들의 생활엔 주님의 기쁨이 넘쳐흘렀다. 그래서 축하했던 것이다.

C. 영성 훈련의 오용에 대한 일곱 가지 경고

예수님이 가장 싫어하셨던 것은 위선이다. 위선은 사실은 그렇지 않은 데 그런 척하는 것이다. 할리우드에서 목회할 때 우리 교회에는 많은 남녀 배우들이 있었다. 그분들 중에 많은 분들은 아주 뛰어난 배우여서 그들이 연기를 하고 있는지, 아니면 실제로 그런 것인지 구별하기가 매우 힘들었다. 그런 것이 영성 훈련의 위험성 중의 하나이다. 우리가 실제로 배우처럼 되지 않는 것은 참으로 중요한 것이다.

영적 생활은 내적 생활에서부터 나와야 한다. 우리 안에 거하시는 예수님의 삶에서 나와야 한다. 우리 중에는 아무도 서기관이나 바리새인처럼 되기를 원하는 사람은 없다. 그들은 율법의 문구는 지켰지만 그 삶은 영적으로 텅 비어 있었다. 그러므로 영성 훈련의 오용에 대한 경고가 매우 중요한 것이다.

이제 영성 훈련의 오용에 대해 일곱 가지 경고를 살펴보려고 한다. 이것은 리차드 포스터 박사의 강의안에서 발췌한 것이다. 포스터 박사는 영성 훈련에 대한 책을 썼는데, 그 책이 이 주제에 대해서 아주 효과적으로 쓰이고 있다.

훈련을 율법으로

첫 번째 경고는 훈련을 율법화 해서는 안 된다는 것이다. 다른 말로 하면, 율법주의자가 되지 말라는 것이다. 우리는 서기관과 바리새인같이 되지 않아야 한다. 율법주의는 죽는 것이다. 완고한 사람은 영적으로 훈련이 안 된 사람이다. 고린도후서 3장 6절에 "의문은 죽이는 것이요 영은 살리는 것임이니라"고 하였다. 만일 단지 이 훈련들을 흉내만 낸다면 우리는 참으로 영적일 수 없다. 오직 우리의 삶이 성령에 의해 통제를 받을 때에만 진정한 영성 훈련을 보여 줄 수 있다.

훈련 자체를 목적으로

두 번째 경고는 아주 중요한 것으로 훈련 자체를 목적으로 보지 않아야 한다는 것이다. 율법주의자들은 그렇게 하고 있다. 그들은 어떤 것을 매우 중요한 행동으로 보기에 누가 그 행동을 하면서 살면 영적이다, 거룩하다고 말한다. 그러나 주님은 그런 사고에 대해서 아주 분명하게 경고하신다. "사람은 외모를 보거니와 하나님은 마음을 보시느니라." 하나님은 우리가 무슨 일을 하는가에도 관심을 가지시지만, 왜 그 일을 하는가에도 관심을 가지고 계신다. 하나님은 우리 마음을 아시고 그 동기도 아신다.

영성 훈련 그 자체에 효력이 있는 것이 아니다. 영성 훈련의 목적은 우리를 종교적으로 만드는 것이 아니며, 우리의 행위로 다른 사람에게 감동을 주는 것이 아니다. 영성 훈련의 목적은 우리를 하나님과 교제하도록 만들고, 하나님의 뜻을 행하기 위하여 성령의 흐름 안에서 살게 하는 것이다. 이것이 진정한 충만의 열쇠라고 믿는다.

예수님보다 훈련에 집중해

세 번째 경고는, 예수 그리스도가 아닌 훈련 자체에 관심을 집중하지 않도록 주의하라는 것이다. 사도 바울은 갈라디아서에서 이 진리를 아주 명백하게 언급하고 있다.

"그러나 내게는 우리 주 예수 그리스도의 십자가 외에 결코 자랑할 것이 없으니 그리스도로 말미암아 세상이 나를 대하여 십자가에 못 박히고 내가 또한 세상을 대하여 그러하니라" (갈 6:14).

골로새서 1장과 2장은 예수 그리스도와 그의 중심 되심에 관해서 말씀하고 있다. 그는 만물보다 먼저 나신 자요, 만물의 창조자이며, 만물이 그로 말미암아 그를 위하여 창조되었으며, 교회의 머리이며, 처음이요 나중이다. 즉 예수 그리스도는 인간 역사와 모든 창조의 중심이다.

골로새서 1장 27절에 나오는 "너희 안에 계신 그리스도, 영광의 소망" 그것이 바로 영성 훈련에 대한 이유다. 훈련 자체에 관심을 집중하는 것이 아니라, 그리스도에게 관심의 초점을 두는 것이다. 영성 훈련은 우리를 그리스도에게 인도한다. 훈련은 목표를 이루는 수단이지 목표가 아니다. 그 목표는 우리 안에 계시는 영광의 소망이신 그리스도다.

우리 가정에는 아들 셋이 있다. 이제는 다 장성하여 분가했지만, 아직도 가깝게 사랑을 나누며 긴밀한 교제를 하고 있다. 큰 아이인 다니엘이 어렸을 때의 일이다.

나는 수년 동안 빌리 그래함 박사를 위해서 일하는 특권을 가졌다. 대학생선교회(CCC)의 디렉터로 일하고 있었다. 선교회가 맨 처음에 조직된 곳은 미국의 네브라스카 주의 오마하였다. 그때는 아주 무덥고 습기 찬 여름이었는데 에어컨도 없었고 온도는 날로 높아만 가고 있었다.

어느 날 저녁, 사무실에서 집에 왔을 때, 문에서 어린 다니엘을 만났다. 그 아이가 한 네 살쯤 되었을 때다. 아이는 아주 흥분해 있었는데 수영복을 입고 있었다. 그 아이가 내게 이렇게 말했다. "아빠, 저 오늘 수영 배웠어요." 그래서 내가 "야, 좋았겠구나. 엄마가 수영장에 데려가셨니?" 하자, 그 아이 말이 아주 재미있었다. "아니요. 엄마가 도서관에 데려가셨어요. 거기서 아주 좋은 책을 발견했는데요, 거기 보니까 수영하는 방법이 있었어요. 저는 이제 수영할 수 있어요." 그러더니 마루에 엎드려서는 어떻게 수영하는지 보여주는 것이 아닌가. 그래서 며칠 후에 내가 그 아이를 수영장에 데려 갔는데, 당연히 그 아이는 빠져 죽지 않은 것이 다행이었다. 그 아이는 수영하는 방법은 알고 있었지만, 수영은 하지 못했던 것이다.

영성 훈련을 오용하는 것은 이와 같다. 우리는 그 훈련들을 지침처럼 여길 수 있고, 또 그 지침들이 유용하기도 하다. 그러나 그것은 단지 우리를 그리스도께 나아가도록 도와줄 뿐이다. 영성 훈련의 궁극적 목적은 그리스도와 그의 장성함에 이르게 하는 것이다.

우리는 영성 훈련에 대해서 모든 것을 알 수 있다. 그에 관한 책을 많이 읽을 수도 있고, 쓸 수도 있다. 그러나 그것이 우리를 영적으로 만들어 주지는 않는다. 오직 예수 그리스도만이 우리를 참으로 영적으로 만드실 수 있다. 오직 성령이 우리의 삶을 지배하실 때 참으로 영적으로 되는 것이다.

한 영성을 다른 영성보다 우위에

네 번째 경고가 있다. 그것은 한 가지 영성을 다른 영성보다 우위에 두려는 경향이다. 달리 말하면, 한 가지 영성을 다른 것들보다 훨씬 중요하게 만드는 것이다. 성령의 은사도 마찬가지다. 어떤 사람은 한 가지 영적 은사를 가지고 그것을 자랑할 수 있다. 그러나 누구든지 한 가지 영성 훈련이나 성령의 은사를 자랑하는 사람은 그것을 이해하지 못하는 사람이다. 참된 하나님의 은사는 우리를 겸손하게 만든다.

"한 사람은 심었고 한 사람은 물을 주었으되 언제나 자라게 하시는 분은 하나님이시다"(참고, 고전 3:6-7)라는 말씀을 우리는 이해하여야 한다. 우리의 대적 마귀는 우리가 탈선하는 것을 바라고 있다. 사도 바울의 시대도 그러했다. 그래서 이렇게 말씀한 것이다. "한 사람은 나는 바울에게, 다른 이는 나는 게바에게, 또 다른 이는 나는 아볼로를 좇는다고 주장하지만 그것은 잘못이다. 우리는 그리스도를 좇아야 한다." 그러므로 바울은 "내가 그리스도를 좇은 것처럼 너희는 나를 좇으라"고 말씀한 것이다.

그리스도인의 생활은 균형 잡힌 생활이다. 영적인 은사들을 주시는 분은 주님이다. 그가 원하시는 대로 은사를 주신다. 고린도전서 12장에서 보는 대로 우리는 우리의 삶에 균형을 잡을 필요가 있다. 작은 분파나 작은 그룹으로 나뉘어지는 것을 조심해야 한다. 어느 누구도 모든 은사들을 받지 못하며, 모든 영성 훈련에 정통한 사람이 될 수도 없다. 우리는 우리의 은사와 훈련들을 사용하여 서로를 섬기기 위해서 그리스도가 필요하고 또한 서로가 필요하다. 그러므로 균형을 잃지 않도록 아주 조심해야만 한다.

영성 훈련은 은혜를 고갈되게 한다?

다섯 번째 경고가 있다. 그것은 우리의 영성 훈련이 하나님의 은혜를 고갈되게 할 것이라고 믿는 경향이다. 즉 어떻게든 우리가 모든 영성 훈련을 마스터하고 나면 더 이상 하나님의 은혜를 바랄 수 없다고 믿는 것이다.

> "각각 은사를 받은 대로 하나님의 각양 은혜를 맡은 선한 청지기같이 서로 봉사하라 만일 누가 말하려면 하나님의 말씀을 하는 것같이 하고 누가 봉사하려면 하나님의 공급하시는 힘으로 하는 것같이 하라 이는 범사에 예수 그리스도로 말미암아 하나님이 영광을 받으시게 하려 함이니 그에게 영광과 권능이 세세에 무궁토록 있느니라 아멘"(벧전 4:10-11).

영성 훈련은 하나님의 은혜가 아니다. 그것들은 하나님의 은혜의 흐름으로 우리를 인도하는 수단일 뿐이다. 우리는 결코 그리스도인의 생활을 졸업할 수가 없다. 우리는 그리스도께서 우리를 그의 집에 인도하실 때까지 예수 그리스도의 은혜와 그를 아는 지식에서 계속 자라갈 것이다.

하나님의 은혜는 결코 고갈되지 않고 우리의 삶으로 흘러들어 온다. 그러나 그것은 사해로 흘러들어간 물처럼 우리의 삶에 고여 있어서는 안 된다. 많은 그리스도인들이 대단히 이기적이고 침체된 삶을 살고 있으므로 하나님의 은혜가 자기의 삶으로 흘러들어 오는 것은 허용하지만, 흘러 나가는 것은 허용하지 않는다. 그래서 그들의 삶이 침체된 호수처럼 썩고 불쾌해지는 것이다.

그러나 하나님은 우리의 삶이 놀랍게 흘러넘치는 강처럼 되기를 원하신다. 신선한 물이란 다른 사람들을 섬기기 위하여 우리의 삶에 흘러넘치는 은혜를 말한다. 그것이 바로 베드로전서의 이 구절이 언급하는 내용이다. 은사들은 서로를 섬기기 위하여 사용되어야 한다.

우리는 하나님의 은혜를 나눠주는 자들이 되어야 한다. 우리는 하나님의 은혜가 열린 손과 열린 마음, 열린 삶을 통하여 흘러가도록 힘써야 한다. 하나님의 은혜가 고갈될 것이라고 생각하지 말아야 한다. 그것은 우리가 이해할 수 있는 것보다 훨씬 놀라운 것이다. 하나님의 은혜로 우리가 구원을 얻었고, 하나님을 섬기고 또한 다른 사람들을 섬기는 것이며, 우리가 하늘에 올라가 영원히 살 것이다.

삶의 양식과 사회적 의미 관계 이해 못한다

여섯 번째 경고는 영성 훈련의 삶의 양식과 사회적 의미 관계를 이해하지 못하는 것이다. 다른 말로 하면, 영성 훈련은 우리의 삶의 방식을 변화시킨다는 것이다. 왜냐하면 그 훈련은 우리를 예수 그리스도와의 깊은 교제 속으로 인도하며 예수 그리스도의 주권 아래서 살도록 인도하기 때문이다. 그러므로 성령의 열매가 자연히 우리 삶의 일부가 된다. 하나님의 영이 우리 삶의 원천이 되는 것이다.

성령의 열매가 우리의 삶에서 흘러나온다. 사랑, 희락, 화평, 오래 참음, 양선, 충성 등등 모든 성령의 열매가 흘러나온다. 그것이 우리가 사는 방식을 다르게 만든다. 그것이 우리에게 바로 예수 그리스도의 심정과 동정심을 갖게 한다. 그래서 다른 사람들이 아플 때 우리도 아프게 되고, 다른 사람들이 고통 받는 것을 보거나 궁핍한 사람들을 볼 때 우리 마음에 동정심이 생기는 것이다. 우리의 삶은 점점 예수님의 삶을 닮아가고, 점점 예수님이 여기 계신다면 하셨을 그런 일을 하게 된다. 왜냐하면 우리는 예수님이 그의 삶을 우리 안에서, 우리를 통하여 사시도록 하기 때문이다.

진정으로 영적인 사람은 이기적인 사람이 아니다. 그들은 동정적이고 예수님의 사랑을 가진 사람들이다. 그들은 예수님의 사랑을 가지고 다른 사람들의 필요를 채워 주기 위하여 팔을 벌리며, 그 사회에서 변화를 일으키고 있다. 그것이 율법주의와 영적 생활의 차이점이다.

배우기만 하고 실천하지 않는다

일곱 번째이자 마지막 경고는 영성 훈련을 배우기만 하고 그것을 실천하지 않는 것이다. 영성 훈련의 이익과 축복을 즐기지 않는 것이다.

> "그러므로 너희가 그리스도와 함께 다시 살리심을 받았으면 위엣 것을 찾으라 저기는 그리스도께서 하나님 우편에 앉아계시느니라 위엣 것을 생각하고 땅엣 것을 생각지 말라 이는 너희가 죽었고 너희 생명이 그리스도와 함께 하나님 안에 감취었음이니라 우리 생명이신 그리스도께서 나타나실 그 때에 너희도 그와 함께 영광 중에 나타나리라 그러므로 땅에 있는 지체를 죽이라 곧 음란과 부정과 사욕과 악한 정욕과 탐심이니 탐심은 우상 숭배니라 이것들을 인하여 하나님의 진노가 임하느니라 너희도 전에 그 가운데 살 때에는 그 가운데서 행하였으나 이제는 너희가 이 모든 것을 벗어버리라 곧 분과 악의와 훼방과 너희 입의 부끄러운 말이라 너희가 서로 거짓말을 말라 옛 사람과 그 행위를 벗어버리고 새 사람을 입었으니 이는 자기를 창조하신 자의 형상을 좇아 지식에까지 새롭게 하심을 받는 자니라"(골 3:1-10).

이 구절은 영성 훈련의 목적을 말씀하는 훌륭한 본문이다. 우리는 옛 생활을 끝내야 한다. 우리 자신에 대하여서는 죽고 하나님께 대하여 살아야 한다. 우리는 옛 사람, 죄로 더럽혀진 옷을 벗고 새 사람, 예수 그리스도의 의를 옷 입어야 한다. 그것은 고물 자동차를 좋게 보이기 위해서 페인트칠을 하는 것이 아니라 고물 차를 버리고 새 차를 사는 것이다. "누구든지 그리스도 안에 있으면, 남자든지 여자든지 그는 새로운 창조물, 새로운 피조물이니라."

이전 것은 지나갔고 모든 것이 새로워졌다. 영성 훈련은 예수 그리스도 안에 있는 새로운 삶으로 우리를 인도한다. 그것은 예수 그리스도의 삶이다. 그렇기 때문에 11절의 이 선언으로 결론을 내리는 것이다. "거기는 헬라인과 유대인이나 할례당과 무할례당이나 야인이나 스구디아인이나 종이나 자유인이 분별이 있을 수 없나니 오직 그리스도는 만유시요 만유 안에 계시니라."

이것이 영성 훈련의 목적이다. 즉 그리스도가 우리 삶의 모든 것이 되시는 것이며, 그가 우리의 행동을 주장하시고 우리가 하는 모든 일의 주가 되시는 것이다. 우리로 하여금 그런 삶을 살게 하시는 하나님께 감사를 드린다.

> "또 무엇을 하든지 말에나 일에나 다 주 예수의 이름으로 하고 그를 힘입어 하나님 아버지께 감사하라" (골 3:17).

무슨 일을 하든지 다 주 예수 그리스도의 이름으로 한다. 이 얼마나 놀라운 삶인가!

D. 영성 훈련, 어떻게 사용할 것인가?

이제는 영성 훈련의 바른 사용에 대해서 살펴보자. 영성 훈련을 사용해야 하는 방도에 대하여 다섯 가지를 말씀드린다. 하나님의 영광을 위하여 그것을 어떻게 사용해야 할 것인가?

예수님과 계속 교제한다

우리가 하나님과 항상 교제하는 가운데 산다면 그 삶이 얼마나 놀라울 것인지 상상할 수 있겠는가? 바로 그것을 위하여 하나님께서 우리를 창조하신 것이다. 아담과 하와가 에덴동산에서 그렇게 살았는데, 그들은 하나님과 함께 완전하고 놀라운 교제를 가졌고, 또한 하나님의 모든 창조물들과도 조화를 이루고 있었다. 그 세상은 그들이 하나님을 대항하여 죄를 짓기 전까지는 완전한 세상이었다. 그러나 그들이 하나님께 죄를 지었을 때 하나님과의 교제가 깨어졌다. 그 결과 모든 사람이 죄를 범하여 하나님의 영광에 이르지 못하게 되었다. 모든 민족들, 모든 족속들, 모든 인종들, 그리고 모든 방언들이 하나님과의 교제를 상실하였다.

예수 그리스도께서는 우리의 관계와 하나님과의 교제를 회복시키시기 위해서 오신 것이다. 오직 그만이 구원의 길이시다. 종교나 철학이나 교육이나 돈이나 정치적 세력이나 군사력으로 할 수 없고, 오직 예수 그리스도만이 우리를 하나님 아버지와 화목하게 할 수 있다. 오직 우리가 자신을 부인하고 자기 십자가를 지고 예수님을 좇으며, 우리 죄를 회개하고 예수님에게로 돌이키고, 그의 보혈로 우리를 죄에서 씻어 주실 것을 간구하며, 예수님을 하나님 아버지와의 교제를 가져오는 우리의 중보자로서 모실 때에만 하나님과 화목하게 될 수 있는 것이다.

우리는 한 가지 중요한 진리를 기억해야 한다. 온 세상에 있는 사람들 중에 하나님과 진정한 교제의 삶을 사는 사람들은 오직 그리스도 안에 있고, 그리스도가 그 안에서 사시도록 하는 사람들이라는 점이다. 그리스도가 우리 안에 있고 우리가 그리스도 안에 있다는 것은 놀라운 신비다. 또한 예수님의 피가 우리를 모든 죄에서 깨끗게 하시면 우리가 그리스도와 교제하게 되고 서로와도 교제하게 된다는 것도 신비다.

영성 훈련의 첫 번째 이유는 우리를 그리스도에게로 인도하는 것이다. 그래서 그리스도가 우리 삶의 모든 것이 되도록 하는 것이며, 하나님과 계속적이고 끊임없는 교제 안에서 살 수 있는 것이다. 이 얼마나 놀랍게 사는 길인가!

영적인 독수리처럼 자유롭게 산다

영성 훈련의 두 번째 이유는 자유로워져서 우리가 될 수 있는 모든 것이 되는 것이다. 하나님이 우리가 하도록 창조하신 모든 것을 할 수 있게 되는 것이다. 우리는 영적인 독수리처럼 자유롭게 날아올라야 한다. 하나님 안에서 그분의 뜻을 행하기 위해서, 참으로 만족하기 위해서 하는 것이다.

모든 사람들은 만족하게 살기 원한다. 나는 사람들에게 "왜 마약을 먹습니까? 왜 술을 드십니까? 왜 당신은 그렇게 공개적으로 죄를 짓습니까?" 그러면 그들은 언제나 기본적으로 동일한 대답을 한다. '만족하기 위해서' 라고 말이다.

그러나 죄는 결코 만족을 주지 않는다. 죄는 언제나 빼앗아 가며, 우리의 삶을 탈취해 간다. 오직 하나님의 은혜만이 우리의 삶에 만족을 준다. 죄는 사람들을 노예로 만들어서 감옥생활을 하게 한다. 오직 예수 그리스도만이 우리를 자유롭게 하실 수 있다. 예수께서 말씀하셨다. "너희가 나를 알면 진리를 알게 될 것이고 그 진리가 너희를 자유롭게 할 것이다"(요 8:32).

우리는 다시 죄에 매인 노예 생활로 돌아가지 않도록 주의해야 한다. 사도 바울이 갈라디아 교회에게 경고한 것이 바로 그것이다. "예수 그리스도께서 너희를 자유케 하려고 오셨으니 다시는 노예생활로 돌아가지 말라"(갈 5:1). 율법주의에 매이지 말자. 예수 그리스도의 자유함 속에 살자. 매일 매순간 자유로워지자. 목회할 때 의무감으로 하지 말자. 그리스도가 우리를 거기에 있으라고 부르셨기 때문에 거기에 있어야 한다. 그리하면 하나님의 영광을 위한 목회를 할 수 있을 것이다. 하나님께서 우리를 목회자로 부르실 때 우리가 자유롭지 않다면 절대로 목회도 자유로워질 수 없다.

우리 인생에서 최고 특권은 예수 그리스도를 좇는 것이다. 인생의 최고의 영광은 예수 그리스도를 섬기는 것이다. 그리고 인생에서 최고의 복은 목사가 되고, 예수 그리스도의 교회를 섬기는 자가 되는 것이다. 그러므로 목회자는 다른 사람들에게 복이 되어야 한다.

그리스도를 더욱 닮아간다

영성 훈련을 사용하는 세 번째 방법은 우리가 날마다 예수님을 닮아가야 한다는 것이다. 에베소서 4장 13절에서 교회의 궁극적인 목적을 살펴보았다. 하나님이 교회에 지도력의 은사를 주시고 남녀 지도자들을 주셨다. 하나님이 그 은사들을 주신 것은 다른 사람을 섬기는 사람들이 되라고 주신 것이다.

하나님이 지도력의 은사를 주신 것은 성도를 온전케 함이라고 했다. 목자가 양들을 돌보듯이 다른 사람들의 삶을 위해 우리의 삶을 쏟을 수 있다는 것은 최고의 소명이며 최대의 특권이다. 선한 목자는 자기의 양들을 사랑한다. 선한 목자는 자기의 양들이 안전하게 따라오도록 양들을 부른다. 선한 목자는 마치 목자장인 예수 그리스도께서 우리를 위하여 목숨을 버리신 것처럼, 양들을 먹이고 살찌우며, 양들을 위하여 목숨까지 내놓는다.

우리가 중요한 것이 아니라 예수님이 중요하다. 주님이 교회의 주인이다. 우리는 주님을 섬기고, 또한 우리에게 맡겨진 주님의 양 몇을 섬기는 특권을 받았다. 우리는 양들을 위하여 우리의 삶을 드려 봉사의 일을 해야 한다. 그것이 본문이 가르치는 세 번째 부분이다. 하나님께서 교회에 지도력의 은사를 주신 것은 지도자들이 다른 사람들을 구비시켜 섬기게 하고, 다른 사람들을 목회하게 하려는 뜻이 있지만, 가르침의 목적이 되어서는 안 된다.

교회는 사람들이 하나님을 섬기고, 서로를 섬기는 놀라운 장소가 되어야 한다. 요즘에는 소위 소비자의식 때문에 문제가 생긴다. 많은 사람들이 교회가 자기들을 위해서 무엇을 해 줄 것인가를 바라고 온다. 불신자들이 그리스도를 찾아 올 때는 그래도 괜찮다. 그러나 진정한 그리스도인에게 그것은 합당하지 않다. 진정한 그리스도인은 교회에서 다른 사람들을 섬기는데 자기의 영적 은사들을 사용하도록 부름을 받았다. 즉 얻으려고 하지 않고 오히려 주려고 하고, 섬김을 받으려 하지 않고 섬기려고 하는 데 있다.

우리가 이런 일에 참여할 때 장성한 분량이 충만하게 되고, 영적인 하나 됨으로 자라간다. 영적 하나 됨에 관하여 몇 가지만 살펴보자. 그것은 그리스도를 아는 지식에 관한 일치다. 전치사에 유의하자. '그리스도에 관한' 지식이 아니라 '그리스도를 아는' 지식이다. 사도 바울이 말씀한 것을 기억한다. "내가 그리스도와 그 부활의 권능과 그 고난에 참예함을 알려 하여"(빌 3:10). 그것이 교회의 목적이고 진정한 영적 하나 됨이며, 그리스도 안에서의 하나 됨이다.

이제 우리가 그리스도의 장성한 분량까지 자라는 것은 교회의 주요한 목적이다. 우리가 그리스도의 충만함에 이른다는 것이다. 교회의 목적은 사람들을 도와서 더욱 더 예수님을 닮게 하는 것이다.

많은 교회들이 이것을 잘 못하고 있다. 교인들이 목사님처럼 보이고 목사님처럼 행동하게 한다. 매우 슬픈 일이다. 그것은 틀림없이 하나님의 마음을 아프게 할 것이다. 목사 각자가 가진 가장 큰 필요는 더욱 예수님처럼 자라가는 것이다. 또한 하나님께서 우리에게 돌보라고 맡기신 모든 양들의 필요 역시 더욱 예수님을 닮아 가는 것이기에, 우리의 척도는 바로 예수님의 장성한 분량이 되어야 한다.

그렇기 때문에 기도와 금식과 하나님의 말씀을 배우고 영성훈련을 시행할 필요가 있는 것이다. 그리스도에게 더 가까이 다가가고, 그리스도를 더욱 더 닮아가며 예수 그리스도의 주재권 아래 살도록 하여 성령으로 충만해지도록 해야 한다.

복의 근원이 된다

영성훈련의 네 번째 방도가 있다. 이것은 우리에게 의외일지도 모른다.

이 주제에 대해 설교하는 것은 잘 듣지 못했겠지만 이 주제는 아주 중요하고 흥미로우며, 놀라운 기쁨과 축복을 가져 올 것이다. 그것은 바로 다른 사람들에게 계속 복의 근원이 되는 것이다.

이미 말씀드린 대로 우리 자신만 복을 받는 것이 아니라 그 복을 다른 사람들과 나누는 것이다. 받기만 하지 말고 하나님의 은혜를 나눠주는 자가 되라는 것이다. 이것은 곧 창세기에서부터 말씀하시는 하나님의 진리다. 창세기 12장에서 하나님이 아브라함에게 주셨던 약속을 생각해 보자. 그의 이름이 아브라함으로 바뀌기 전에 하나님께서 이 진리를 그에게 말씀하셨다.

> "여호와께서 아브람에게 이르시되 너는 너의 본토 친척 아비 집을 떠나 내가 네게 지시할 땅으로 가라 내가 너로 큰 민족을 이루고 네게 복을 주어 네 이름을 창대케 하리니 너는 복의 근원이 될지라 너를 축복하는 자에게는 내가 복을 내리고 너를 저주하는 자에게는 내가 저주하리니 땅의 모든 족속이 너를 인하여 복을 얻을 것이니라 하신지라"(창 12:1-3).

여호와께서 아브람에게 복 주시겠다고 약속하셨다. 그의 이름을 창대케 하고 그의 가족이 큰 나라를 이루겠다고 약속하셨다. 그러나 그것이 약속의 전부는 아니었다. 그것은 시작에 불과했다. 최고의 축복은 그것보다 훨씬 큰 것이었다. "너는 복의 근원이 될지라 너를 축복하는 자에게는 내가 복을 내리고 너를 저주하는 자에게는 내가 저주하리니 땅의 모든 족속이 너를 인하여 복을 얻을 것이니라."

참으로 놀라운 약속이 아닌가? "네가 복을 받을 뿐 아니라 네 주위에 있는 모든 사람들에게 복의 근원이 될 것이다." 이것은 사도행전 2장에서 초대 교회를 처음 묘사한 그 내용과도 같지 않은가? 초대 교회는 주위의 사람들에게 복이 되었다. 그들은 주위의 칭찬을 들었으며 하나님의 임재하심을 느끼면서 공개적인 삶을 살았다. 예수님의 생명이 우리로 하여금 우리 주위의 모든 사람들에게 복이 되게 할 것이다.

이제 영성 훈련을 바르게 사용하는 마지막 다섯 번째까지 왔다. 그러나 이 목록을 다 된 것이라고 생각하지 않기 바란다. 영성 훈련을 바르게 사용하는 법을 단지 다섯 가지만 말씀드린 것이다. 주님이 인도하시는 대로 이 진리를 가르치고 이 주제에 대해 연구하고 기도하고 묵상하기 바란다. 확신하건대 주님이 분명히 또 다른 통찰력들을 주실 것이다. 하나님의 말씀은 하나님의 은혜가 그러하듯이 결코 다하는 법이 없다.

그리스도와 그의 영원한 나라에 초점을

다섯 번째 요점을 유의하자. 우리는 모든 것을 하나님의 영광을 위하여 그리스도와 그의 영원한 나라에 초점을 맞추는 것이 필요하다. 우리가 잘 아는 교리문답에 "인간의 최고 목표와 최고 목적은 무엇입니까?" 하는 질문이 있고, 또 그에 대한 대답으로 "하나님을 영화롭게 하고 영원토록 그를 즐거워하는 것이다"라는 것이 있다.

이것이 바로 인생의 궁극적인 만족함이다. 바울은 그것을 고린도전서에서 이렇게 표현했다. 고린도전서 10장 31절이다. "그런즉 너희가 먹든지 마시든지 무엇을 하든지 다 하나님의 영광을 위하여 하라." 이 얼마나 놀라운 삶인가? 하나님의 영에 충만한 삶은 하나님과 교제하면서 모든 일을 그의 영광을 구하면서 사는 삶인데, 그것이 바로 산상수훈에서 예수님이 말씀하신 삶이다.

우리는 마태복음 6장 33절을 암송하고 있다. 내가 십대였을 때 그 말씀을 내 삶의 좌우명으로 선택하였다. 오랜 기간 동안 하나님께서는 내게 그 말씀의 진리를 가르쳐 주셨다. "먼저 그의 나라와 그의 의를 구하라 그리하면 이 모든 것을 너희에게 더하시리라." 우리는 이것을 약간 다르게 표현할 수도 있다. "먼저 하나님의 뜻을 행하려고 구하라. 그의 의를 옷 입고 자신에 대하여 죽고 하나님께 대하여 살라. 그러면 나머지는 내가 맡기로 약속하노라. 내가 먹여 주리라. 내가 입혀 주리라. 내가 돌봐 주리라." "나를 믿으라. 나를 찾으라. 나를 따르라. 나에게 순종하라. 그리하면 내가 복을 주리라. 네가 다른 사람들에게 복이 되리라." 이것이 바로 하나님이 우리에게 원하시는 삶이다.

E. 영성 훈련의 개인적 적용

이번 장의 마지막 부분이 영성 훈련의 개인적 적용인데, 다섯 영역으로 요약하려고 한다. 영성 훈련이 우리 삶에서 역사하여 하나님과 교제하며 교통하게 되면 우리 삶에 어떠한 변화가 일어나겠는가? 완벽한 목록을 제시하려고 하지 않고, 단지 다섯 가지 아주 적절하고 놀라운 진리들을 말씀 드리겠다.

거룩한 삶

첫 번째는 거룩한 삶이다. 주님께서 "내가 거룩하니 너희도 거룩할지어다"라고 하셨다. 또 "먼저 내 나라와 나의 의를 구하라"고 하셨다. 이 세상에 가장 필요한 것은 거룩한 삶을 사는 사람들이다. 거룩하라는 것은 하나님처럼 되라는 것이다. 그러므로 우리는 하나님이 우리 삶을 주장하실 때만 거룩한 삶을 살 수 있다.

미국의 교회들은 현재 아주 큰 문제에 봉착해 있다. 교회에 위선이 많다는 점이다. 그리스도인이라고 고백하는 사람과 거룩하고 의로운 삶을 사는 사람 사이에는 큰 차이가 있다. 최근 갤럽 여론 조사에 의하면 73퍼센트 미국 사람들이 예수 그리스도께 헌신했다고 한다. 이것은 표면적으로는 아주 대단한 것처럼 보인다. 그래서 기뻐하면서 하나님께 찬양을 돌린다. 그러나 이 통계를 자세히 살펴보면, 그 숫자에는 아주 좋지 않은 내용들이 포함되어 있다.

갤럽이 그 상황을 면밀히 연구한 결과, 아주 다른 것들을 발견했다. 즉 그리스도인이라고 고백하는 사람들 10명 중에 1명만 예수 그리스도와 조금이라도 닮은 생활을 하고 있고, 나머지 90퍼센트의 사람들은 불신자와 다름없는 생활을 하고 있다는 것이다. 그들의 삶은 불신자들의 삶과 전혀 차이가 없었다. 이것은 기독교가 아니다. 위선이고, 죄악이며, 비극이다.

미국에 부흥이 있었던 것은 벌써 150년 전의 일이다. 세계적으로 교회가 아주 급속하게 성장하고 있는데, 미국과 서구에서는 줄어들고 있다. 오랫동안 미국은 세계에 선교사들을 가장 많이 파송하던 나라였다. 한국에도 미국에서 선교사들이 많이 왔다. 그들이 한국의 영적인 조상들이다. 그러나 이제는 한국에서 미국으로 선교사들을 보내고 있다. 그리고 다른 나라의 교회들도 미국에 선교사들을 보내고 있다. 왜 그런가? 그 이유는 사람들이 입으로 고백하는 것과는 전혀 다른 생활을 살고 있기 때문이다.

진정한 영성 훈련은 우리를 그리스도에게로 인도할 것이고, 그리스도는 우리를 거룩한 삶으로 인도하실 것이다.

만족한 삶

두 번째 개인 적용은, '만족한 삶' 이라고 부르는 것이다. 영어로 '만족한' (fulfill)이라는 단어는 찼다는 데서 나왔는데, 물이 컵에 차서 넘치는 상태를 말한다. 만족한 삶은 그리스도로 충만한 것, 성령으로 충만한 것, 충만하여 넘치는 것과 깊은 관련이 있다.

말 그대로 진정으로 채워지는 길은 그 길뿐이다. 큰 교회를 목회하는 것이나 신학 학위를 많이 갖는 것이나 연구실 벽에 상장을 많이 걸어 놓는 것으로 만족할 수 없다. 오직 예수 그리스도의 뜻을 행하고 있다는 확신만이 만족을 주는 것이다.

예수님이 그의 제자들에게 하신 말씀을 기억하는가? 요한복음 4장에 기록되어 있다. 그들은 사마리아를 지나가는 중이었다. 제자들은 음식을 사러 동네로 들어갔고 예수님은 야곱의 우물가에 남아 계셨다. 바로 그때 예수님은 사마리아 여자에게 전도했다. 대화 후 예수님을 믿고 나서 그 여자는 다른 사람들을 데려 오려고 동네로 돌아갔다. 그때 음식을 가지러 갔던 제자들이 마을에서 돌아왔다. 그러나 예수께서는 배고프지 않다고 하셨다. 제자들은 이해를 할 수가 없었고 화가 나서 서로에게 물었다. 그들은 '누군가가 예수님에게 먹을 것을 드렸나보다' 하고 생각했다.

그러나 예수님은 "다른 누가 나에게 음식을 준 것이 아니라 나의 음식은 일시적인 음식이 아니니라"고 말씀하셨다. 예수님은 조금 전 사마리아 여자에게 영원히 마르지 않고 갈하지 않는 생수에 대해서 말씀하셨는데, 이제는 제자들에게 영적인 양식에 대해서 말씀하시는 것이다.

> "예수께서 이르시되 나의 양식은 나를 보내신 이의 뜻을 행하며 그의 일을 온전히 이루는 이것이니라 너희가 넉 달이 지나야 추수할 때가 이르겠다 하지 아니하느냐 내가 너희에게 이르노니 눈을 들어 밭을 보라 희어져 추수하게 되었도다"(요 4:34, 35).

영어 성경에는 '나의 양식'(My food)이라고 되어 있다. 이 단어의 기본적인 의미는 예수님이 자기의 생명을 유지하는 것을 말씀하고 있는 것이다.

예수님의 양식에는 두 가지 일이 들어 있다.

하나는 '나를 보내신 이의 일을 하는 것'이다. 요한복음 6장에서 예수님은 비슷한 말씀을 하고 있다. '나는 내 자신의 일을 하려고 온 것이 아니라, 하늘에 계신 내 아버지의 일을 하려고 왔노라'(38, 39절 참고).

아주 분명하고 중요한 사실을 기억하자. 우리 모두는 하나님의 뜻을 행하기 위해서 창조된 것이다. 그러므로 우리가 자신의 뜻만 행하고 욕심만 채운다면 그것은 잘못이다. 그렇게는 절대로 만족이 없다. 우리는 하늘에 계신 우리 아버지의 뜻을 행할 때에만 만족할 수 있다. 예수님은 그것을 알고 계셨다. 예수님은 그 아버지와의 교통 속에 사셨고, 그 일을 하려고 자신을 드리셨던 것이다.

또한 예수님은 두 번째 일, 곧 자신의 일과 아버지의 일을 완수하는 데 자신을 드리셨다. 예수님 생애의 마지막 때에 이것을 다시 말씀하셨다는 것은 상당히 흥미롭지 않은가? 주님은 겟세마네 동산에 기도하러 그곳에 가셨다. 거기서 십자가가 바로 눈앞에 와 있다는 것을 아셨다. 그러므로 주님은 기도하면서 고뇌하셨다. 제자들에게 함께 기도하자고 요청하셨지 만 그들은 잠들어 버렸다. 주님의 고뇌는 너무 커서 땀이 피처럼 흘렀다. 주님은 아버지께 부르짖었다. "아버지여, 가능하시오면 이 잔을 내게서 옮기옵소서. 그러나 나의 원대로 마옵시고 아버지의 뜻대로 하옵소서." 이것이 만족함의 비결이다. 하나님의 뜻을 행하는 것은 언제나 쉬운 것은 아니다. 예수님처럼 우리도 때때로 기도 중에 하나님의 뜻 때문에 고뇌할 것이다. 그러나 중요한 것은 하나님의 뜻에 굴복하는 것이다.

예수님의 일은 십자가 위에서 성취되었다. 십자가 위에서 하신 예수님 의 마지막 말씀은 공관복음서와 요한복음에 기록된 대로 "다 이루었다"는 것이었다. 무엇이 다 이루어졌는가? 어떤 성경학자들은 단지 예수님이 죽 음으로써 고난이 끝났기에 고통에서 해방된 것이라고 해석한다. 그러나 나는 그것이 고통 해제의 신음소리라고 믿지 않고 승리의 외침이라고 믿 는다.

'다 끝났다!' 무엇이 끝났는가? 하나님 아버지가 그에게 하라고 주신 일이다. 우리의 생명이 끝났을 때 참으로 문제가 되는 것은 바로 그것이 다. 오직 한 가지 문제가 되는 것은 '우리가 하나님의 뜻을 행하였는가, 하 나님이 우리에게 하라고 주신 일을 끝마쳤는가' 하는 것이다.

우리의 일은 십자가가 아니다. 그것은 예수님의 고유한 일이다. 오직 예수님만이 십자가에서 죄 사함을 위한 피를 흘릴 수 있었다. 그리고 그 일은 끝났다. 그러면 우리에게는 무슨 일을 주셨는가? "너희 눈을 들어 밭을 보라. 희어져 추수하게 되었도다." 주님은 우리에게 대위임령을 주셨다. 땅 끝까지 이르러 모든 족속을 제자 삼는 것이다. 우리가 배운 모든 진리를 그들에게 가르치고 아버지와 아들과 성령의 이름으로 세례를 주는 것이다.

만족한 삶은 성령 충만에 있다. 하나님의 뜻을 행하는 데 있고, 하나님의 일을 끝마치는 데 있다. 그리고 우리는 할 일이 많이 있다. 우리 각자는 추수의 대상이며 또 대상이 되어야만 한다.

복된 삶

세 번째 실제적 적용은 축복된 삶이다. 예수님은 마태복음 5장 산상수훈의 팔복에서 복을 받는 것의 중요성을 말씀하셨다. 창세기 12장에서 본 바와 같이 하나님은 우리에게 복 주셔서 우리가 다른 사람들에게 복의 근원이 되기 원하신다. 그리고 그렇게 하는 궁극적인 길은 그리스도의 대위임령을 통해서 이루어질 수 있다. 그것을 통해 우리 주위의 사람들과 전세계에 퍼져 있는 사람들에게 복이 되는 것이다.

유용한 삶, 생산적인 삶

네 번째 영성 훈련의 개인적 적용은 유용한 삶, 생산적인 삶, 영적으로 열매 맺는 삶이다. 고린도후서 4장 5-7절의 유명한 말씀을 살펴보자.

"우리가 우리를 전파하는 것이 아니라 오직 그리스도 예수의 주 되신 것과 또 예수를 위하여 우리가 너희의 종 된 것을 전파함이라 어두운 데서 빛이 비취리라 하시던 그 하나님께서 예수 그리스도의 얼굴에 있는 하나님의 영광을 아는 빛을 우리 마음에 비춰셨느니라 우리가 이 보배를 질그릇에 가졌으니 이는 능력의 심히 큰 것이 하나님께 있고 우리에게 있지 아니함을 알게 하려 함이라."

능력은 우리에게서 나오는 것이 아니라 그리스도에게서 나온다. 사도 바울은 그것을 자신의 삶을 통하여 알았다. 하나님께 육체의 가시에서 자기를 건져달라고 간구하였을 때, 하나님은 그를 건져주는 대신에 이렇게 말씀하셨다. "내 은혜가 네게 족하도다 이는 내 능력이 약한 데서 온전하여짐이라"(고후 12:9).

예수님은, 유용한 삶은 포도나무 줄기와 가지 같다고 말씀하셨다. 요한복음 15장에서, 예수님은 포도나무 열매 비유를 하셨다. "나는 포도나무요 너희는 가지니 저가 내 안에, 내가 저 안에 있으면 이 사람은 과실을 많이 맺나니"(5절).

우리 삶이 예수님 안에 있고 예수님이 우리 삶 안에 계실 때, 그 결과 영적인 열매를 맺는다. 그것은 생산적인 삶이 될 것이고 유용한 삶이 될 것이며 열매 맺는 삶이 될 것이다. 물론 열매의 근원은 예수 그리스도 안에 있다.

영원한 삶, 하나님 나라의 삶

마지막 다섯 번째 적용이다. 이것은 영원한 삶, 하나님 나라의 삶, 산상수훈의 삶이다. 예수께서 이미 우리에게 이 땅에 투자하거나 보물을 쌓아 놓지 말라고 말씀하셨음에도 불구하고, 얼마나 많은 그리스도인들이 이곳의 삶을 위해서만 살고 있는지 모른다. 이것은 비극이다. 예수님은 우리에게 그렇게 살아서는 안 된다고 하셨다. 이 삶은 지나갈 것이다. 우리의 삶을 영원히 지속될 나라에 투자하라. 빼앗을 수 없고 녹슬지 않는 면류관을 위해서 투자하라. 하늘의 보화는 영원하며, 녹슬지 않고 좀도 먹지 않을 것이며, 도적이 와서 훔쳐갈 걱정도 할 필요가 없을 것이다.

이것은 요한계시록 2장과 3장에서 일곱 교회에게 예수님이 하신 말씀이다. 여기서 예수님은 같은 말씀을 자꾸 되풀이하신다. "이기는 자에게는 내가 나의 면류관을 주리라. 이기는 자에게는 나의 상을 주리라." 이것은 영원한 경주다. 우리는 경주를 시작할 뿐만 아니라 경주를 끝마쳐야만 한다. 하나님의 영광을 위한 영성 훈련은, 우리가 예수님을 주님으로 따르는 경주를 계속할 수 있도록 도와줄 것이다.

나는 수년 전에 아내와 함께 미국 동부에 살고 있었다. 그 당시는 빌리 그래함 선교회의 디렉터로 있었다. 아들은 아직 어렸고, 딸은 몇 주밖에 안 된 아기였다. 나는 아주 열심히 쉴 새 없이 일하고 있었는데, 간신히 사흘 휴가를 얻었다. 우리는 그 사흘 동안 뉴잉글랜드를 방문했다. 7개의 주를 돌아다니느라 1,300마일을 운전했다.

휴가 삼일 째, 마지막 날 고속도로를 달리고 있는데 '노스필드'라고 쓴 팻말이 보였다. 내가 아내 지니에게 말했다. "위대한 전도자 디 엘 무디가 노스필드에 묻혔다고 했는데…" 하면서 그 길을 빠져 나와서 그 작은 마을로 들어갔다. 한 사람에게 디 엘 무디 선생이 묻힌 곳을 아느냐고 물었더니 그 장소까지 우리를 안내해 주었다.

무디는 그 아내 옆에 아주 소박한 묘지에 묻혀 있었다. 무덤은 무디 박사가 세운 노스필드 스쿨이라는 학교 교정 안에 있었는데, 그가 태어난 집에서 얼마 떨어지지 않은 곳이었다. 그의 무덤에는 아주 소박한 묘비가 있는데, 아주 단순하고 놀라운 성구가 적혀 있었다. 그 성구는 이번 장에서 말씀드린 것의 요약이다. 바로 요한일서 2장 17절이다. 이것은 놀라운 진리다. "오직 하나님의 뜻을 행하는 이는 영원히 거하느니라."

이것이 영성 훈련이 필요한 이유다. 그리스도를 알고 그의 뜻을 행하며 영원히 사는 것이 우리 삶의 목표다.

2장

성령에 지배된 삶

이번 장의 주제는 성령의 사역에 대한 것이다. 주님은 교회가 하나 되게 하시려고 성령을 주셨다. 그러나 불행하게도 교회 안에는 성령의 사역에 관하여 대단히 많은 분란이 있어 왔다. 성령은 영적 생활에 절대적이므로 성령의 사역을 살펴보는 것은 아주 중요하다.

A. 초대교회의 성령 사역

초대교회에서는 성령의 사역이 절대적인 중심이었다. 성령의 사역에 대한 약속은 예수님이 주신 것이다. 이제 누가복음에 나타난 이 약속을 살펴보자.

1. 예수님의 지상사역

세례 요한

예수님의 생애에서 성령의 사역을 살펴보자.

"백성들이 바라고 기다리므로 모든 사람들이 요한을 혹 그리스도신가
심중에 의논하니 요한이 모든 사람에게 대답하여 가로되 나는 물로 너
희에게 세례를 주거니와 나보다 능력이 많으신 이가 오시나니 나는 그
신들메를 풀기도 감당치 못하겠노라 그는 성령과 불로 너희에게 세례를
주실 것이요 손에 키를 들고 자기의 타작 마당을 정하게 하사 알곡은 모
아 곡간에 들이고 쭉정이는 꺼지지 않는 불에 태우시리라 또 기타 여러
가지로 권하여 백성에게 좋은 소식을 전하였으나"(눅 3:15-18).

세례 요한의 사역으로 많은 사람들이 그에게 몰려들었다. 그들 중 어떤
사람들은 그가 그리스도, 즉 기름부음 받은 자 곧 메시아가 아닌가 하고
생각했다. 그래서 그들이 요한에게 물었을 때, 그는 분명하게 자기는 그리
스도가 아니라고 대답하였다. "나보다 능력이 많으신 분이 오시나니….
그는 성령과 불로 너희에게 세례를 주실 것이요"(눅 3:16).

예수께서 세례를 받으심

누가복음 3장에 보면, 예수께서 세례 요한에게 세례를 받으신 장면이 나
온다.

"백성이 다 세례를 받을새 예수도 세례를 받으시고 기도하실 때에 하늘
이 열리며 성령이 형체로 비둘기같이 그의 위에 강림하시더니 하늘로서
소리가 나기를 너는 내 사랑하는 아들이라 내가 너를 기뻐하노라 하시

니라"(눅 3:21-22)

예수께서 물로 세례를 받으실 때 기도하고 계셨다. 누가복음은 성령이 비둘기같이 그의 위에 내렸다고 말해 준다. 또 하늘에서 음성이 들렸다. "너는 내 사랑하는 아들이라 내가 너를 기뻐하노라."

예수께서 '성령에 이끌려'

예수께서 지상사역을 시작하실 때에 한 30세쯤 되셨다. 여기에 그의 지상사역에 대한 첫 묘사가 나와 있다.

"예수께서 성령의 충만함을 입어 요단강에서 돌아 오사 광야에서 사십 일 동안 성령에게 이끌리시며 마귀에게 시험을 받으시더라. 이 모든 날에 아무것도 잡수시지 아니하시니 날 수가 다하매 주리신지라"(눅 4:1-2).

첫 번째 묘사는 예수 그리스도께서 성령으로 충만하셨다는 것이다. 이것은 우리가 잘 이해하기 어렵다. 예수님은 하나님이고, 하나님은 하나이신 성부·성자·성령이신데, 어떻게 성령의 충만함을 입으셨는가? 또 어떻게 성령께서 비둘기같이 예수님 위에 내려오셨는가? 이것은 우리에게 신비다. 성경학자와 신학자들은 저마다 이것을 다르게 설명한다.

그러나 우리 모두가 동의할 수 있는 것이 한 가지 있다. 그것은 예수께서 그의 지상사역을 시작하실 때 성령으로 충만하셨다는 것이다. 그 결과 그는 성령에게 이끌리셨다.

하나님은 우리가 성령에 충만하고 성령에 이끌리기 원하신다. 성령께서 우리를 언제나 쉬운 길로 인도하시는 것은 아니다. 성령께서 예수님을 그의 사역 초기에 처음으로 인도하신 곳은 광야였다. 여기서 예수께서는 사단에게 40여 일 간 시험을 받으셨고, 그 기간 동안 예수님은 아무것도 잡수시지 아니하였다. 굉장한 영적 전쟁이 벌어진 기간이었다. 이때 하나님 아버지께서는 예수님에게 승리를 주셨다.

성령의 능력으로

시험이 끝났을 때를 누가복음 4장은 이렇게 묘사하고 있다.

"예수께서 성령의 권능으로 갈릴리에 돌아가시니 그 소문이 사방에 퍼졌고"(눅 4:14).

이 구절은 기억할 만한 세 개의 문장이 있다. 예수님께서 그의 지상 사역을 시작하실 때 성령 충만하셨다. 주님은 성령의 인도하심에 대하여, 성령이 어디로 인도하시든지, 얼마나 어렵든지 관계없이 열려 있었다. 주님이 사단의 시험을 이기시고 갈릴리로 돌아오셨을 때도 성령의 능력으로 그리하셨다. 하나님은 우리에게 역시 성령 충만하고, 성령의 인도함을 받고, 성령의 능력이 발휘되는 삶을 살기 원하신다.

아주 재능이 있지만 목회에서는 별로 열매를 맺지 못하는 목회자가 있다. 그런가 하면 그다지 재능을 갖고 있지 않고 신학훈련도 많이 받지 못한 것처럼 보이지만, 매우 능력 있고 그 사역에 열매가 풍성한 목회자가 있다. 그 차이점은 무엇인가? 아마도 그가 육체로 사역하느냐, 성령의 능력으로 사역하느냐 차이일 것이다.

성경에서 성령 충만하지 못할 때 사도 베드로는 어떤 모습이었는가. 그는 확실히 재능과 은사가 있었으며 아주 신실하고 예수님께 헌신적이었다. 그래서 그는 자신이 예수님을 위하여 기꺼이 죽을 수 있다고 생각했다. 그러나 그는 그렇게 행동하지 못했다. 그는 결정적인 순간에 주님을 배신했다. 주님이 그를 가장 필요로 할 때 주님을 배신하였던 것이다.

그리고 주님의 부활 후 오순절에 성령이 임했다. 그때의 베드로는 더 이상 실패자가 아니었다. 성령으로 충만한 것 외에는 전과 똑같은 베드로였지만 바로 그날, 그는 예루살렘 거리에 서서 외쳤고 다른 사도들은 그와 함께 서 있었다. 신약성경에서 처음으로 사도들이 한마음이 되었다.

베드로는 간단한 설교를 했다. 그때 베드로가 한 설교는 아마 요즘 신학교의 설교학 강의에서 학점을 따기 어려웠겠지만, 교회 역사상 가장 능력 있고 효과적인 설교였다. 그날 시작할 때는 일백 이십 명의 적은 무리였지만, 마칠 때에는 삼천일백이십 명의 신자들이 있었던 것이다.

단지 한 번의 설교를 한 것뿐이었다. 성령이 충만한 한 사람이 성령의 능력으로 설교했을 때, 사람들은 마음에 찔림을 받은 것이다. 베드로가 사람들을 초청하기도 전에, 성경은 말씀하고 있다. "저희가 이 말을 듣고 마음에 찔려 베드로와 다른 사도들에게 물어 가로되 형제들아 우리가 어찌 할꼬 하거늘"(행 2:37). 이에 대답한다. "베드로가 가로되 너희가 회개하여 각각 예수 그리스도의 이름으로 세례를 받고 죄사함을 받으라 그리하면 성령을 선물로 받으리니"(38절).

2. 예수님의 약속

보혜사 성령

그 약속은 그들만을 위한 것이 아니라 그들의 자녀들과 앞으로 오는 모두에게 한 약속이다. 베드로에게 주신 약속은 우리에게 성령을 주시겠다는 하나님의 약속이다. 이것은 다시 확인할 만큼 중요한 것이다. 예수님이 베드로와 다른 사도들에게 약속하신 결과, 성령이 오신 것이다.

"너희가 나를 사랑하면 나의 계명을 지키리라 내가 아버지께 구하겠으니 그가 또 다른 보혜사를 너희에게 주사 영원토록 너희와 함께 있게 하시리니 저는 진리의 영이라 세상은 능히 저를 받지 못하나니 이는 저를 보지도 못하고 알지도 못함이라 그러나 너희는 저를 아나니 저는 너희와 함께 거하심이요 또 너희 속에 계시겠음이라 내가 너희를 고아와 같이 버려두지 아니하고 너희에게로 오리라 조금 있으면 세상은 다시 나를 보지 못할 터이로되 너희는 나를 보리니 이는 내가 살았고 너희도 살 겠음이라 그날에는 내가 아버지 안에 너희가 내 안에 내가 너희 안에 있 는 것을 너희가 알리라"(요 14:15-20).

예수님의 약속은 어린아이도 이해할 수 있을 정도로 간단했다. 주님은 보혜사를 보내실 것과 그가 그들과 영원히 함께하실 것을 약속하셨다. 주 님은 "너희는 저를 알 것이니 이는 저가 너희와 함께 거하시겠음이요 너 희 속에 계시겠음이라"고 하셨다. 그 후에 예수님은 18절에서 아주 재미 있는 말씀을 하셨다. 먼저 주님은 성령에 관해서 다른 분인 것처럼 말씀하 고는 이렇게 말씀하셨다. "내가 너희를 고아와 같이 버려두지 아니하고 너희에게로 오리라 세상은 나를 보지 못할 터이로되 너희는 나를 보리 니."

너희에게 유익이라!

예수님께서 그들 안에서 사시기 위하여 성령으로 오신다고 하셨기 때문 에, 주님은 요한복음 16장에서 그것을 보다 강조하여서, 분명하게 말씀하 셨다.

"지금 내가 나를 보내신 이에게로 가는데 너희 중에서 나더러 어디로 가 느냐 묻는 자가 없고 도리어 내가 이 말을 하므로 너희 마음에 근심이 가 득하였도다 그러하나 내가 너희에게 실상을 말하노니 내가 떠나가는 것 이 너희에게 유익이라 내가 떠나가지 아니하면 보혜사가 너희에게로 오 시지 아니할 것이요 가면 내가 그를 너희에게로 보내리니 그가 와서 죄 에 대하여 의에 대하여 심판에 대하여 세상을 책망하시리라 죄에 대하 여라 함은 저희가 나를 믿지 아니함이요 의에 대하여라 함은 내가 아버 지께로 가니 너희가 다시 나를 보지 못함이요 심판에 대하여라 함은 이 세상 임금이 심판을 받았음이니라 내가 아직도 너희에게 이를 것이 많으나 지금은 너희가 감당치 못하리라 그러나 진리의 성령이 오시면 그가 너희를 모든 진리 가운데로 인도하시리니 그가 자의로 말하지 않고 오직 듣는 것을 말하시며 장래 일을 너희에게 알리시리라 그가 내 영광을 나타내리니 내 것을 가지고 너희에게 알리겠음이니라 무릇 아버지께 있는 것은 다 내 것이라 그러므로 내가 말하기를 그가 내 것을 가지고 너희에게 알리리라 하였노라"(요 16:5-15).

예수님이 제자들에게 하신 말씀은, 그들이 잘 믿지 못할 때에 말씀하신 것으로 아주 놀라운 말씀이다. 그들은 이해하기가 매우 어려웠다. 주님이 "내가 떠나갈 것이다. 그리고 내가 떠나는 것이 너희에게 유익하리라"고 말씀하셨기 때문이다.

얼마나 이해하기 어려운 말씀인가? 제자들은 예수님을 따르기 위해서 모든 것을 버린 사람들이다. 그들은 그가 그리스도인 줄 믿고 있었다. 그가 이 땅 위에 주님의 나라를 세워서 만왕의 왕이요 만주의 주로 가이사를 몰아내고 헤롯의 권좌를 몰아 낼 날이 그리 멀지 않다고 믿고 있었다.

제자들은 또한 자기들이 그 나라에서 대단히 중요한 사람들이 될 것으로 믿고 있었다. 그들은 누가 주의 좌편에 앉을 것인지, 누가 우편에 앉을 것인지를 놓고 다투었다. 그런데 예수님께서 이렇게 믿지 못할 말씀을 하신 것이다. "다른 사람들이 죽는 것처럼 나도 죽을 것이며, 그들을 떠나 갈 것이다."

주님은 이것이 너희에게 유익이라고 말씀하신 것이다. 이것은 '언제' 와 '왜'를 설명하는 것이었다. "그것이 너희에게 유익이라, 왜냐하면 내가 너희에게 다른 보혜사를 보낼 것이기 때문이다. 보혜사가 오실 것이라. 그가 오시면 세상에 대하여, 의와 심판에 대하여 증거하실 것이라. 진리의 영이 오시면 너희를 모든 진리 가운데로 인도하실 것이라."

예수님은 아주 놀라운 진리를 말씀하셨다. 주님은 절대로 그들을 떠나지 않으시며 버리지 않으시며 이 세상 끝날까지 항상 그들과 함께 하실 것이다. 왜냐하면 예수님은 더 이상 육체로는 그들과 함께 계시지 않고, 함께 일하거나 잡수시지 않으며, 땅에서 그들을 가르치지 않으실 것이기 때문이다. 그러나 주님은 그보다 훨씬 좋은 것을 그들에게 주셨다. 그들 가운데 사시지 않는다면 행하지 못할 그런 능력을 제자들에게 주실 것이다. 주님은 그들 가운데 성령의 능력과 인격으로 사실 것이다.

너희는 성령으로 세례를 받을 것이라

이제 사도행전 1장을 보고 주님의 약속을 다시 상기해 보자.

"사도와 같이 모이사 저희에게 분부하여 가라사대 예루살렘을 떠나지 말고 내게 들은 바 아버지의 약속하신 것을 기다리라 요한은 물로 세례를 베풀었으나 너희는 몇 날이 못 되어 성령으로 세례를 받으리라 하셨느니라 저희가 모였을 때에 예수께 묻자와 가로되 주께서 이스라엘 나라를 회복하심이 이때니이까 하니 가라사대 때와 기한은 아버지께서 자기의 권한에 두셨으니 너희의 알 바 아니요 오직 성령이 너희에게 임하시면 너희가 권능을 받고 예루살렘과 온 유대와 사마리아와 땅 끝까지 이르러 내 증인이 되리라 하시니라"(행 1:4-8).

이것은 참 놀라운 약속이었다. 2절을 보면, 주님은 성령으로 교훈을 주시고, 요한복음 14장과 16장에서 말씀하신 약속을 기억하게 하셨다. 이제는 그 약속이 이루어질 시간이었다. 그러므로 그들은 예루살렘으로 가서 그 약속을 기다려야 했다. 주의 약속은 간단했다. "요한은 물로 세례를 베풀었으나 너희는 몇 날이 못 되어 성령으로 세례를 받으리라. 그리고 성령이 임하시면 너희가 권능을 받으리라."

그러나 권능 자체는 목적이 아니었고, 자기 만족을 위하여 쓰일 수 없었다. 권능은 제자들을 자랑하게 하기 위한 것이 아니고, 영적 우월감에 빠지게 하는 것도 아니었다. 그것은 그리스도를 증거하기 위한 능력이고 그들에게 주신 하나님의 일, 즉 지상 명령으로 온 세계에 나가서 모든 민족을 제자 삼는 일에 동참하게 하는 능력이었다. 우리는 모두 그 명령이 성취된 것을 알고 있다.

3. 약속의 성취

이제는 하나님의 약속이 성취된 것에 대하여 살펴보자. 이것 역시 놀라운 이야기다. 이것은 찬송가 가사 중 "오래전 옛날 말씀 또 들려주시오" 하는 말과 같이 우리를 기쁘게 한다.

그들이 모두 모여 힘써 기도하니라

"제자들이 감람원이라 하는 산으로부터 예루살렘에 돌아오니 이 산은 예루살렘에서 가까워 안식일에 가기 알맞은 길이라 들어가 저희 유하는 다락에 올라가니 베드로, 요한, 야고보, 안드레와 빌립, 도마와 바돌로매, 마태와 및 알패오의 아들 야고보, 셀롯인 시몬, 야고보의 아들 유다가 다 거기 있어 여자들과 예수의 모친 마리아와 예수의 아우들로 더불어 마음을 같이하여 전혀 기도에 힘쓰니라"(행 1:12-14).

그들이 모두 모였다. 제자들에게는 얼마나 비상한 일인가? 전에는 함께 모인 적이 없었다. 심지어 예수님이 그들과 함께 계실 때에도 그들은 함께하지 않았다. 예수님께서 잡히시자 그들은 모두 흩어졌고 두려워했다. 그러나 이제는 예수님께 순종하여 한자리에 함께 모였다. 그리고 항상 기도에 참여했다. 사도들만 모인 것이 아니라, 거기에는 많은 여자들과 예수님의 모친과 형제들을 포함하여 일백이십 명쯤 되는 무리가 모여 있었다.

"오순절 날이 이미 이르매 저희가 다 같이 한 곳에 모였더니"(행 2:1).

그들은 며칠 동안 한 자리에 모여 있었는데 그때 믿기 어려운 놀라운 일이 생겼다. 나는 그 적은 무리들이 자신들에게 무슨 일이 일어날 것인지 몰랐을 것이라고 생각한다. 그런데 갑자기 아무런 예고도 없이 그들 모두가 성령이 충만하게 되었다.

저희가 다 성령의 충만함을 받고

"홀연히 하늘로부터 급하고 강한 바람 같은 소리가 있어 저희 앉은 온 집에 가득하며 불의 혀같이 갈라지는 것이 저희에게 보여 각 사람 위에 임하여 있더니 저희가 다 성령의 충만함을 받고 성령이 말하게 하심을 따라 다른 방언으로 말하기를 시작하니라"(행 2:2-4).

그 상황에서 성령이 임하신 양식은 여러 가지였다. 강한 바람과 불의 혀같이 갈라지는 것이 있었고, 방언을 말하기 시작하였다. 그러나 중요한 것은 그들 모두가 성령으로 충만하였다는 것이다. 예수님의 약속이 실현된 것이다. 성령이 그들의 삶 안에서 거하시려고, 또 성령의 인격과 능력으로 그들을 통하여 역사하시려고 오신 것이다.

4. 성령 충만한 결과

우리는 그 결과들에 대해서 잘 알고 있다. 이것이 이번 개요의 세 번째 내용이다.

사람들이 다 놀라고 기이히 여겨

"그 때에 경건한 유대인이 천하 각국으로부터 와서 예루살렘에 우거하더니 이 소리가 나매 큰 무리가 모여 각각 자기의 방언으로 제자들의 말하는 것을 듣고 소동하여 다 놀라 기이히 여겨 이르되 보라 이 말하는 사람이 다 갈릴리 사람이 아니냐 우리가 우리 각 사람의 난 각 방언으로 듣게 되는 것이 어찜이뇨 우리는 바대인과 메대인과 엘람인과 또 메소보다미아 유대와 가바도기아, 본도와 아시아, 브루기아와 밤빌리아, 애굽과 및 구레네에 가까운 리비야 여러 지방에 사는 사람들과 로마로부터 온 나그네 곧 유대인과 유대교에 들어온 사람들과 그레데인과 아라비아인들이라 우리가 다 우리의 각 방언으로 하나님의 큰일을 말함을 듣는도다 하고 다 놀라며 의혹하여 서로 가로되 이 어찐 일이냐 하며 또 어떤이들은 조롱하여 가로되 저희가 새 술이 취하였다 하더라" (행 2:5-13).

예수님의 약속이 즉각적으로 성취되기 시작했다. "성령이 너희에게 임하시면 너희가 권능을 받고 예루살렘으로부터 땅 끝까지 이르러 너희가 내 증인이 될 것이라"고 주님이 약속하신 바로 그 일이 일어난 것이다. 17절에 보면, 각처에서 온 예루살렘에 있던 사람들이 자기들의 모국어로 그리스도인들이 하나님의 놀라운 일을 말하는 것을 듣기 시작했다고 한다. 12절은 그들이 모두 놀라 기이히 여겼다고 했다. 그들은 굉장히 놀라서 "이것이 무슨 일이냐?"고 했다.

베드로와 사도들이 능력을 받고

그러나 그들 중에 놀라지도 않고 기이히 여기지도 않은 사람들이 있었다. 그들은 이것을 보고 오히려 조롱하였다. 그들은 재미있다고 생각하였고 놀림거리로 삼았다. 그들은 제자들이 너무 많은 술을 마셨기 때문이라고 생각했다. 그때에 베드로가 일어나서 설교하기 시작했다. 14-21절이 그의 설교 내용이다. 베드로는 성령의 능력을 받아 예수님의 삶과 죽으심, 그리고 부활하심에 관해 말했다 (행 2:14-21).

"저희가 이 말을 듣고 마음에 찔려 베드로와 다른 사도들에게 물어 가로

되 형제들아 우리가 어찌할꼬 하거늘" (행 2:37)

사람들은 성령에 의해서 찔림을 받았다. 이것은 또 다시 예수님의 약속이 성취된 것이다. 즉 성령이 오시면 그가 죄와 의와 심판에 대하여 증거하실 것이라고 하신 약속이다. 그들은 성령으로 말미암아 정죄를 받았으므로 베드로와 다른 사도들에게 "형제들아 우리가 어찌할꼬?" 하고 물었던 것이다.

그 때 베드로는 그들에게 회개하고 예수께로 돌아와서 죄사함의 세례를 받고 성령의 은사들을 받으라고 권하였다(행 2:38-40).

그날 삼천 명이 교회에 더하니라

그러자 그날 교회에 삼천 명이 더하여졌다(행 2:41). 이들 보통 사람들에게 임한 성령 세례의 결과가 얼마나 놀라운가? 얼마 후에 사람들이 이 제자들 때문에 놀라게 되는데, 그 이유는 그들이 배우지 못한 사람들이었음에도 불구하고 그렇게 지혜가 있고 영적인 능력이 있었기 때문이었다. 이것은 대단히 중요한 교훈이다. 우리 대부분은 상당한 신학 교육을 받을 기회를 가졌다. 그러나 절대로 신학 교육을 성령의 사역과 대체할 수는 없는 것이다.

오늘날 세계 곳곳에서는 교회가 팽창하여 성장하고 있다. 라틴 아메리카에서는 매일 38,000명이나 되는 사람들이 그리스도인이 되고 있다. 중국에서는 1950년 이래 선교사들이 활동을 하지 못하였는데, 현재는 거의 매일 25,000명의 사람들이 그리스도의 신앙으로 들어오고 있다. 오늘날 아프리카의 여러 곳에서도 커다란 영적 수확이 있다. 선교학자들이 하는 말을 들으면 아프리카에서는 매일 약 28,000명의 사람들이 그리스도에게로 온다고 한다. 인도에서도 동구와 구소련에서도 커다란 영적 수확이 있다고 한다.

하나님은 신학교육을 많이 받은 사람들을 사용하고 계시지만, 동시에 신학 수업을 조금 받았거나 전혀 받지 않은 사람들도 사용하고 계신다. 그러나 하나님이 사용하시는 사람들은 모두가 성령이 충만한 사람들이고, 성령의 능력으로 역사하고 성령의 이끌림을 받는 사람들임을 알아야 한다.

5. 성령의 지속적인 사역

사도행전이 오순절 날로 끝나지 않았다는 것을 아는 것이 매우 중요하다. 그것은 교회역사의 시작에 불과했다. 그러므로 이번 네 번째 요점은 성령의 사역이 지속된다는 것이다.

말씀, 기도, 떡을 뗌, 교제에 전념하다

하나님의 사람들은 무엇에 전념하였는가? 그들은 네 가지 주요한 일에 전념하였다.

> "저희가 사도의 가르침을 받아 서로 교제하며 떡을 떼며 기도하기를 전혀 힘쓰니라"(행 2:42).

그들은 하나님의 말씀이 된 사도들의 가르침, 기도, 교제, 코이노니아, 떡을 떼는 데 전념하였다. 이 모든 것들은 하나님과 교통하고 서로 간에 교통하는 데 관계되는 것들이다. 말씀 사역과 기도는 하나님과 교통하는 것이다. 하나님과의 수직적인 소통을 말하는 것이다. 그리고 떡을 떼는 데 코이노니아가 있었다. 이것은 서로 간의 수평적인 교통이다. 코이노니아는 문자적으로 공통화한다는 것이다. 우리가 쓰는 교통이라는 말과 어원이 같다. 하나님과의 교통, 서로 간의 교통이 바로 성령께서 우리의 삶에서 행하시는 것이다. 그 결과 그들 주위에 있던 사람들이 두려워하였고,

많은 사람들은 사도들이 행하는 기적들로 인하여 놀랐다. 그리고 믿는 자들은 모두 함께 모여서 가진 모든 것을 나누었다. 그들은 가진 것을 필요에 따라 누구에게나 주었다.

> "날마다 마음을 같이하여 성전에 모이기를 힘쓰고 집에서 떡을 떼며 기쁨과 순전한 마음으로 음식을 먹고"(46절).

그들은 하나님과 가까운 그리스도인들인 동시에 서로 간에 교통이 있는 그리스도인들이었다. 그들은 정규적으로 계속하여 함께 모였고, 집에서 떡을 떼었으며, 기쁜 마음과 진실한 마음으로 함께 먹었다. 죄는 우리를 갈라놓고 소외시키지만, 하나님은 우리를 함께하도록 만드신다.

> "하나님을 찬미하며 또 온 백성에게 칭송을 받으니 주께서 구원받는 사람을 날마다 더하게 하시니라"(47절).

이것이 예수님의 약속이며, 주님의 교회다. 우리는 교회를 성장하게 하지 못한다. 주님이 자라게 하시는 것이다.

> "여호와께서 집을 세우지 아니 하시면 세우는 자의 수고가 헛되며"(시 127:1).

사람들이 세운 교회들이 간혹 있다. 그런 교회들은 튼튼하지 못하며 결코 하나님께 영광을 돌리지 않는다. 교회를 세우시는 분은 하나님이셔야 한다. 성령사역은 하나님의 영으로 충만한 사람들에 의하여, 하나님이 그들을 통하여 역사하시기를 바라는 사람들에 의하여 기도로 시작되는 것이다. 교회 역사를 통하여 볼 때, 성령의 놀라운 운동이 있을 때는 언제나 기도가 선행되고 또한 수반되었던 것이다.

미국의 한 교회의 예를 들어 본다. 나는 '부흥을 위한 기도' 라는 주제로 사역과 기도, 그리고 주님이 자신의 교회를 세우신다는 것을 말씀하고 있었다. 설교를 마치고 나자, 한 젊은 목사가 나에게 찾아와서 이렇게 말했다. "목사님, 작년에도 부흥을 위한, 교회 부흥을 위한 기도라는 말씀을 하셨습니다." "이제 말씀드립니다만, 저는 그때 별로 은혜를 받지 못하였습니다. 저는 목사님이 말씀하신 것에 동의할 수 없었습니다. 저는 교회를 짓고 있었지만, 기도로 도움을 받을 필요가 전혀 없었습니다. 왜냐하면 우리 교회는 아주 잘 운영되고 거의 매년 12퍼센트씩 성장하고 있었기 때문입니다."

계속해서 그는 말하였다. "저는 아주 훌륭한 컴퓨터 프로그램을 가지고 성장률과 그 시기를 측정할 수 있었습니다. 저는 우리 교회가 어떻게 성장하였는지, 언제 또 몇 월에 성장할 것인지 등을 통계상으로 알 수 있었습니다. 그래서 저는 그 당시 목사님이 교회가 어떻게 하면 성장하는가 하는 말씀을 들을 필요성을 못 느꼈습니다. 물론, 저는 기도를 믿습니다. 그러나 우리 교회는 기도가 필요 없었습니다. 우리는 잘하고 있었기 때문입니다."

그리고는 계속해서 이렇게 말하였다. "몇 달 전쯤에, 하루는 우리 교회의 세 명의 여자 청년들이 저를 보자고 했습니다. 그리고는 이렇게 말하였지요. '목사님 우리는 우리 교회에 대해서 염려합니다. 우리 교회는 영적으로 아주 깨어 있다고 할 수가 없습니다. 그래서 우리는 교회를 위해서 그리고 또 목사님을 위해서 기도하기를 원합니다. 우리가 매주 모여서 기도해도 괜찮겠는지요?'"

"저는 어떻게 말해야 좋을지 몰랐습니다. 그래서 '좋습니다. 가서 기도하십시오'라고 했습니다. 저는 그들에게 기도하지 말라고 말할 수가 없었습니다. 하지만 '무슨 큰 차이가 있겠는가. 세 청년들이 기도하기를 원하는 것은 좋은 일이지' 하고 생각했습니다."

그러나 그 젊은 목사는 컴퓨터를 가지고 있었고, 자기의 계획을 가지고 있었고, 나름대로 성공을 거두고 있었기 때문에 그 여자 청년들의 기도를 곧 잊어버리고 말았던 것이다.

이 교회는 미네소타에 위치해 있었다. 미네소타의 겨울은 대단히 추운데 그해 겨울은 유난히 더 추웠다. 계속해서 그 목사는 이렇게 말했다.

"우리 교회는 일월이 되면 출석률이 연중 최저에 이릅니다. 날씨가 춥고 폭풍이 불기 때문입니다. 그런데 최근 아주 이상한 일이 일어났습니다. 출석이 줄어드는 대신 점점 늘어나고 있었습니다. 그런 현상이 몇 주일 동안 계속되었는데 컴퓨터 앞에 앉아서 그 원인을 찾아보려고 했지만 알 수가 없었습니다. 2월에도 교회는 계속 성장하고 있었습니다. 저는 그것을 이해할 수가 없어서 몇몇 성도들을 찾아가 나의 설교가 좋아졌냐고 물었으나 설교는 더 좋아지지 않았다고 말했습니다."

그는 교회가 왜 성장하고 있는지 이해할 수가 없었다. 그러나 교회는 성장을 계속하고 있었다. 그러던 어느 날, 그 젊은 목사는 지난번에 만난 세 청년들이 생각났다. 그는 비로소 기도가 이번 일과 무슨 연관이 있을지도 모른다고 생각하기 시작했다. 결국 그는 그 세 자매들을 찾아보는 것이 좋겠다고 결심한 뒤 그들이 기도하러 모이는 시간을 확인하고 그 모임에 갔다. 그가 거기서 새롭게 알게 된 것은 그 기도모임이 단지 세 명의 청년들이 모인 모임이 아니라는 것이었다. 거기에는 큰 무리의 교인들이 모여서 정규적으로 기도하고 있었던 것이다.

그 목사는 이렇게 말했다. "저는 이제 기도의 힘을 의심하지 않습니다. 기도가 절실히 필요하고, 하나님이 기도에 응답해 주신다는 것과 교회 성장은 성령의 사역 때문이었다는 것을 알게 되었습니다."

또 다른 목사 이야기를 한 가지 더 하겠다. 그는 미국 시골의 조그만 교회 목사였다. 그 마을에서 가장 가까운 마을은 17마일이나 떨어져 있었다. 그 일대는 전부가 논이어서 많은 사람들이 그 마을을 떠나 도시로 이사를 가서 교인들은 계속 줄어들고 있었다. 아무도 그 교회에 와서 목회하겠다는 사람이 없었다.

그 교회는 목회하기에 아주 어려운 교회였다. 그 교회 교인들은 몇 가지 이유로 목사들에게 아주 어려움을 주었다. 그들은 아주 비판적이었고 언제나 불평하며, 목사와 그 가족을 어렵게 하는데 재미를 느끼는 것 같았다. 그래서 전임 두 목사가 다 그 교회를 떠났는데, 아주 낙심하여 상처를 받아서 목회를 그만 두고 말았다. 아주 비극적인 상황이었다.

그러는 중에 한 젊은 목회자가 트리니티 복음주의신학교를 졸업하였다. 그는 교회를 찾고 있었지만 찾지를 못하였다. 아무도 그를 청빙하지 않았기 때문이었다. 그때 누군가가 아무도 가기를 원치 않는 그 시골 교회에 대해서 귀띔해 주었고, 그는 거기에 가기로 동의하였다. 그는 이것을 천생연분이라고 생각했던 것이다. '저쪽에는 어느 목사도 원하지 않는 교회가 있고, 이쪽에는 어느 교회도 원하지 않는 목사가 있는데, 주님께서 이 둘을 함께 모으셨다.' 그래서 그는 하나님이 그런 상황에서 자기를 통하여 놀랍게 역사하실 것이라는 큰 희망을 가지고 그 교회로 갔던 것이다.

그곳에서 그와 아내는 1년을 지낸 후에 매우 낙심되었다. 교인 수는 계속 감소했다. 교인들은 여전히 불평하고 비판하고 있었다. 그 목사와 아내는 너무 깊은 상처를 받아서 그 교회를 떠나고 목회도 그만두려고 생각하고 있었다.

이런 절망 속에서 그는 그 교회의 주인이신 하나님께 부르짖었다. "주여, 제가 어찌해야 합니까?" 그때 그는 하나님이 그에게 말씀하시는 것을 듣게 되었다. "교회의 장로들을 모아서 기도를 시작하라." 하나님이 말씀하시는 장로들이란 바로 그를 비판하던 사람들이었다. 그래서 그 목사는 최종적으로 그 장로들에게 함께 기도하자고 요청하기로 마음을 먹었다. 놀랍게도 그들은 그 목사와 함께 기도하기로 작정하였고, 매주마다 모여서 기도하기 시작하였다.

하나님께서는 그들의 마음을 녹이기 시작하셨다. 기도한 지 몇 달이 지나서 한 가지 놀라운 사건이 발생했다. 어느 주일 아침에 한 새신자가 그 교회에 모습을 드러낸 것이었다. 수년 동안 그 교회에는 새 신자라고는 한 명도 없었다. 그래서 교인들은 묻기 시작했다. "이 여자 분이 누구지? 어디서 오셨나? 누가 이 여자 분을 초청했지?" 그러나 아무도 그 질문에 대답할 수 없었다.

그런데 또 다른 놀라운 일이 생겼다. 다음 주일에 그 새 신자 여자가 다시 그 교회에 온 것이었다. 여기까지 말하고 나서 그 목사는 더 참지 못하여 울면서 그 이야기를 계속했다. 이 일은 6개월 전의 일이라고 했다. "모든 면에서 주님이 교회를 세워 오셨습니다. 우리 교회는 지난 육 개월 전보다 교인의 두 배 이상이 출석합니다. 그것은 기적입니다. 그것밖에 설명할 말이 없습니다." 그 부흥의 원인은 그 교회의 장로들의 기도와 하나님의 백성들의 기도였던 것이다. 주님이 그 교회에 구원받는 자들을 더해 주셨던 것이다.

B. 성령의 현재 사역

1. 성령이 하시는 일

이제 성령의 현재 사역을 살펴보자. 오늘날 성령의 사역에 관하여 여러 가지 견해들이 있기 때문에 이것은 아주 중요한 과제다.

성령에 대해 다른 생각을 가진 사람들

성령의 사역에 대해서 서구 교회는 여러 분파, 여러 부류로 나뉘는 경향이 있다. 성령께서 나누기 위하여 오신 것이 아니기 때문에 이것은 매우 슬픈 일이다. 나누는 것은 사단이지만 주님은 우리를 모아 연합시키신다. 그러므로 그들의 성령 사역에 대한 이해에 틀림없이 무엇인가 잘못되어 있다고 생각한다.

왜 그렇게 많은 불일치가 존재할까? 나는 이 문제를 연구하면서 두 가지 기본적인 질문을 발견하였다. 추측컨대, 우리들 중에도 성령의 사역에 대해서 다른 견해를 가진 분들이 있을 것이다. "어떻게 그리스도인들은 성령의 충만을 받는가?" "언제 그리스도인들은 성령의 충만을 받는가?" 이 두 가지 질문에는 세 가지 기본적인 대답이 있다.

첫 번째 부류의 사람들은 이렇게 대답할 것이다. "중생의 순간입니다. 성령으로 거듭나는 순간, 성령으로 충만해집니다. 중생의 순간에 성령의 모든 것을 받습니다."

두 번째 부류의 사람들은, "아니요. 물로 세례 받는 순간 성령으로 충만해집니다. 마치 예수께서 물로 세례를 받으셨을 때 성령세례를 받으신 것처럼, 우리도 동일한 때에 동일한 방법으로 충만하게 되어야 하지 않겠습니까?"라고 말한다.

세 번째 부류의 사람들은 이렇게 말한다. "성령의 충만을 받는 특별한 때가 있습니다. 성령으로 충만하다는 것은 성령의 특별한 세례를 필요로 합니다." 이 사람들 중 많은 사람들은 이렇게 말할 것이다. "성령세례를 받게 되면 언제나 방언의 은사를 받게 됩니다."

교회가 분열하는 이유

그래서 교회가 분열된다. 그리스도인들은 그에 대하여 논쟁할 뿐 아니라, 분열한다. 처음에는 불일치로 시작하여 분열로 끝난다. 내가 연구한 바에 의하면 분열에도 세 가지 기본 영역이 있는 듯하다.

처음 영역은 시간이 다르다는 것과 관계가 있다. 즉 성령 충만을 받은 때가 언제냐에 관한 다른 관점들이다.

두 번째, 분열의 중요한 요소는 우리가 다른 경험과 다른 감정을 갖고 있다는 것이다. 어떤 사람들은 자기가 가진 것과 동일한 경험을 갖지 않으면 성령 충만을 받은 것이 아니라고 말하기도 한다.

우리는 예수님께 고침을 받은 소경들이 그런 불일치와 분열상을 가진 것을 상상해 볼 수 있겠는가? 소경이었다가 예수님께 고침을 받은 두 사람이 어느 날 거리에서 만났다고 상상해 보자.

한 사람이 다른 사람에게 말한다. "내가 들으니 예수님이 당신을 고쳐 주셨다는데." 그러자 다른 사람이 말한다. "네, 저는 소경이었으나 지금은 봅니다." 그러면 처음 사람이 이렇게 말할 것이다. "예수님이 어떻게 당신을 고쳐 주셨수?" 다른 사람이 대답한다. "예수께서 말씀하시기를 '나아라!' 하시니 갑자기 나아서 보게 되었습니다." 그러자 처음 사람이 "아니, 아니, 그게 아니지. 예수님이 나를 고쳐 주실 때는 내 눈에 진흙을 붙였다가 떼어 주셨어. 그래서 내가 나았다고. 당신은 아직도 장님이구만! 당신 눈에 진흙을 넣지 않았으면 당신은 아직도 장님이야!'라고 말했다면, 이 얼마나 우스운 논쟁이겠는가? 서로 다른 경험에 대해서 논쟁을 한다면 그와 같은 어리석음이 아니겠는가?

어째서 성령님을 획일화하려고 하는가? 미국에는 많은 사람들이 성령을 통제하는 성령론을 가졌다. 그들은 이렇게 말한다. "성령의 충만을 받는 길은 오직 한 가지밖에 없다. 만일 당신이 나와 같은 경험을 가지지 못하였다면 당신은 성령충만을 받지 못한 것이다."

우리는 성령을 통제하는 신학은 필요가 없다. 우리는 우리를 성령의 통제 아래 놓는 신학을 필요로 한다. 그것은 하나님으로 하나님 되시게 하는 것이다. 그것은 주님이 우리의 삶을 채우시되 주님의 뜻대로, 주님이 원하실 때, 주님이 원하시는 곳에서 채우시게 하는 것이다.

교회의 세 번째 분열 영역이 있다. 성령의 은사들에 대한 서로 다른 표현이 그것이다. "당신이 기적적인 능력을 갖지 못했다면 당신은 성령 충만을 받지 못한 것이다." 그러면 다른 사람이 말한다. "아니요. 기적적인 은사들은 오늘을 위한 것이 아닙니다. 우리 하나님은 그때처럼 하실 수 있지만 더 이상 하시지는 않는답니다.”

나는 이런 것들 중에 하나를 논쟁하려는 것이 아니다. 이렇게 성령에 관한 교리를 가지고 다투면서 분열한다면 얼마나 슬픈 일인지 말씀드리려는 것이다. 지금은 우리가 성령으로 하나 될 때이고 서로 존중하고 서로 사랑하고, 성령이 그의 뜻대로 사역하시게 할 때다.

가장 중요한 질문은 언제 성령의 충만을 받느냐가 아니다. 어떻게 성령의 충만을 받느냐도 아니다. 가장 중요한 질문은 “당신은 지금 성령으로 충만합니까” 하는 것이다. 우리의 삶과 사역이 성령의 통제 아래 있는가?

엘리야는 하나님을 놀랍게 체험하였다.

> “여호와께서 가라사대 너는 나가서 여호와의 앞에서 산에 섰으라 하시더니 여호와께서 지나가시는데 여호와의 앞에 크고 강한 바람이 산을 가르고 바위를 부수나 바람 가운데 여호와께서 계시지 아니하며 바람 후에 지진이 있으나 지진 가운데도 여호와께서 계시지 아니하며 또 지진 후에 불이 있으나 불 가운데도 여호와께서 계시지 아니하더니 불 후에 세미한 소리가 있는지라 엘리야가 듣고 겉옷으로 얼굴을 가리우고 나가 굴 어귀에 서매 소리가 있어 저에게 임하여 가라사대 엘리야야 네가 어찌하여 여기 있느냐”(왕상 19:11-13).

여호와께서 오순절과 같이 강력한 바람 속에, 큰 지진 속에, 은밀하고 작은 속삭임 속에서 움직이실 때도 있다. 우리는 하나님께 ‘이렇게 움직이십시요’ 하고 말할 수는 없다. 우리는 하나님 앞에서 겸손할 필요가 있다. 우리는 성령의 체험 자체가 목적이 아니라는 것을 알기 때문이다.

2. 성령의 사역이 왜 필요한가?

왜 우리는 성령의 사역이 필요한가? 이것은 우리 사역에서 상당히 빈번

하게 물어야 할 질문이다.

그리스도의 임재를 주시기 위해서

요한복음 14장 16절을 보면, 왜 성령의 사역이 그토록 절실하게 우리에게 필요한가에 대한 첫 번째 이유를 알 수 있다.

"내가 아버지께 구하겠으니 그가 또 다른 보혜사를 너희에게 주사 영원토록 너희와 함께 있게 하시리니."

그리스도의 임재를 주시기 위함이 우리에게 성령이 필요한 첫 번째 이유다. 마태복음 28장 20절은 예수님의 약속을 성취하기 위한 것이다. "볼지어다 내가 세상 끝날까지 너희와 항상 함께 있으리라." 예수님이 말씀하신바 "내가 너희를 떠나지 아니하고 너희를 버리지 아니하리라" 하신 약속을 성취하기 위함이다.

이것은 내가 상상할 수 있는 가장 놀라운 소식이다. 즉 예수 그리스도께서 오늘도 이 안에 계시다는 것이다. 주님은 주님의 백성들의 삶에 살아 계신다. 성령이 우리 삶에 오셔서 채우실 때 예수님이 거기 계신다. 하나님의 성령이 우리와 함께 계시면 우리는 절대로 혼자 있을 수가 없는 것이다. 주님은 절대로 우리를 떠나거나 버리지 않으신다. 이것이 우리의 삶과 기도에서 우리가 알아야 할 아주 중요한 점이다.

혹시 하나님이 내 기도를 들으실까 하고 의심한 적이 있는가? 기도하고 있을 때 사단이 와서 낙심케 한 적이 있는가? 또 기도하고 있는 중에도 감정이 싸늘해진 적이 있는가? 하나님이 멀리 계신 것처럼 느껴지고 때때로 너무 낙심되어서 기도가 천장에도 올라가지 못하는 것처럼 느껴질 때가 있는가?

그럴 때 예수님의 약속이 온다. 그것은 우리의 감정이나 느낌에 근거한 것이 아니다. 하나님이 약속하셨다. 예수님이 우리에게 성령을 주시고, 임재하시겠다고 약속하셨다. "볼지어다 내가 세상 끝날까지 너희와 항상 함께 있으리라." 우리가 기뻐하고 하나님을 찬양해야 하지 않겠는가?

그리스도의 능력을 주시기 위하여

우리에게 성령이 필요한 두 번째 이유는 그리스도의 능력을 주시기 위함이다. "성령이 너희에게 임하시면 너희가 권능을 받고"(행 1:8).

현대 교회들은 그리 능력이 있어 보이지 않는다. 우리 시대의 위대한 역사가 중의 한 사람인 아놀드 토인비가 서구 교회를 '찍찍대는 사자' 라고 묘사한 적이 있다. 교회에 대한 얼마나 형편없는 묘사인가! 그것을 사도행전에 나오는 교회와 한번 비교해 보라. 불행하게도 많은 교회들이 성령의 능력을 잃어버렸다. 성령의 사역을 무시하고 있다.

내가 미국의 몇몇 교회들을 조사하면서 이렇게 질문했다. "이 교회에 성령께서 찾아오신 지가 얼마나 되었습니까?" 또 이렇게 물었다. "만일 주일 아침에 예수님이 이 교회에 오신다면 어떻게 하시겠습니까?" 많은 교회들이 찬양하고 설교하고 헌금을 바치지만, 성령의 능력은 부인하고 있다. 이 얼마나 슬픈 일인가!

우리에게 성령이 필요한 이유 중의 하나는 그리스도의 능력을 얻기 위함이다. 그 능력은 봉사를 위한 그리스도의 능력일 뿐 아니라, 예수 그리스도의 지상명령을 완수하기 위한 것이다.

나는 캘리포니아에 있는 파사데나에서 십여 년 간 목회할 특권을 누렸다. 거기에는 미국의 세계 선교센터가 있다. 그래서 그 센터에 있는 지도자들, 랄프 윈터와 그의 아내 바바라를 포함한 거의 대부분이 우리 교회의 가족이었다. 랄프 윈터는 우리 시대의 가장 위대한 선교학자일 것이다. 그는 주님의 지상명령을 성취하려는 마음을 가지고 있다. 그가 지상명령에 대하여 다음과 같은 아주 고무적인 소식을 알려 주었다.

1세기 말에는 세계 인구가 약 1억 8천만 명이었다. 그중에 1백만 명이 그리스도인이었다. 그 그리스도인 1백만 명 중에 반인 오십만 명이 예수 그리스도께 깊이 헌신된 사람들이었다. 그러나 20세기가 시작될 때 세계 인구는 대략 16억 2천만 명이었다. 그리고 당시에는 4천만 명의 깊이 헌신된 그리스도인들이 있었다고 한다. 1992년에는 약 55억 명의 인구 가운데 깊이 헌신된 그리스도인들은 5억 4천만 명이 있는 것으로 추정된다.

그러면 이 통계는 지상명령에 대해서 무엇을 말해 주는가? 1세기 말에는 불신자 360명 당 그리스도인이 1명이고, 20세기 초에는 헌신된 그리스도인 1명당 불신자가 40명이지만, 1992년에는 깊이 헌신된 그리스도인 1명당 불신자가 10명이라는 통계가 나온다. 우리는 이 사실에 고무될 필요가 있다. 주님이 당신의 교회를 세우시며, 그 진보가 이루어지고 있다는 것이다.

하나님이 모든 종족과 나라에서 그리스도인들을 모으고 계신다. 그리고 하나님은 우리에게 전도의 능력과 성령께서 그리스도의 교회를 세우시는 것을 볼 능력을 주시기 원하신다. 그것이 우리에게 성령의 사역이 필요한 이유 중의 하나다.

우리는 배경이나 성령론이 다를 수 있다. 그러나 우리가 그리스도께 헌신한다면 성령론이 결코 우리를 나누지 못할 것이다. 우리 자신을 하나님 앞에 낮추자. 그리고 하나님의 영이 우리의 영과 함께 증거하게 하자.

세계 선교에서 가장 필요한 것은 그리스도의 몸이 하나 되는 것이다. 그러나 그것은 부차적인 것들까지 완전히 하나 되는 것을 의미하는 것은 아니다. 예수님을 주로 인정하며 성령을 우리 삶에 모셔 들이고 서로에게 봉사하는 것이 우리를 하나 되게 하는 것이다.

우리는 왜 성령의 사역이 필요한가? 우리는 우리 삶과 교회와 가정에 성령의 사역을 필요로 한다. 우리는 그리스도의 임재와 능력을 체험하기 위해 성령을 필요로 한다. 사도 바울이 "내가 그리스도와 그 부활의 권능과 그 고난에 참예함을 알려 하여"라고 말한 것을 기억하자. 또한 사도 바울이 디모데에게 이렇게 썼던 것을 기억하자. "하나님이 우리에게 주신 것은 두려워하는 마음이 아니요 오직 능력과 사랑과 근신하는 마음이니.”
예수 그리스도가 계신 곳에 하나님의 백성이 활용할 수 있는 하나님의 능
력이 있는 것이다.

죄, 의, 심판에 대해 세상을 책망하기 위해

성령의 사역을 필요로 하는 세 번째 이유가 있다. 요한복음 16장 7절에
서 우리는 죄에 대하여, 의에 대하여, 심판에 대하여 세상을 책망하기 위
해 성령을 필요로 한다는 것을 보았다. 전도가 첫째로 성령의 사역임을 깨
닫는 것은 너무나 중요한 일이다. 전도는 단순한 인간적인 방법이나 조직
을 훨씬 초월한다.

나는 몇 년 동안 빌리 그래함 박사를 위해 일하는 특권을 누렸다. 또한
최근에는 북미의 빌리 그래함 전도학교의 학장으로 일하는 특권을 누렸
다. 나는 여러 가지 이유로 그래함 박사를 존경한다. 그는 하나님의 위대
한 사람이고, 예수 그리스도의 겸손한 종이고, 참으로 성령의 능력으로 사
역해 온 분이다. 그래서 그런지 많은 사람들이 그의 사역이나 전도 집회의
조직이나 그의 설교 스타일을 모방하려고 했다. 그러나 그들은 빌리 그래
함이 되지 않았다. 왜냐하면 그분의 천재성은 설교 스타일을 초월하고 전
도 집회의 조직을 훨씬 초월하기 때문이다. 빌리 그래함은, 전도가 인간의
노력이 아니라 오히려 첫째로 성령의 사역이라는 사실을 이해하고 있다.

그러므로 만일 그래함에게 “당신의 전도 집회의 성공 비결이 무엇입니
까?”라고 묻는다면, 그는 언제나 꼭 같이 그 질문에 이렇게 답변한다. “이
사역의 성공에는 세 가지 기본적인 이유 또는 원인이 있습니다. 첫째는 기
도, 둘째도 기도, 셋째도 기도입니다.” 그래함의 사역은 첫째로 기도 사역
이다.

그래함의 전도집회를 통해서 그리스도를 영접한 대부분의 사람은 그리
스도인 친구들의 기도 응답으로 맺힌 열매임을 보여 주고 있다. 주님께서

그들의 기도를 들어 주셨다. 그분은 그들이 데리고 온 사람들에게 죄에 대해 책망하셨으며, 구세주의 필요성을 일깨워 주셨다. 이것이 전도의 신비 중 하나다.

우리 중에 장로 교인들은 예수님께서 그것을 표현하신 약간 다른 방법을 선호하실 것이다. 예수님께서 이렇게 말씀하신 것을 기억하고 있다. "하늘에 계신 내 아버지께서 이끌지 아니하시면 아무도 내게 올 수 없으니." 거기에 하나님의 주권적인 사역과 그분이 죄인들에게 주신 자유의지 간의 놀라운 신비가 있다. 그러나 이끄시는 분은 성령이다. 책망하시는 분도 성령이다. 구애하시는 분도 성령이다. 그리고 성령의 사역을 푸는 것은 기도다.

진리로 인도하시기 위해

성령의 사역을 필요로 하는 또 한 가지 이유가 있다. 그것은 우리를 진리로 인도하는 것이다. 주님께서 교회에게 성령을 주신 것은 우리를 진리로 인도하기 위함이다.

"진리의 성령이 오시면 그가 너희를 모든 진리 가운데로 인도하시리니"(요 16:13).

오늘날 세상에는 많은 음성들이 있다. 그들은 "이것이 진리다"라고 말하고 있다. 그리고 젊은이들과 아이들이 "무엇이 진리인지 어떻게 알 수 있나요?"라고 묻고 있다. 우리는 그들을 하나님의 말씀과 성령의 인도하심으로 이끌 필요가 있다.

우리 시대의 뛰어난 성경 번역자 중에 필립스라는 사람이 있었다. 그는 원래 영국 성공회의 신부로 매우 자유주의적인 학자였다. 그는 성경의 권위와 무오성을 믿지 않았다. 그래서 그는 성경이 영감으로 받은 하나님의 말씀이 아님을 단번에 증명하리라고 결심했다. 그는 맹렬히 성경을 연구하기 시작했다. 그러나 놀라운 일이 일어났다. 성령께서 그의 마음속에 역사하기 시작하신 것이다. 결국 그는 예수 그리스도를 철저하게 믿게 되었고 성경의 권위와 영감과 무오성에 대한 깊은 확신에 이르게 되었다. 그리고는 신약성경의 놀라운 번역자가 되었다.

그는 이렇게 그리스도를 개인적으로 믿고 성경을 신뢰하게 된 자신의 삶을 기록한 놀라운 전기를 썼다. 그는 그 책 제목을 〈진리의 고리〉라고 했다. 이 얼마나 놀라운 제목인가! 그것이 성령께서 하시는 일이다. 예수 그리스도께서는 오셔서 "내가 곧 길이요 진리요 생명이니"라고 말씀하셨다. 예수님은 인격화된 진리다. 성경은 기록된 진리다. 그리고 성령께서는 우리를 진리로 인도하실 것이다. 성령께서는 하나님의 말씀의 진리로 우리를 인도하실 것이다.

그리스도께 영광을 돌리기 위하여

성령의 사역을 필요로 하는 또 한 가지 이유가 있는데, 그것은 그리스도께 영광을 돌리는 것이다. 교회 내에 분열과 불화가 있을 수 있다. 그러나 성부, 성자, 성령 간에는 아무런 경쟁도 없다. 셋이 서로 완전한 하나를 이루고 계신다. 우리는 요한복음 16장 14절에서 성령께서 그리스도께 영광을 돌리신다는 말씀을 읽게 된다. 신성 안에 아무런 경쟁이 없음을 안다는 것은 놀라운 일이다. 하나님께서 우리가 서로 경쟁하기 원치 않으심을 아는 것 또한 놀라운 일이다. 성령께서는 자신에게 초점을 맞추지 않고 그리스도와 그리스도께로 사람을 이끄는 데 초점을 맞추고 계신다.

영적 은사들을 공급하시기 위해

성령의 사역을 필요로 하는 또 한 가지 이유가 있다. 그것은 교회 공동체를 섬기기 위한 영적 은사들을 제공하는 것이다. 고린도전서 12장을 펴서 다시 한 번 영적 은사들에 관한 성경의 교훈 중 일부를 살펴보도록 하자.

"은사는 여러 가지나 성령은 같고 직임은 여러 가지나 주는 같으며 또 역사는 여러 가지나 모든 것을 모든 사람 가운데서 역사하시는 하나님은 같으니 각 사람에게 성령의 나타남을 주심은 유익하게 하려 하심이라"(고전 12:4-7).

하나님께서는 우리가 영적 은사에 관해서 무지하기를 원치 않으신다. 은사는 여러 가지나 성령은 같다. 직임은 여러 가지나 주는 같다. 또 역사는 여러 가지나 모든 것을 모든 사람 가운데 역사하시는 하나님은 같다. 그리고 은사들은 우리 자신의 영광이나 우리를 영적으로 교만하게 만들기 위해 주어지지 않는다. 7절에 따르면 은사들은 공동의 유익을 위한 것이다. 은사들은 다른 사람들을 섬기는 데 사용되어야 하는 것이다.

베드로는 베드로전서 4장 1절에서 그 사실을 확인하고 있다. 어떤 은사를 받든지 다른 사람들을 섬기는 데 사용해야 한다. 영적 은사들을 놓고 분열되지 말자. 성령의 사역을 놓고 분열되거나 나눠지지 말자. 성령으로 하여금 우리에게 그리스도의 임재와 능력을 제공하도록 하자. 성령으로 하여금 죄에 대하여, 의에 대하여, 심판에 대하여 세상을 책망하심으로써, 우리의 전도 사역을 도우시게 하자. 성령으로 하여금 우리를 진리로 인도하게 하고 그리스도께 영광을 돌리게 하자. 그리고 교회 안에서 영적인 사역이 일어날 수 있도록 영적 은사들을 제공하게 하자.

C. 성령의 능력을 활용하는 법

이제 다음과 같은 질문이 따른다. "우리는 어떻게 성령의 능력을 활용할 수 있는가?" 그 문제에 대해서도 교회 내에 서로 다른 의견들이 있다. 그러나 내가 믿기에는 우리 모두가 동의하는 어떤 것이 있다.

예수 그리스도의 주권을 인정할 때

"네가 만일 네 입으로 예수를 주로 시인하며 또 하나님께서 그를 죽은
자 가운데서 살리신 것을 네 마음에 믿으면 구원을 얻으리니 사람이 마
음으로 믿어 의에 이르고 입으로 시인하여 구원에 이르느니라 성경에
이르되 누구든지 저를 믿는 자는 부끄러움을 당하지 아니하리라 하니
유대인이나 헬라인이나 차별이 없음이라 한 주께서 모든 사람의 주가
되사 저를 부르는 모든 사람에게 부요하시도다 누구든지 주의 이름을
부르는 자는 구원을 얻으리라"(롬 10:9-13).

우리는 '입으로' 예수 그리스도를 주라 고백한다. 그분과 그분의 부활
을 믿고 고백할 때 죄로부터 구원을 받는다. 동일하신 주님이 모든 사람
위에 역사하시기 때문이다. 또한 예수 그리스도를 고백하고 마음으로 주
님을 믿는 사람, 그리고 주님의 말씀을 믿는 사람, 또는 자기를 부인하고
날마다 자기 십자가를 지고 주님을 따르는 사람은 입으로 그리스도를 시
인하고 마음으로 주님을 믿고 자신의 죄를 회개하고 그리스도를 의지하
며, 주님을 자기 삶의 주로 따르는 데 동의할 것이다.

베드로전서 3장을 펴서 다시 한 번 매우 친숙하고도 중요한 두 절을 상
기해 보자.

"너희 마음에 그리스도를 주로 삼아 거룩하게 하고 너희 속에 있는 소망
에 관한 이유를 묻는 자에게는 대답할 것을 항상 예비하되 온유와 두려
움으로 하고 선한 양심을 가지라 이는 그리스도 안에 있는 너희의 선행
을 욕하는 자들로 그 비방하는 일에 부끄러움을 당하게 하려 함이라"(벧
전 3:15,16).

예수를 우리 삶의 주로 모실 때, 매우 극적인 어떤 일이 우리 삶 가운데
서 일어난다. 우리 삶의 방향 자체가 변한다. 그것이 그리스도께서 우리에
게 자기를 부인하고 자기 십자가를 지라고 하셨을 때 하신 말씀이다. 우리
는 회개함으로써 그리스도를 향한다. 우리 삶의 목표와 목적은 그분을 따

르고 그분의 뜻을 행하는 것이다. 베드로는 우리가 그런 삶을 살 때, 사람들이 우리에게 그 이유를 물을 것이라고 말했다.

우리는 변하지 않고서는 그런 종류의 삶을 살 수 없다. 성령의 열매가 우리 삶의 일부가 될 것이다. 또한 우리는 소망의 삶을 살기 시작한다. 그러므로 베드로는 사람들이 "당신의 삶이 소망으로 가득 찬 이유가 무엇이냐?"고 물을 때를 대비하라고 했다. 그들에게 이유를 말할 준비를 갖추어야 한다. 그 이유는 예수 그리스도다. 소망이 세상에 들어 온 것은 예수 그리스도의 부활을 통해서다. 영생에 대한 절대적인 확신 말이다.

이제 우리가 어떻게 대답하느냐가 매우 중요하다. 우리는 예수님의 영과 더불어, 또 온유와 두려움으로, 선한 양심을 가지고 그렇게 할 필요가 있다. 예수님을 우리 삶의 주인으로 모실 때 성령이 우리 삶에 넘쳐흐른다.

매우 중요한 질문을 한 가지 한다. "오늘 우리 삶의 주인은 누구이며, 또 삶의 목표가 무엇인가?" 우리가 예수님을 날마다 따르지 않는 한 기독교는 역사하지 않는다. 사도 바울은 "우리 자신에 대해서 날마다 죽고 예수님을 향하라"고 했다.

다시 고린도전서 12장 3, 4절을 보자. 그것은 놀라운 진술이 아닌가? "성령으로 아니하고는 누구든지 예수를 주시라 할 수 없느니라." 성령의 도우심이 없이는, 어느 누구도 '나는 예수 그리스도를 주로 따르고 있습니다'라고 진실로 말할 수 없는 것이다.

예수 그리스도가 계신 곳에 성령이 계시고, 하나님 아버지가 계신다. 성령이 계신 곳에 예수 그리스도가 계신다. 그들은 완전한 연합 가운데 함께 거하신다. 우리는 서로 다른 그리스도인들이 성령과 더불어 가진 진실한 체험들을 인해 서로 감사해야 한다.

기도, 성령 사역의 핵심

그러나 내가 말씀드리고 싶은 것은 현재적인 체험이다. 오늘 성령이 우리 삶의 어디에 계시는가? 과거에 성령께서 우리 삶에 역사하신 다양한 방법들에 대해서 하나님께 감사하라. 그러나 오늘은 어떤가? 바로 이 순간은 어떤가?

만일 예수님이 우리 삶의 주인이라면, 우리가 성령 충만하다고 확신한다. 성령으로 말미암지 않고는 누구도 예수 그리스도를 주라 할 수 없다. 성령 충만은 예수 그리스도의 주권과 더불어 시작된다. 기도는 성령사역에서 중요한 역할을 한다.

우리는 오순절에 일어난 성령의 역사를 살펴보았다. 성령의 역사는 그리스도인들이 기도하기 위해 함께 모인 결과로 일어났다. 동일한 전형이 사도행전 전체에 계속해서 나타나고 있다. 그리스도인들이 함께 모였을 때, 겸손히 기도했을 때 성령의 사역이 특별한 방식으로 나타난 것이다. 그러나 그것은 신약성경에만 해당되지 않는다.

성령의 사역은 구약시대에도 일어났다. 성령께서는 매우 특별한 방식으로 느헤미야와 다니엘 같은 선지자들의 기도를 통해서 역사하셨다. 그리고 그것은 교회사에서도 마찬가지였다. 위대한 부흥과 영적 갱신은 하나님의 백성이 기도하기 위해 함께 모인 때 일어났던 것이다.

우리는 절실히 하나님의 영을 필요로 하고 있다. 나는 하나님의 백성이 자신을 겸비하게 하고 하나님의 얼굴을 구하며, 악한 길로부터 돌이키는 길을 알고 있을 뿐이다. 그리고 하나님의 약속은 응답해 주시리라는 것이다. 성령이 부어지는 데 몇 가지 방법이 있다. 첫째, 예수 그리스도를 주로 삼을 경우다. 둘째, 기도를 통해서다. 특히 함께 기도하기 위해 모인 그리스도인들의 그룹들을 통해서다.

일치, 원수를 무너뜨리는 최선의 길

다시 요한복음 17장을 보자. 그것은 예수 그리스도께서 십자가에 달리시기 전에 제자들과 우리를 위해 하신 대제사장적 기도다. 예수 그리스도께서는 자신의 제자들과 우리를 위해 기도하셨다. 살펴보자.

> "내 것은 다 아버지의 것이요 아버지의 것은 내 것이온데 내가 저희로
> 말미암아 영광을 받았나이다 나는 세상에 더 있지 아니하오나 저희는
> 세상에 있사옵고 나는 아버지께로 가옵나니 거룩하신 아버지여 내게 주
> 신 아버지의 이름으로 저희를 보전하사 우리와 같이 저희도 하나가 되
> 게 하옵소서"(요 17:10, 11).

우리는 원수와 싸움하고 있다. 원수는 우는 사자처럼 삼킬 자를 찾고 있
다. 그리고 수많은 사람들이 그에게 붙들려 있고, 수많은 그리스도인들이
그들의 영적인 능력과 영향력에 있어서 무력해져 있다.

원수는 매우 지혜롭고 우리를 속이기를 좋아한다. 그러나 그가 동일한
책략을 되풀이하여 사용한다는 것은 매우 흥미롭다. "우리 원수가 교회들
을 영적으로 약화시키기 위해서 사용하는 주요한 책략들은 무엇인가?"
그 중 하나는 교회를 분리시키는 것이다. 또 다른 하나는 우리의 주의를
딴 데로 돌리는 것이다. 우리로 하여금 부차적인 문제를 놓고 싸우고 논쟁
하게 만들어서, 주님께서 교회에게 주신 주요한 명령을 무시하게 하는 것
이다.

그러므로 우리 원수를 패하게 하는 한 가지 방법은 그리스도의 몸의 일
치를 통해서다. 이것이 여러 가지 서로 다른 배경에도 불구하고 교회가 하
나 되는 놀라운 이유다. 그리스도의 몸은 우리가 함께 모이고, 성령으로
하여금 우리를 연합시키도록 할 때 강화된다. 그리스도께서는 성부 하나
님, 성자 하나님, 성령 하나님이 하나인 것처럼, 우리도 하나가 되게 해달
라고 기도하셨다. 이제 계속해서 20-23절을 보자.

> "내가 비옵는 것은 이 사람들만 위함이 아니요 또 저희 말을 인하여 나
> 를 믿는 사람들도 위함이니 아버지께서 내 안에 내가 아버지 안에 있는

것같이 저희도 다 하나가 되어 우리 안에 있게 하사 세상으로 아버지께서 나를 보내신 것을 믿게 하옵소서 내게 주신 영광을 내가 저희에게 주었사오니 이는 우리가 하나가 된 것같이 저희도 하나가 되게 하려 함이니이다 곧 내가 저희 안에 아버지께서 내 안에 계셔 저희로 온전함을 이루어 하나가 되게 하려 함은 아버지께서 나를 보내신 것과 또 나를 사랑하심같이 저희도 사랑하신 것을 세상으로 알게 하려 함이로소이다."

예수님께서 우리를 위해 하신 모든 기도를 생각해 보자. 의심할 바 없이 이 기도는 교회의 최고 우선순위인 그리스도의 몸이 하나 되는 것이었다. 교회의 분열이 있는 곳마다 원수가 승리하고 있지만, 교회의 일치가 있을 때마다 주님이 승리하고 있다.

주님께서는 우리를 홀로 내버려두지 않고 우리가 하나가 되도록 돕기 위해 성령을 보내셨다. 그분은 전세계 교회가 일치되기 원하신다. 한 교회, 한 주, 한 믿음, 한 세례만이 있다. 그것은 하나님의 생각이며, 그 분의 말씀이 그것을 분명히 선포하고 있다.

우리는 교회를 분리시키는 죄를 짓지 말아야 한다. 그것은 매우 심각하고 통탄스럽다. 그러나 그것이 우리 모두가 동일한 교파에 속하거나 동일한 지역교회에 속해야 함을 의미하지는 않는다. 오히려 우리 모두가 예수님이 우리 삶의 주가 되시도록 허락하는 것을 의미한다. 그러면 예수님이 우리 사역의 주인이 되실 것이며, 우리 마음을 하나가 되게 하실 것이다. 성령이 역사하실 때, 예수 그리스도의 교회에 일치가 있다.

지금은 예수를 주로 시인하고 그리스도의 주권 하에 살며 사역할 때다. 예수님께서는 온 세상이 예수 그리스도가 주이심을 알게 되리라고 말씀하셨다. 연합된 교회는 그리스도의 주권에 대한 커다란 증거다. 일치는 조직될 수 없고 법제화 될 수 없다. 진정한 영적 일치는 성령으로부터만 임하는 것이다.

D. 성령의 사역 : 개인적 적용

내 삶 속에 임재하시는 예수님

다시 한 번 성령의 임재에 초점을 맞춰 보자. 마태복음 28장 20절의 예수님의 약속이다. "하늘과 땅의 모든 권세를 내게 주셨으니." 예수님께서는 요한복음 14장 16절에서 보듯이, 우리의 삶 가운데 임재하실 수 있도록 우리에게 성령을 주셨다.

성령 충만할 때, 우리는 우리 안에 살아 계신 그리스도를 모시게 된다. 또한 그리스도 안에 있게 된다. 그리고 우리 안에 계신 그리스도는 영광의 소망이 되신다. 사도 바울은 이것을 여러 세대 동안 숨겨져 온 비밀이라고 불렀다. 그는 자기가 이 좋은 소식을 이방인과 함께 나누도록 부르심을 받은 사도라고 했다.

그런데 그것이 그리스도의 좋은 소식이다. 우리 안에 계신 그리스도는 영광의 소망이다. 그리스도께서는 오늘 우리의 삶 가운데 임재하고 계신다. 예수 그리스도는 인간 역사의 주님이시며, 모든 피조물의 주님이시며, 알파와 오메가, 처음이자 나중이다. 모든 이들이 그 분 앞에 무릎 꿇고 모든 입이 예수 그리스도를 주라 시인할 날이 임할 것이다.

이 예수님은 오늘 우리 삶 가운데 임재하고 계신다. 이 얼마나 경외로운 생각이며 커다란 기쁨이며 놀라운 특권인가?

모든 권세 가진 그리스도가 우리 안에

둘째, 우리는 성령의 권세, 그리스도의 권세를 소유하고 있다. "하늘과 땅의 모든 권세를 내게 주셨으니" (마 28:18). 많은 그리스도인들은 그리스도가 주장하는 삶을 살고 있지 않다. 많은 사람들은 원수에게 속아 왔다. 우리 안에 계신 자가 세상에 있는 자보다 더 크다는 사실을 깨달을 필요가 있다. 우리는 우리 주 예수 그리스도를 통해 승리를 약속받았다. 예수님께서는 "이 세상에서는 너희가 고난을 받으나"라고 하셨다.

성경은 "그리스도 예수 안에서 경건하게 살고자 하는 자는 핍박을 받으리라"고 했고, 또 "환란이 있으리라"고 말씀하고 있다. 예수님께서는 "세상이 나를 핍박한 것처럼 나를 인해 너희를 핍박하리라"고 말씀하셨다. 그러나 그런 세상 가운데, 예수 그리스도의 권세가 존재한다. 그분이 통치하신다는 절대적인 확신이 존재한다. 그리고 그분은 우리에게 인류 역사의 마지막 장을 보여 주실 정도로 친절하셨다. 우리에게 어떤 일이 일어날지 알고 있다.

우리는 어린양의 보좌 앞에 함께 모일 때 나타날 영광을 희미하게 보았다. 우리는 장로들과 함께 그 어린양을 경배할 것이다. 세상이 불길하게 보일 때가 있다. 우리는 낙심할 수 있고, 바울이 말한 것처럼 괴로움을 당할 수도 있다. 그러나 우리는 결코 패배하지 않을 것이다.

하늘과 땅의 모든 권세가 예수 그리스도께 주어졌다. 그리고 우리는 우리 주 예수 그리스도를 통해서 승리할 것을 믿는다. 바리새인과 서기관들과 백성들은 예수님께서 권세 있는 자처럼 설교하셨음을 보았다. 우리는 하나님의 권세를 가지고 설교할 필요가 있다. 그렇게 하는 유일한 방법은 성령의 능력으로, 예수 그리스도의 주권 하에 설교하는 것뿐이다.

만일 우리가 사람들에게 인기 있는 설교를 하는 데 초점을 맞춘다면, 우리는 결코 예수 그리스도의 권세를 가지고 설교하지 않을 것이다. 우리는 기꺼이 모든 것을 그리스도께 복종시켜야 한다. 그러면 성령께서 우리 설교와 사역의 모든 국면에 역사하실 것이다.

전략적 전도, 성령의 능력으로

성령 사역의 세 번째 실제적인 적용은 영적인 능력이다. 앞에서 예수 그리스도의 약속을 살펴보았다. "오직 성령이 너희에게 임하시면 너희가 권능을 받고 예루살렘과 온 유대와 사마리아와 땅 끝까지 이르러 내 증인이 되리라"고 했다. 그분은 우리 중 일부가 증인이 되리라거나, 우리가 증인이 되는 것을 선택할 수 있다고 말씀하지 않으셨다. 그분은 성령이 우리에게 임하실 때 우리가 권능을 받고 세상의 증인이 되리라고 말씀하셨다. 그것이 지상명령 성취의 열쇠다.

사도행전에 보면, 전도의 두 가지 주요한 범주가 나온다. 첫 번째는 우리가 자발적인 전도라고 부르게 될 것이다. 이것은 예수님께서 사도행전 1장 8절에서 말씀하신 전도다. 성령 충만한 평범한 그리스도인들이 있었다. 그들은 가는 곳마다 그리스도를 위한 증인이 되었다. 핍박이 임했을 때, 그것이 그들의 증거를 막지 못했다. 막기는커녕 그들은 온 세상을 향해 나아갔다. 그리고 가는 곳마다 예수님을 모시고 갔다. 그들은 가는 곳마다 그분의 증인이었다. 이처럼 초대 교회의 전도의 많은 부분이 평범한 그리스도인들의 삶을 통해서 역사하신 성령의 자발적인 전도였다. 그것은 오늘날도 마찬가지다.

중국 사람들이 어떻게 그리스도를 믿게 되는가? 대체로 커다란 조직 교회들을 통해 일어나기보다 가정 교회나 일부 조직 교회들을 통해서 일어나고 있다. 대부분은 성령 충만한 평범한 그리스도인들을 통해서 일어나고 있다. 그것이 하나님께서 우리에게 원하시는 것이다.

그들에게 성령의 능력을 주신 것은 주의를 끌기 위해서가 아니다. 그런데 서구 세계에는 능력을 받은 사람이 고자세거나 주의를 끄는 화려함이 있다. 그러나 성령의 능력은 그런 종류의 능력이 아니다. 성령의 능력은 다른 사람보다 자신에게 더 시선을 집중시키려고 하지 않는다. 성령의 능력은 죄를 깨닫게 하고 사람들을 그리스도께로 이끄는 역할을 하는데 평범한 사람들을 통해서 역사한다. 그것은 건설적인 능력이다. 자발적인 전도는 성령의 능력의 놀라운 나타나심이다.

그러나 사도행전에는 또 다른 종류의 전도가 있는데, 나는 그것을 '전략적인 전도'라고 부른다. 그것은 자발적인 전도 이상으로 매우 조심스럽게 세워진 계획과 전략들이다. 사도 바울은 초대 교회의 뛰어난 전략가였다. 분명히 그의 전략들은 성령의 인도를 받았다. 그는 인간적인 계획들을 세우고 하나님께 그 계획들을 축복해 주시기만 구하지 않았다. 사도행전 전체를 통해서 볼 수 있듯이, 그는 끊임없이 성령의 인도를 구했다. 그리고 성령께서는 그를 매우 독특한 전략으로 인도하셨던 것이다.

교회 개척에서 바울과 그 동역자들은 교회의 초창기에 대부분의 새로운 교회를 세운 공로가 있다. 그는 또한 선교 활동의 전략에도 개입되어 있었다. 하나님께서는 매우 분명히 그를 마게도니아로 부르셨다. 그리고 매우 조직적으로 각 성을 방문하게 했다. 그에게는 매우 독특한 전략, 주어진 어떤 공동체에 교회를 세우는 방법이 있었다. 그러나 전략적인 전도의 열쇠는 성령의 능력이었다. 그것은 단순한 인간의 노력 이상이었고, 성령의 인도와 섭리였다.

동일한 사실이 오늘날의 교회에도 해당된다. 우리는 자발적인 전도를 필요로 한다. 모든 그리스도인과 교회가 그리스도를 위한 증인이 되어야 한다. 그러나 그것은 훈련 이상을 요구한다. 그것은 성령의 능력을 필요로 한다. 동일한 사실이 우리의 전략에도 해당된다. 우리 중 많은 사람들이 매우 전략적인 전도에 개입되어 있다. 그리고 다시 한 번 우리는 성령의 인도를 받고 성령의 능력으로 사역할 필요가 있다.

성령의 열매를 맺는다

성령의 사역의 네 번째 적용은 성령의 열매다. 우리는 갈라디아서 5장에 설명되어 있는 성령의 열매에 매우 친숙하다. 오늘날 성령의 열매가 얼마나 크게 필요한가!

나에게 데비라는 이름을 가진 딸이 하나 있다. 데비는 어린 아기일 때부터 십대가 될 때까지, 여러 해 동안 삶의 대부분을 병원에서 보냈다. 무려

150여 번의 수술을 받았다. 그는 현재 이십대다.

데비가 어린 소녀일 때, 병원에서 집으로 돌아 왔었다. 어느 날 내가 집에 왔을 때 그녀는 매우 흥분해 있었다. 그녀는 "아빠, 쥬시 프루트(Juicy Fruit) 껌 나무를 갖고 싶어요"라고 말했다. 쥬시 프루트 껌은 미국에서 파는 껌의 상표인데, 그 당시에 그 회사에서 텔레비전 광고를 하고 있었다. 그 광고는 아름다운 캘리포니아 산 오렌지 나무에서 오렌지 열매를 보여주고 그 오렌지들을 모두 따서 그것들을 추잉 껌 꾸러미로 바꿔 놓았던 것이다. 그 당시 어린 데비는 다섯 살 정도였다. 그 아이는 이 광고를 보고는 대부분의 아이들처럼, 오렌지 주스 대신 껌이 열리는 나무를 갖기 원했던 것이다.

그래서 나는 그를 무릎에 앉히고 쥬시 프루트 껌 나무 같은 것은 없으며, 그것을 만든 것은 광고하는 사람들이라고 사실 그대로 말해 주었다. 그런데 그는 그날 저녁 다시 내게 쥬시 프루트 껌 나무를 갖고 싶다고 말했다. 그래서 나는 왜 그런 나무를 가질 수 없는지 다시 설명해 주었다. 아쉬워하며 돌아갔다.

그러나 다음 날 밤 내가 집에 왔을 때, 그 아이는 매우 흥분해 있었다. 그 나무를 내게 달라는 것이 아니었다. 그 대신 내게 "아빠, 나 쥬시 프루트 껌 나무를 가졌어요"라고 말했다. 그래서 깜짝 놀랐다. 그 아이는 얼른 내 손을 잡고 자기 방으로 데리고 갔다. 거기에는 아이 어머니가 만들어 준 나무가 있었다. 나무에서 꺾은 말라빠진 가지가 진흙에 심겨져 있었는데, 그 가지들 아래에는 껌이 몇 개 달려 있었다. 어머니가 스카치테이프로 달아 준 것이었다. 더구나 껌은 없어지고 껍질만 남아 있는 것처럼 보였다. 그런데도 그 아이는 매우 흥분해 있었다. "난 쥬시 프루트 껌 나무를 가지고 있어요."

이 이야기가 성령과 무슨 상관이 있느냐고 의아해할지 모른다. 상관이 있다. 주님께서는 여러 해에 걸쳐서 여러 번 그 작은 나무를 내 마음에 떠오르게 하셨다. 왜냐하면 나는 성령의 열매에 대해서도 꼭 같은 일을 하려고 시도하는 사람들을 많이 보았기 때문이다. 그들은 성령의 열매를 조작하려고 시도해 왔다. 그들은 기쁘지 않을 때 기쁜 것처럼 행동해 왔고, 실제로 사랑하지 않을 때 사랑하는 척하고, 상처가 있거나 혼란에 빠졌을 때 평강이 있는 척하였다.

첫째로, 그것은 위선이다. 둘째로, 그것은 비극이다. 예수님께서는 우리의 삶 가운데 열매가 있는 척하라고 말씀하지 않으셨다. 예수님께서는 요한복음 15장 5절에서 이렇게 말씀하셨다. "나는 포도나무요 너희는 가지니 너희가 내 안에 거하고 내가 너희 안에 거하면 너희가 과실을 맺으리라." 그러고 나서 그분은 "나를 떠나서는 아무것도 할 수 없느니라."고 하셨다.

우리는 그것을 믿어야 한다. 열매는 우리가 그리스도 안에 거하고 그분이 우리 안에 거할 때만 임하시는 성령이다. 그럴 때 우리에게 열매가 나타나지 않는다는 것은 불가능한 일이다. 만일 우리가 그리스도 안에 거하고 그분이 우리 안에 거하신다면 열매가 반드시 나타날 것이다. 이로 인해 우리가 성령 충만한지 알 수 있을 뿐 아니라, 예수님이 우리 삶과 사역의 주이신지의 여부를 아는 한 가지 방법이 될 수 있다.

예수님께서는 "열매로 그들을 알리라"고 말씀하셨다. 그리스도의 주 되심과 성령의 내주하심의 증거는 성령의 진정한 열매다. 절대로 꾸미지 말자. 우리가 꾸밀 때 사람들은 안다. 진정한 열매가 있을 때, 사람들은 우리 안에 거하는 소망의 이유를 물을 것이다. 우리는 그것이 예수 그리스도라고 고백할 수 있다.

성령의 열매는 성령 사역의 매우 실제적인 적용이다. 위대한 작곡가 루드비히 베토벤은 언젠가 기쁨에 관해서 이렇게 말한 적이 있다. "오 하나님, 진정으로 기쁜 하루를 살고 싶나이다." 예수님께서는 자신의 기쁨을 날마다 주시겠다고 약속하셨다. 그리고 그것은 모든 지각을 초월하는 평강이며, 너무나 깊고 놀라워서 이해할 수 없는 평강이다.

우리의 마음과 삶을 지배하는 평강을 가지고 있지 않는 한, 성령의 대대적인 사역들에 관해서 이야기하는 것만으로는 충분하지 않다. 그분의 인내와 자비와 양선과 충성과 온유와 절제가 있다.

다음으로 갈라디아서 5장 24절을 상기해 보자. "그리스도 예수에게 속한 자는 정과 욕심을 십자가에 못 박았느니라." 이것이 성령 충만의 열쇠며, 예수 그리스도의 주 되심의 열쇠다. 또한 우리 삶 가운데 성령의 능력이 역사하는 열쇠며, 또한 우리 삶 가운데 나타나는 성령의 열매의 열쇠다.

사역의 엔진, 성령의 은사

개인적인 적용의 마지막 한 가지 영역이 있다. 그것은 바로 사역이다. 우리 스스로의 힘으로 사역하는 것은 매우 힘들고 불가능한 일이다. 우리의 사역으로 하나님의 마음을 얻고자 애쓰는 것은 슬픈 일이며, 불가능한 일이다. 그러면 결국 실패할 것이다. 그래서 하나님의 말씀이 매우 놀라운 진리를 우리에게 상기시켜 주었다.

베드로전서 4장 4, 7, 10, 11절에 보면, 우리는 각각 받은 은사를 다른 사람들을 섬기고 봉사하는 데 사용해야 한다. 이것들은 성령의 은사들이다. 그것은 우리의 타고난 재능과 능력을 훨씬 초월하는 것이다.

내가 젊어서 사역을 감당하고 있을 때, 최초의 전임 사역 자리를 얻기 위해서 면담한 적이 있다. 바로 YFC(Youth for Christ)라는 청년 사역이었다. 나는 YFC의 사역을 통해서 그리스도인이 되었다. 고등학교와 대학교 시절 내내 젊은이들과 함께 사역했다. 그리고 아내 제니와 나는 전임 청년 사역에 뛰어들었다. 그래서 내가 이사진의 면담을 받게 되었는데, 우리는 그 시간을 놓고 기도를 많이 했다. 하나님께서는 매우 자비로우셨다.

면담은 아주 잘 진행되고 있었다. 이사회는 목사들과 그리스도인 평신도 지도자들로 구성되어 있었다. 그들은 우리가 함께 나눈 시간을 매우 높이 평가하고 있는 것 같았다. 그중 어느 목사 한 사람이 매우 어려운 말을 할 때까지, 우리는 그리스도의 임재와 평안을 느끼고 있었다. 나는 살아 있는 한 그때 그분의 말을 잊지 못할 것이다.

처음에, 나는 그 분의 그 말에 상처를 입었다. 왜냐하면 나는 그가 무슨 말을 하는지 이해하지 못했기 때문이었다. 그의 말은 "당신에 대해 한 가지 마음에 걸리는 것이 있습니다"라는 말로 시작하였다. 처음에 나는 무엇을 잘못했는지 알 수 없었지만, 하나님께서 내 사역 가운데 나를 크게 쓰시기 위해 하신 말이란 것을 곧 알 수 있었다.

그 말은 다음과 같은 것이었다. "당신에 대해 한 가지 마음에 걸리는 것이 있소. 나는 하나님께서 당신에게 타고난 재능을 충분히 주셨음을 믿습니다. 그래서 당신은 하나님의 도우심이 없이도 이 사역을 성공적인 것으로 만들지도 모릅니다."

나는 그 말을 결코 잊지 못할 것이다. 하나님께서 우리에게 여러 가지 능력과 재능을 주셨다. 그러나 가장 재능 있는 사람은 영적인 사역에 합당하지 않다는 것이다. 예수님께서 하신 말씀을 믿을 필요가 있다. "나를 떠나서는 너희가 아무 것도 할 수 없느니라." 인간의 노력으로 일어날 수 있는 종류의 사역이 있다.

그러나 그것은 언제나 하나님께서 의도하신 바에 훨씬 미치지 못할 것이다. 왜냐하면 하나님께서는 육신의 능력이 아니라 성령의 능력으로 사역하기를 바라시기 때문이다. 어느 누구도 성령 충만함과 성령의 능력을 받음이 없이 예수 그리스도의 교회에서 효과적으로 사역하기란 불가능하다.

바울이 말했듯이 '우리는 질그릇' 과 같다. 예수 그리스도께서는 성령의 인격과 성령의 능력으로 말미암는 사역을 통해서 우리 몸 안에서 사시기를 선택하셨다. 그러므로 영광은 예수 그리스도께로 갈 것이다.

성령의 사역은 근본적이다. 나는 우리 원수 때문에, 성령의 사역이라는 주제가 자주 논쟁의 대상이 된다는 사실을 깨닫고 있다. 우리는 성령을 믿을 뿐 아니라, 성령으로 충만해지며, 성령의 능력으로, 예수 그리스도의 은혜와 자비하심과 선하심으로 사역해야 한다.

3장

하나님의 말씀

이번 장의 주제는 매우 중요하고, 우리에게 아주 익숙한 것이다. 그러나 언제나 경성하고, 긴장할 필요가 있는 주제다. 왜냐하면 원수가 끊임없이 하나님의 말씀을 믿을 수 없는 것으로 만들려고 애쓰고 있기 때문이다.

우리 원수가 우리를 하나님의 영의 흐름에서 벗어나게 만들 수 있는 방법은 여러 가지가 있다. 그 방법 중 하나는 하나님의 말씀과 연관되어 있다. 아시다시피 하나님의 말씀에 대한 많은 철학과 신학이 있다. 그러나 그 모든 것들은 결국 두 가지 기본적인 문제에 봉착한다. 하나님의 말씀으로 철저하게 신봉되든지, 아니면 우리가 인간과 하나님의 말씀에 대한 그들의 해석을 믿어야 하든지, 둘 중 하나인 것이다.

A. 초대교회에서 선포된 하나님의 말씀

우리는 하나님의 말씀의 신빙성을 연구하고 재단언해야 한다. 먼저 초대교회에서 하나님의 말씀의 용도를 연구함으로써 시작해 보자.

사도행전 2장을 보면, 교회의 초자연적인 탄생에 대해 알 수 있다. 많은 미국인들은 모든 문제를 해결하기 위해 위원회를 만드는 것으로 유명하다. 그래서 많은 사람들은 교회가 예수님을 기념하는 모임에 의해 시작되지 않았다는 사실에 놀라는 것이다. 알다시피, 인간들이 교회를 조직하거나 창출하지 않았다. 예수 그리스도의 교회는 하나님의 영에 의해 탄생했고, 하나님의 손에 의해 존재하게 되었다. 그리고 기도 모임을 통해 존재하게 되었던 것이다.

미국에 알몬드 거윈(Armand Gueswine)이라는 놀라운 기도 지도자가 있다. 그는 지금 80세가 넘었다. 그는 여러 해 동안 하나님과 동행했으며, 한국에도 너무나 신실하게 기도하고 있는 사람들에게 큰 사랑과 애정을 가지고 있다. 나는 그의 친한 친구로서 최근에 매우 유익한 통찰을 함께 나누었다. 그는 예수님께서 세상을 떠나실 때, 오직 한 가지만을 남기셨다고 하였다. 그것은 바로 기도 모임이었다. 그 모임은 실패자로 보이는 많은 사람들로 이루어져 있었다. 그들은 주님께서 가장 큰 곤경에 처하셨을 때 주님을 버리고 돌보지 않았다. 그들은 약하고 두려움에 가득 차 있었으며, 때로는 패배했다.

설교 핵심, 하나님의 말씀

그러나 그들이 주님의 이름으로 한 곳에 모였을 때 강해졌다. 그리고 그 기도 모임에서 교회가 탄생했다. 교회가 탄생한 후에 처음 일어난 일은 하나님의 말씀이 선포된 것이었다. 사도행전 2장에서 오순절에 베드로가 한 설교를 볼 수 있다. 베드로가 구약 성경을 본문으로 설교한 것을 보는 것

은 재미있는 일이다. 사도행전 2장의 베드로의 메시지와 더불어 시작하고
자 한다.

"베드로가 열 한 사도와 같이 서서 소리를 높여 가로되 유대인들과 예루
살렘에 사는 모든 사람들아 이 일을 너희로 알게 할 것이니 내 말에 귀를
기울이라 때가 제 삼 시니 너희 생각과 같이 이 사람들이 취한 것이 아니
라 이는 곧 선지자 요엘로 말씀하신 것이니 일렀으되 하나님이 가라사
대 말세에 내가 내 영으로 모든 육체에게 부어 주리니 너희의 자녀들은
예언할 것이요 너희의 젊은이들은 환상을 보고 너희의 늙은이들은 꿈을
꾸리라 그 때에 내가 내 영으로 내 남종과 여종들에게 부어 주리니 저희
가 예언할 것이요 또 내가 위로 하늘에서는 기사와 아래로 땅에서는 징
조를 베풀리니 곧 피와 불과 연기로다 주의 크고 영화로운 날이 이르기
전에 해가 변하여 어두워지고 달이 변하여 피가 되리라 누구든지 주의
이름을 부르는 자는 구원을 얻으리라 하였느니라" (14-21절).

이번 장의 첫 번째 주제는 '초대 교회에서 선포된 하나님의 말씀' 이다.
그리고 첫 번째 부제는 하나님의 말씀이 그들의 설교의 핵심이었다는 것
이다. 사도행전 전체를 통해서, 우리는 교회 지도자들이 구약성경 본문부
터 설교하는 것을 볼 수 있다.

사도행전 2장 28절부터 32절까지, 요엘서의 말씀이 인용되어 있다. 그것
은 요엘 선지자의 놀라운 예언이다. "그 후에 내가 내 신을 만민에게 주어
주리니 너희 자녀들이 장래 일을 말할 것이며 너희 늙은이는 꿈을 꾸며 너
희 젊은이는 이상을 볼 것이며 그 때에 내가 또 내 신으로 부어 줄 것이
며."

그리고 베드로는 다음과 같은 놀라운 절로 인용을 마치고 있다. "누구
든지 주의 이름을 부르는 자는 구원을 얻으리라." 그는 계속해서 시편으
로부터 일련의 구절들을 인용하고 있다.

"이스라엘 사람들아 이 말을 들으라 너희도 아는 바에 하나님께서 나사렛 예수로 큰 권능과 기사와 표적을 너희 가운데서 베푸사 너희 앞에서 그를 증거하셨느니라 그가 하나님의 정하신 뜻과 미리 아신 대로 내어준 바 되었거늘 너희가 법 없는 자들의 손을 빌어 못 박아 죽였으나 하나님께서 사망의 고통을 풀어 살리셨으니 이는 그가 사망에게 매여 있을 수 없었음이라 다윗이 저를 가리켜 가로되 내가 항상 내 앞에 계신 주를 뵈웠음이여 나로 요동치 않게 하기 위하여 그가 내 우편에 계시도다 이러므로 내 마음이 기뻐하였고 내 입술도 즐거워하였으며 육체는 희망에 거하리니 이는 내 영혼을 음부에 버리지 아니하시며 주의 거룩한 자로 썩음을 당치 않게 하실 것임이로다 주께서 생명의 길로 내게 보이셨으니 주의 앞에서 나로 기쁨이 충만하게 하시리로다 하였으니 형제들아 내가 조상 다윗에 대하여 담대히 말할 수 있노니 다윗이 죽어 장사되어 그 묘가 오늘까지 우리 중에 있도다 그는 선지자라 하나님이 이미 맹세하사 그 자손 중에서 한 사람을 그 위에 앉게 하리라 하심을 알고 미리보는 고로 그리스도의 부활하심을 말하되 저가 음부에 버림이 되지 않고 육신이 썩음을 당하지 아니하시리라 하더니 이 예수를 하나님이 살리신지라 우리가 다 이 일에 증인이로다 하나님이 오른손으로 예수를 높이시매 그가 약속하신 성령을 아버지께 받아서 너희 보고 듣는 이것을 부어 주셨느니라" (행 2:22-33).

이 구절은 시편 16편 8-11절을 인용하고 있다. 하나님께서 그의 삶 가운데 새로운 일을 행하셨음에도 불구하고, 사도들은 하나님의 말씀을 인용했다. 하나님의 말씀이 언제나 새롭고 신선하고 강력하기 때문이다. 그것은 살아 있고, 언제나 적절하며, 언제나 사람들의 필요에 대해서 이야기한다. 그리고 또한 그 필요들에 대한 해결책들을 가져다준다.

베드로는 다시 한 번 하나님의 말씀을 인용하고 있다.

"다윗은 하늘에 올라가지 못하였으나 친히 말하여 가로되 주께서 내 주에게 말씀하시기를 내가 네 원수로 네 발등상 되게 하기까지는 너는 내 우편에 앉았으라 하셨도다 하였으니 그런즉 이스라엘 온 집이 정녕 알 지니 너희가 십자가에 못 박은 이 예수를 하나님이 주와 그리스도가 되 게 하셨느니라 하니라"(행 2:34-36).

다시 한 번 그는 시편 110편을 인용했다. 하나님의 말씀을 들은 사람들 의 반응을 주목하라. 사람들은 이 설교를 들었을 때 마음이 찔려서 베드로 와 다른 사람들에게 이렇게 말했다. "형제들이여 우리가 어찌할꼬?" 이에 대한 대답으로 베드로는 "너희가 회개하여 각각 예수 그리스도의 이름으 로 세례를 받고 죄사함을 얻으라"고 했다.

여기서 나는 매우 중요한 진리를 상기시키고자 한다. 하나님의 말씀은 강력하고, 마음에 이야기하며, 마음을 관통한다는 것이다. 능력 있는 설교 는 언제나 하나님의 말씀에 기초한다. 좋은 설교의 성공은 우리의 은사에 의존하지 않는다. 사람들이 우리의 설교에 감명을 받게 하는 것만으로는 충분치 않다. 주일 예배 후에 사람들이 당신에게 와서 "목사님, 매우 놀라 운 설교였습니다"라고 말하는 것만으로는 충분치 않다는 것이다.

우리가 받을 수 있는 최고의 찬사는 이런 것이다. "목사님, 하나님께서 오늘 목사님의 메시지를 통해서 내게 말씀하셨습니다. 하나님의 말씀이 오늘 내게 살아 있었습니다. 하나님의 말씀이 내 마음을 찔렀습니다." 그 것이 성경적인 설교의 열쇠라고 할 수 있다. 사도행전 전체를 통해서, 우 리는 사도들이 하나님의 말씀을 사용하고 있음을 발견하게 된다.

두 가지 예를 더 살펴보자. 베드로와 요한은 산헤드린 앞에 부름을 받아 서, 하나님의 말씀을 가장 잘 알고 있었을 사람들과 함께 나누었다. 산헤 드린은 유대 지도자들로 구성되어 있는 기관이다. 베드로와 요한이 하나 님의 말씀을 나눈 것은 바로 그런 배경에서였다.

"이에 베드로가 성령이 충만하여 가로되 백성의 관원과 장로들아 만일 병인에게 행한 착한 일에 대하여 이 사람이 어떻게 구원을 얻었느냐고 오늘 우리에게 질문하면 너희와 모든 이스라엘 백성들은 알라 너희가 십자가에 못 박고 하나님이 죽은 자 가운데서 살리신 나사렛 예수 그리스도의 이름으로 이 사람이 건강하게 되어 너희 앞에 섰느니라 이 예수는 너희 건축자들의 버린 돌로서 집 모퉁이의 머릿돌이 되었느니라 다른 이로서는 구원을 얻을 수 없나니 천하 인간에 구원을 얻을만한 다른 이름을 우리에게 주신 일이 없음이니라 하였더라"(행 4:8-12).

베드로는 산헤드린에서 예수 그리스도에 대해 설교했다. 그는 구약성경부터 설교했다. 그가 사용한 본문은 시편 118편 22절이었다. "건축자의 버린 돌이 집 모퉁이의 머릿돌이 되었나니." 그리고 그는 이렇게 말했다. "그 돌, 그 머릿돌은 예수 그리스도, 바로 너희가 십자가에 못 박은 분이다. 그러나 그는 죽지 않았다. 하나님께서 그를 죽은 자들로부터 일으키셨다."

우리는 하나님 말씀의 능력을 보고 있다. 그것은 예수님을 죽은 자들로부터 부활시킨 바로 그 능력이다. 하나님의 능력은 제한되지 않는다. 복음은 매우 강력하다. 왜냐하면 그것이 하나님의 말씀이기 때문이다. 그것은 역사상의 하나님의 역사를 기록한 것이며, 예수님의 부활을 문서화한 것이며, 강력한 메시지로 마음을 찌르는 역사를 한다.

당신은 복음을 처음 들은 날을 기억하는가? 나는 기억하고 있다. 그때 나는 어린 소년이었는데, 실내 체육관의 앞자리에 앉아 있었다. 강단에서는 한 단순한 사람이 예수님에 관해서 설교하고 있었다. 그 설교자는 매우 재능 있는 분이 아니었다. 이상한 스웨덴 악센트를 가지고 있어서 그의 말을 이해하는 데 어려움을 겪었다. 게다가 나는 일곱 살에 불과했다. 나는 보통 설교자들의 말에 귀를 기울이지 않았다. 그러나 그날 그는 예수님의 복음에 대한 단순한 메시지를 함께 나누었다. 그런데 그것이 강력해졌다. 하나님의 말씀 자체가 정말로 내 마음을 찔렀던 것이다. 그는 어떤 심리학을 사용하거나 설득하거나 기발한 이야기나 개념을 사용할 필요가 없었다.

예수 그리스도의 복음은 원래 강력하다. 사도들은 복음을 변호하지 않았다. 그들은 복음을 설명조차 하지 않았다. 그들은 복음을 그 간단함과 능력 가운데 선포했다. 그리고 거듭 되풀이하여 마음을 찔렀다. 산헤드린의 구성원들조차 예수님을 믿게 되었다. 그들이 방어적이었음에도 불구하고, 하나님의 말씀이 그들의 마음을 찔렀던 것이다.

하나님의 말씀은 본래부터 강력하다. 그것은 복음, 즉 하나님의 말씀의 전반적인 지혜에 대한 단순하고도 강력한 선포다. 그것은 마음을 찌를 것이다.

바울과 바나바 또한 하나님의 말씀을 나누었다.

"바울과 바나바가 담대히 말하여 가로되 하나님의 말씀을 마땅히 먼저 너희에게 전할 것이로되 너희가 버리고 영생 얻음에 합당치 않은 자로 자처하기로 우리가 이방인에게로 향하노라 주께서 이같이 우리를 명하시되 내가 너를 이방의 빛을 삼아 너로 땅 끝까지 구원하게 하리라 하셨느니라 하니 이방인들이 듣고 기뻐하여 하나님의 말씀을 찬송하며 영생을 주시기로 작정된 자는 다 믿더라 주의 말씀이 그 지방에 두루 퍼지니라"(행 13:46-49).

바울과 바나바는 안디옥에서 사역하고 있었다. 44절에 온 성이 그들이 복음 설교하는 것을 듣고자 모였다는 사실이 나온다. 그러나 43절에 보면 유대인들이 그들을 시기했다. 그들은 바울과 바나바에 대해 좋지 않게 이야기했지만, 바울과 바나바는 그들에게 담대하게 전파했다. 그들은 이렇게 말했을 뿐이다. "우리는 하나님의 말씀을 선포해야 했다. 우리는 그것을 유대인들에게 먼저 선포했다. 그러나 여러분은 그것을 거부했다. 그래서 하나님은 우리가 이방인들에게 가야 한다고 말씀하셨다."

그런데 여기서 그들이 주님의 특별한 계시를 인용한 것은 아니었다. 그들은 그 대신에 구약성경 이사야 49장 6절을 인용했다. "내가 너를 이방의 빛을 삼아 너로 땅 끝까지 구원하게 하리라." 이것은 바울과 바나바의 생각이 아니었고, 인간의 전략이 아니었다. 바로 하나님께서 여러 세대 전에 예언하신 어떤 것이었다.

주님께서는 하나님의 말씀을 이방인들에게 전파하게 하기 위해서 바울과 바나바를 보내셨다. 그리고 사도행전과 신약성경 전체를 통해서, 우리는 사도들과 그리스도인 지도자들이 거듭 되풀이하여 구약성경을 인용하고 있음을 발견하게 된다. 그들은 하나님의 말씀을 인용하고 그것을 자기들의 설교의 기초로 삼았다. 하나님의 말씀은 초대 교회의 설교에서 핵심이었다.

삶의 핵심, 하나님의 말씀

둘째로, 하나님의 말씀은 그들의 삶에서도 핵심적이었다. 그들은 하나님의 말씀을 선포하기만 한 것이 아니었다. 그들은 하나님의 말씀대로 살았다. 사실상, 그들은 사도행전 2장 42절에서 보듯이, 하나님의 말씀과 신약성경의 많은 부분이 된 사도들의 가르침에 자신을 헌신했다.

우리가 하나님의 말씀을 선포할 뿐 아니라 하나님의 말씀대로 살아야 한다. 사랑의 복음을 믿기 위해서는, 사랑의 삶을 살아야 한다. 은혜의 복음을 믿기 위해서는, 은혜의 복음대로 살아야 한다. 죄의 용서를 믿기 위해서는, 죄 용서 받은 자들로서 살아야 한다. 예수 그리스도의 보혈로 말미암아 하나님의 말씀이 그들의 설교의 핵심이 되었다. 하나님의 말씀은 그들의 생활, 생활 방식에 있어서 핵심적이었다.

지도력의 핵심, 하나님의 말씀

셋째로, 하나님의 말씀은 그들의 지도력에 있어서 핵심이었다.

"그때에 제자가 더 많아졌는데 헬라파 유대인들이 자기의 과부들이 그 매일 구제에 빠지므로 히브리파 사람을 원망한대 열 두 사도가 모든 제자를 불러 이르되 우리가 하나님의 말씀을 제쳐놓고 공궤를 일삼는 것이 마땅치 아니하니 형제들아 너희 가운데서 성령과 지혜가 충만하여 칭찬 듣는 사람 일곱을 택하라 우리가 이 일을 저희에게 맡기고 우리는 기도하는 것과 말씀 전하는 것을 전무하리라 하니" (행 6:1-4).

사도들은 하나님의 말씀과 기도 사역에 전적으로 헌신했다. 원수는 그들을 우선순위로부터 멀어지게 하려고 애썼지만 멀어지지 않았다. 교회가 크게 성장했다. 그들은 더 이상 필요한 모든 일을 할 수 없게 되자, 집사들을 임명함으로써 그 문제를 해결했다.

그러나 그들은 두 가지 주요한 사역에 대해서는 타협하기를 거부했다. 그것들은 목회자가 오늘날 직면하게 되는 두 가지 주요한 사역이다. 하나님의 말씀의 사역과 기도의 사역이 바로 그것이다. 그것이 신약성경 사역의 열쇠였고, 초대 교회의 괄목할 만한 성장의 열쇠였다. 그 교회는 너무나 전략적으로 비상하게 성장했다.

7절을 주목하라. 하나님의 말씀이 왕성해졌다. 예루살렘의 제자들의 수가 빠르게 증가했으며, 제사장 다수가 믿음에 순종했다. 하나님의 말씀이 너무나 능력이 있어서 유대 제사장 다수가 예수 그리스도를 믿게 되었던 것이다.

이것이 우리를 향한 경고다. 오늘날 교회 성장에 관한 너무나 많은 문헌과 프로그램과 전도 방법이 있다. 교회 내에서 너무나 많은 사회적인 도움과 너무나 많은 심리학에서 도움을 얻고 있다. 우리는 이 모든 보화들에 대해서 감사해야 한다.

그러나 그것들 중 어느 것도 하나님의 말씀의 선포만큼 중요하지는 않다. 사람들을 영적으로 성장하게 만들어 주고, 교회를 빠르게 성장하게 도와줄 것은 하나님 말씀의 선포다. 그것이 성경적인 설명이다. 하나님의 말씀은 그렇게 흥왕해졌다.

오늘날 우리 사회에는 너무나 많은 사람들이 상처를 입고 있다. 이런 질문을 해본 적이 있는가? "예수님께서 세상에 오신다면 어떤 일이 일어날까? 오늘 예수님께서 여러분의 교회에 오신다면 어떤 일을 하시겠는가?" 나는 마태복음에서 그 질문에 대한 좋은 답변을 발견할 수 있다고 믿는다.

"예수께서 모든 성과 촌에 두루 다니사 저희 회당에서 가르치시며 천국 복음을 전파하시며 모든 병과 모든 약한 것을 고치시니라 무리를 보시고 민망히 여기시니 이는 저희가 목자 없는 양과 같이 고생하며 유리함이라 이에 제자들에게 이르시되 추수할 것은 많되 일군은 적으니 그러므로 추수하는 주인에게 청하여 추수할 일군들을 보내어주소서 하라 하시니라"(마 9:35-38).

만일 예수님께서 오늘 세상에 오신다면, 그분은 과거에 사람들을 보셨던 것처럼 사람들을 보실 것이다. 예수님은 그들을 보셨을 때 민망히 여기셨다. '민망히 여김'이라는 말은 매우 강력한 말이다. 헬라 원어로 그 단어를 살펴보면, 그것은 강력하지만 품위 있는 단어는 아니다. 문자적으로 그 단어는 어떤 사람의 깊은 뱃속으로 들어가는 것을 의미한다.

예수님께서 왜 그렇게 민망히 여기셨는가? 사람들을 있는 모습 그대로 보셨기 때문이다. 그 분은 그들을 무력하게 보셨고, 잃어버린 자들로 보셨던 것이다.

그리스도인들이 씨름하고 있는 문제 중 하나는 비그리스도인들을 어떻게 보느냐는 것이다. 그리스도인들이 비그리스도인들에게서 분리되어야 한다는 운동이 있다. 자기들의 가치들을 비그리스도인들에게 부과해야 한다고 생각하는 그리스도인들도 많이 있다. 예수님께서는 우리에게 그런 일을 하라고 말씀하지 않으셨다. 사실상 그분은 우리가 다른 사람들을 판단하지 말아야 한다고 매우 분명히 말씀하셨다. 그 대신 우리는 예수님께서 그들을 섬기셨던 방법으로 그들을 섬겨야 한다.

비그리스도인들이 무엇을 필요로 하는지 알고 있는가? 그들은 복음의 좋은 소식과 소망이 있다는 놀라운 소식을 들을 필요가 있다. 하나님은 그들을 사랑하신다. 그들을 너무나 사랑하사 그들을 위해 죽으시고, 죄 용서를 위해 십자가에서 피를 흘리시도록 독생자를 주셨다.

그들은 예루살렘 사람들이 오순절에 필요로 했던 것과 꼭 같은 기회를 필요로 하고 있다. 성령께서 120명의 적은 무리에게 임하셨을 때 그들은 예루살렘의 거리로 들어가서 함께 움직이며 하나님의 말씀을 선포했고, 하나님께서는 그것을 크게 사용하셨다. 그리고 사람들은 마음에 찔림을 받았다.

나의 할아버지는 십대에 미국에 오셨다. 그는 스웨덴에서 태어나 성장하셨지만 그리스도인이 아니었다. 그리스도인이 아닐 뿐 아니라, 하나님과 그리스도인들을 증오하기까지 했다. 한마디로 반그리스도인이었다. 누가 복음에 대해서 이야기하는 것을 들을 때마다 그들을 조롱했다. 그리고 그들이 거리에서 모임을 가질 때면 가까이 가서 조롱하고 그 모임을 방해했다. 그러던 그가 19세 때 스웨덴 자유 교회의 세례식, 예배모임에 참석했다. 군대 밴드가 찬송가를 연주하고 있었다. 그는 그들을 조롱하기 위해 거기에 갔던 것이다.

그러나 그날 놀라운 일이 일어났다. 하나님의 말씀이 선포되는데, 그 말씀은 강력했고 그의 마음을 찔렀다. 그는 더 이상 조롱하지 않았고, 그날 놀랍게 회심하였다. 하나님의 말씀은 단순한 이론이나 문헌 이상이다. 하나님의 말씀은 살았고 운동력이 있다. 그리고 그것은 우리 마음을 찌른다.

그 후 할아버지는 하나님 말씀의 선포자가 되셨다. 설교하는 법을 배우기 위해 스웨덴 성경 학교에 들어가셨고, 그 후에 목사이자 전도자가 되셨다. 그는 오래 사셨다. 이제는 돌아가신지 20년이 넘었지만 그의 사역은 여전히 계속되고 있다. 내가 자유 교회들에서 설교하면서 미국 전역을 다닐 때, 사람들이 나에게 와서는 "저는 당신의 할아버지의 사역을 통해서 그리스도인이 되었습니다"라고 말하는 것을 많이 들어왔다.

이것이 하나님의 말씀의 능력이다. 그것은 계속 살아 있다. 그의 아들 중 하나가 하나님의 말씀의 선포자가 되었고, 나의 형과 내가 복음 사역에 부르심을 받았다. 우리 두 사람 모두가 하나님의 말씀 선포에 참여하고 있다. 또 우리에게는 라디오에서 하나님의 말씀을 설교하고 있는 아들이 있다. 그것은 선교 라디오 방송국을 통해서 세계 전역에 전파되고 있다.

예수 그리스도를 아는 것보다 더 큰 특권은 없다. 그리고 하나님의 말씀을 선포하는 것보다 더 큰 영예는 없다. 결코 낙심하지 말고 타협하지 말아야 한다. 하나님의 말씀을 선포하는 특권을 기뻐해야 한다. 하나님의 말씀에는 초자연적인 능력이 있기 때문이다.

B. 하나님 말씀의 초자연적인 능력

오순절에 시작된 성령의 역사

우리는 그 나타남이 오순절에 시작되었음을 알고 있다. 몇 번에 걸쳐서 사도행전 2장 37절을 인용했다. 하나님의 말씀이 선포될 때 사람들은 마음이 찔렸다. 교회의 성장과 확산은 하나님의 말씀 선포에 기초했다. 우리는 그 사실을 사도행전 8장에서 살펴보았다.

교회가 성장하고 확산되다

이어 몇 구절을 더 살펴보겠다. 예를 들어, 사도행전 12장 24절이다. 하나님의 말씀은 계속 확산되었다. 때때로 성경은 "주께서 구원받은 자들을 교회에 더하셨다"라는 표현을 사용한다. 그것이 우리가 보통 교회 성장을 재는 방법이다. "교회 성도수가 얼마나 됩니까?" 또는 "지역 교회에 출석하는 사람들이 얼마나 됩니까?"라고 묻는다.

나는 미국에서 목사로 봉사할 때, 미국에서 가장 큰 교회 중 한 교회를 섬기는 특권을 누렸다. 하나님께서 우리에게 큰 교회들을 주셨으면 교만해지지 않도록 조심해야 한다. 또 어떤 이들은 작은 교회를 섬기고 있다. 작은 교회가 큰 교회보다 덜 중요한가? 절대로 그렇지 않다. 하나님의 양무리의 목자가 되는 것은 교회의 크기에 상관없이 중요하다.

하나님의 교회 성장 개념이 이 절에 나타나 있다. 하나님의 말씀이 계속 증가하고 확장되는 것이 그것이다. 그것은 큰 교회에서 일어날 수 있고 작은 교회에서도 일어날 수 있다. 가정 교회에서 일어날 수 있다. 어떤 크기의 교회에서도 일어날 수 있다.

중요한 것은 숫자를 자랑하지 않는 것이다. 큰 교회들은 커다란 축복이지만 매우 무거운 짐이 될 수도 있다. 교회의 크기에 초점이 맞춰져서는 안 된다. 하나님의 말씀의 선포에 초점이 맞춰져야 한다. 여러 크기의 교회를 주신 데 대해서 하나님께 감사를 드린다. 하지만 우리에게 필요한 것은 사람들이 예수 그리스도의 은혜와 지식 가운데 성장할 수 있도록 큰 교회든 작은 교회든 신실하게 하나님의 말씀을 선포하는 것이다. 비그리스도인들에게 그리스도의 복음이 전달되어 하나님의 말씀이 흥왕하도록 말이다.

사도행전의 또 다른 한 구절을 살펴보자. 다시 한 번 바울과 바나바의 사역을 발견하게 된다.

> "두 사람이 성령의 보내심을 받아 실루기아에 내려가 거기서 배타고 구브로에 가서 살라미에 이르러 하나님의 말씀을 유대인의 여러 회당에서 전할새 요한을 수종자로 두었더라" (행 13:4, 5).

바울과 바나바는 구브로로 갔다. 그들이 성령의 인도 하에 파송받았음을 주목하라. 그들은 성령의 인도하심에 개방되어 있었다. 그들은 살라미에 도착했고, 유대인의 회당에서 하나님의 말씀을 선포했다. 이것은 그들이 자주 사용한 전략이었는데, 회당이 성 안에 있을 때 성 안의 유대인 회당에서 사역을 시작하곤 했다.

사람들의 삶 속에 들어가다

유대인들은 구약성경에 친숙했다. 그러므로 그들이 구약성경을 선포한 것은 현명하고도 합당한 일이었다. 우리는 다시 한 번 하나님 말씀의 초자연적인 용도와 능력을 보게 된다. 그것은 사람들의 삶에서도 마찬가지다. 우리는 그것을 오순절, 교회의 성장과 확산, 사도들의 설교뿐 아니라 오히려 사람들의 삶을 통해 역사하는 것을 알고 있다.

> "하나님의 말씀은 살았고 운동력이 있어 좌우에 날선 어떤 검보다도 예리하여 혼과 영과 및 관절과 골수를 찔러 쪼개기까지 하며 또 마음의 생각과 뜻을 감찰하나니"(히 4:12).

하나님의 말씀은 살아 있다. 어떤 이는 이 책이 어떻게 살아 있다고 말할 수 있느냐고 물을 것이다. 성경은 다른 여느 책처럼 보인다. "성경이라고 부르는 이 책이 무엇이 특별하다는 말인가? 어떻게 그것이 살아 있다고 말할 수 있는가?" 나는 그 질문을 제기하고 이 책이 유별난 책이 아님을 입증하고자 시도했던 필립스에 대한 이야기를 앞에서 함께 나눈 바 있다. 그때 그는 하나님의 말씀으로 나아갔던 것이다.

여러 해 전에 나는 대학생으로 전도에 참여했다. 둘씩 짝을 지어 축호전도하고 있었다. 사람들에게 그리스도와 복음에 관해서 하루 종일 전할 생각이었다. 그것은 매우 힘든 일이었지만 매우 놀라운 일이기도 했다. 많은 사람들이 개인적으로 그 사역을 통해 그리스도를 믿고 나아오는 모습을 보았다.

어느 날 우리는 미시간 주의 한 작은 도시에서 가가호호 방문을 하고 있었다. 매우 더운 여름날이었다. 우리는 한 집으로 올라갔다. 남편과 아내가 앞마당에 앉아 있었다. 중서부의 매우 오래 된 집에 사는 그들은 모기가 성가시게 굴지 못하도록 현관 아래에 스크린(방충망)을 설치하고 있었다. 그들에게 인사하고는 왜 우리가 이곳에 오게 되었는지 이야기했다.

그런데 갑자기 경고도 없이 그 남자가 자리에서 일어났다. 그는 아주 몸집이 큰 사람이었는데, 몹시 화가 나 있었다. 그는 우리에게 소리를 지르고는 이렇게 말했다. "내 집에서 나가! 난 하나님과 아무런 관계도 갖고 싶지 않아." 그는 우리를 위협하며 소리를 질렀다. 우리는 떠나기 전에 하나님의 말씀을 담은 소책자를 꺼내서 그것을 문틈으로 조심스럽게 밀어 넣으며 그들에게 이렇게 말했다. "우리는 여러분을 괴롭히려고 여기 온 것이 아닙니다. 하나님의 사랑에 대한 좋은 소식을 여러분과 함께 나누기 위해 이곳에 왔습니다."

그러고 나서 우리는 갈 길을 갔다. 그리고 그 화가 난 남자에 대해서 곧 잊어버렸다. 우리는 몇 구역을 더 걸어 올라갔다. 그러고 나서 두 세 시간 후에 우리는 길의 반대 방향으로 내려오게 되었다. 길을 건널 때까지 그 남자에 대해 전혀 생각하지 않았다. 그러나 어디선가 나는 갑자기 큰 소리를 듣고 고개를 돌려 그 집을 바라보았다. 그 남자가 그 스크린 문을 지나 길을 건너고 있었다.

처음 얼핏 드는 생각은 그가 우리에게 해를 입히지 않을까 하는 것이었다. 그러나 그는 멈춰 서더니 매우 친절하게 말했다. "젊은이들, 우리 집으로 가시지요?" 우리는 길을 건너 그를 따라 가서 스크린이 쳐진 현관으로 걸어들어 갔다. 그가 갑자기 우리 뒤에 있는 문을 닫았다. 그때 이제 그가 우리를 해칠지도 모른다는 생각이 들었다. 그가 무슨 일을 하려는 지를 보려고 고개를 돌렸더니 놀랍게도 그는 울기 시작했다.

그는 우리가 떠난 뒤 하나님의 말씀을 읽었던 것이다. 살아 있는 그 말씀이 그의 마음을 찔렀던 것이다. 그는 우리에게 오순절에 사람들이 베드로에게 했던 말을 했다. "구원받기 위해 무엇을 해야 합니까?" 우리는 그의 거실에서 함께 무릎을 꿇었다. 우리는 복음의 좋은 소식을 함께 나누고 함께 기도했다. 그리고 우리는 그를 예수 그리스도께 대한 신앙으로 인도했다.

우리는 그와 논쟁을 벌이거나 그에게 도전을 가하지 않았다. 우리는 단지 하나님의 말씀 중 작은 부분을 그와 함께 나누었을 뿐이다. 하나님의 말씀은 살아 있었고 강력했다. 우리는 지적으로만 아니라 실제적으로 그것을 믿을 필요가 있다. 하나님의 말씀은 독특하고 살아 있다. 그것은 우리의 필요와 이에 대한 해결책들에 관해서 이야기해 준다.

나는 미국에서 여러 해 동안 전도 성경 공부를 위한 비디오테이프 훈련 시리즈를 발전시켜 왔다. 많은 사람들이 이 접근 방법을 통해서 그리스도께 나아오는 모습을 목격해 왔다. 그러나 이따금씩 그리스도인들은 이렇게 말한다. "왜 에베소서를 다시 공부해야 합니까? 우리는 이미 5, 6년 전에 에베소서를 공부했습니다."

그런 비슷한 말을 하는 것을 들을 때마다 그들이 하나님의 말씀을 이해하지 못하고 있음을 알게 된다. 하나님의 말씀을 다른 여느 책과 같이 여기면서 이렇게 말하는 사람들이 있다. "나는 이미 그 책을 공부했습니다. 이미 그 책에 대해서 상당히 많은 시간을 소비했습니다. 다시 그렇게 해야 할 이유가 무엇인가요?" 그러면 나는 그들에게 하나님의 말씀은 살아 있다고 말한다.

우리가 어떤 구절을 연구할 때마다 그것은 다시 새롭게 다가온다. 우리가 매일 연구하는 본문에는 무엇인가 새로운 것이 있다. 그것은 다른 인간의 문헌과 다르다. 하나님의 말씀은 우리의 필요에 따라 새로워진다. 그것은 살아 있고 운동력이 있다.

무디가 언젠가 자신의 사역에 관한 매우 재미있는 이야기를 한 적이 있다. 그는 브리티쉬 아일즈에서 사역하고 있었다. 누군가가 그에게 그곳에 있던 한 전도자인 목사에 관해서 이야기해 주었다. 하나님께서는 그를 매우 강력하게 사용하고 계셨다. 어느 날 밤 그 목사는 무디 박사가 인도하는 한 공예배에 참석했다. 예배 후에 무디가 그를 만나서 그의 사역에 관해서 많이 들었다며 미국에 와서 사역해 달라고 그에게 요청했다.

그리고 얼마 후에 그 목사가 미국에 왔다. 그는 설교해 달라는 초청을 받았다. 그는 요한복음 3장 16절을 본문으로 설교했다. 하나님께서는 그 설교를 통해서 강력하게 역사하셨다. 그들은 다음날 밤에도 설교해 달라고 부탁했다. 그는 다시 요한복음 3장 16절에 대해 설교했다. 그리고 그는 팔일 동안 계속해서 요한복음 3장 16절에 대한 다른 메시지를 설교했다고 한다.

우리는 결코 하나님의 말씀을 남김없이 이야기할 수 없다. 그것은 빠르고 살아 있고 운동력이 있으며 강력하다. 그동안 성령의 능력에 대해서 또 하나님 말씀의 초자연적인 능력에 관해서 많은 이야기를 했다. 그래서 한 말씀만 더 하고자 한다.

하나님 말씀의 능력을 믿기 바란다. 히브리서 4장 12절을 주목하라. 그것은 어떤 날선 검보다 더 예리하게 죄인들의 마음을 찌른다. 그것은 오순절에 사람들의 마음을 찔렀으며, 나의 할아버지의 마음을 찔렀고, 내 자신과 우리의 마음을 찔렀다. 그것은 어떤 두 날 선 검보다 더 예리하다.

나는 하나님의 말씀을 가장 잘 사용하는 길이 검으로 사용하는 것이라는 사실을 배웠다. 검은 그리스도인의 전신갑주의 일부다. 검은 방어적인 목적으로 사용되지 않는다. 그러므로 검은 예리할 필요가 있다. 방패는 예리할 필요가 없다. 믿음의 방패는 우리를 보호해 준다. 그러나 하나님의 말씀은 공격적으로 사용된다. 하나님의 말씀을 변호하거나 사람들과 하나님의 말씀에 관해 논쟁하는 데 많은 시간을 보내지 말라. 하나님의 말씀을 검으로 사용해야 한다.

한 젊은 대학생의 이야기가 있다. 그녀는 매우 헌신된 그리스도인이었다. 그녀는 집에서 멀리 떨어진 대학에서 공부하고 있었는데, 크리스마스 때 휴가를 맞아 집으로 가고 있는 중이었다. 비행기에 탄 그녀는 매우 똑똑한 변호사와 함께 앉게 되었다.

그녀는 비행기를 타고 가는 동안 성경을 꺼내 읽기 시작했다. 그러자 옆에 있던 이 똑똑한 변호사는 안경 너머로 그 모습을 보기 시작했다. 그는 자기 눈을 믿을 수 없었다. 그는 이 지적인 젊은 숙녀가 성경처럼 시대에 뒤떨어진 책을 읽는다는 사실을 믿을 수 없었던 것이다.

그래서 그는 마침내 그녀에게 말을 건넸다. "아가씨 무슨 책을 읽고 있는지 물어 봐도 괜찮겠소?" 그러자 그녀는 "성경책을 읽고 있는데요"라고 대답했다. "성경책이라고요? 그 책을 믿지는 않겠지요, 그렇죠? 그것은 시대에 뒤진 책인데요. 그것은 단순한 사람들이 읽고 믿는 책이지만, 당신처럼 똑똑한 사람들은 그렇지 않을 겁니다. 그 책은 우화와 꾸며진 이야기들로 가득 차 있습니다. 당신은 성경을 읽지 말아야 합니다."

그러나 그 젊은 숙녀는 이렇게 말했다. "선생님, 저는 성경이 하나님의 말씀이라고 믿습니다. 저는 그 모든 말씀이 진리라고 믿으며, 세상의 다른 어떤 책보다 더 이 책을 신뢰합니다." 그는 그 말을 믿을 수 없었다. 그래서 그는 이렇게 말했다. "요나의 이야기는 어때요? 고래에게 삼켜진 사람을 알아요?" 그녀는 "글쎄요, 성경은 고래가 아니라 단지 그것이 큰 물고기였다고 말하고 있어요"라고 말했다.

그는 "어떻게 그렇게 어리석은 이야기를 믿을 수 있나요?"라고 말했다. 그녀는 "하나님의 말씀이 그것이 사실이라고 말해요. 저는 하나님의 말씀이 옳다고 믿어요. 그리고 신약 성경에서 예수님이 그 이야기를 인용하셨어요. 예수님께서는 그것이 사실이라고 믿으셔서 저도 그렇게 믿어요"라고 말했다. 그러자 그가 "어떻게 그 이야기가 사실인지 증명할 수 있나요?"라고 물었다. 그것은 매우 어려운 질문이었다. 그녀는 오랫동안 생각했다.

마침내 그녀는 "천국에 가면 요나에게 그것이 사실인지 물어보겠어요"라고 대답했다. 그러자 그는 "만일 요나가 천국에 가지 못했다면 어쩌겠소?"라고 말했다. 그녀는 "그건 쉽지요. 그러면 선생님이 그에게 물어 보실 수 있겠네요"라고 대답했다.

그것은 매우 중요한 진리다. 하나님의 말씀은 영원하다. 비록 똑똑한 사람들이 안 믿는다 하더라도, 그것은 하나님의 말씀이다. 그것은 단순한 믿음을 요구한다.

젊은 복음 사역자였던 빌리 그래함과 그의 친한 친구가 성경이 하나님의 말씀인지 아닌지의 여부를 결정하게 되었다. 그래함은 그것이 자기가 자지 않고 밤을 지새웠던 유일한 체험이었다고 말했다.

그는 플로리다에 있는 학교에 다니고 있었는데, 그 학교는 골프장 가까이에 있었다. 그는 하나님께서 그의 삶에 동행해 주시기를 밤새 기도하고 구하면서 골프장을 걸어 다녔다. 그는 하나님께 진리를 계시해 주시기를 기도했다. 그날 밤이 지났을 때, 그는 성경이 하나님의 말씀이라는 깊은 확신에 이르게 되었다. 그리고 이제까지 그것은 그의 사역의 핵심이 되어 왔다. 그는 끊임없이 "하나님의 말씀이 우리에게 말씀하십니다"라는 표현을 사용한다. 그리고 하나님께서는 그의 사역에 그것을 강력하게 사용해 오셨다.

그런 와중에 그의 친구는 성경을 신뢰할 수 없다는 결정을 내렸다. 그는 빌리 그래함보다 훨씬 더 똑똑했다. 그는 훨씬 더 많은 은사를 가지고 있었다. 그러나 그에게는 단순한 신앙이 없었다. 그래서 그는 성경뿐 아니라 하나님까지 거절했으며 결국 사역에서 떠나고 말았다. 그는 매우 유명한 텔레비전 해설가가 되었고, 외국에서 매우 유명해졌다.

그 두 사람의 삶의 대조는 놀랍다. 수많은 사람들이 빌리 그래함을 통해서 그리스도를 믿게 되었다. 하나님의 말씀은 살아 있고 운동력이 있다. 이제 그래함은 더 이상 젊은이가 아니다. 그의 몸은 이전처럼 강하지 않다. 그는 파킨슨씨 병을 앓고 있고, 그의 몸은 이전보다 약해졌다. 그가 설교하기 위해 강단에 선 그날 저녁, 설교하는 동안 줄곧 서 있었다. 과거에는 언제나 강단 주위를 돌아다녔었다. 잠잠히 서 있기가 불가능했던 것이다. 그런데 이제는 잠잠히 서 있었다. 설교를 시작하기 전까지 그는 매우 약했으나 성령이 부어진 뒤 그는 매우 강력해졌다. 그는 요한복음 3장 16절에 관해 설교했다.

비가 쏟아지기 시작했다. 그가 초청을 할 시간이 왔다. 그는 매우 간단한 초청을 했다. 그는 간청하거나 구걸하지 않고 사람들에게 하나님의 말씀에 응하도록 촉구했다. 말 그대로 수많은 사람이 앞으로 나왔다. 그리고 수천 명이 초청에 응했다. 그가 하나님의 말씀을 선포했기 때문이다. 그것은 살아 있고 운동력이 있고 강력하며 두 날 선 검보다 더 예리하고, 혼과 영혼을 쪼개기까지 하며 마음의 생각과 태도를 감찰한다. 그것을 우리의 개인적인 삶에 사용하자.

이제, 하나님의 말씀을 사용하자. 우리 가정에서 설교와 가르침에 사용하자. 하나님께서 우리를 홀로 내버려 두지 않으셨음을 인식하자. 그분은 우리에게 자신과 성령을 주셨다. 그리고 우리에게 다른 어떤 문헌과도 다른 말씀을 주셨다. 그것은 강하고 운동력이 있고 살아 있으며 날카로우며 마음속까지 쪼개고 감찰한다.

C. 하나님 말씀의 목적

1. 설교와 교육

목회사역을 하고 있는 우리는 설교와 가르침에서 하나님의 말씀을 사용한다. 함께 보고자 하는 이 구절은 우리가 매우 잘 알고 있는 구절로서 많은 설교를 하였다. 그러나 나는 하나님이 이 구절을 사용해서 오늘 우리의 감성과 지성에 말씀하시기를 기도한다.

> "모든 성경은 하나님의 감동으로 된 것으로 교훈과 책망과 바르게 함과 의로 교육하기에 유익하니 이는 하나님의 사람으로 온전케 하며 모든 선한 일을 행하기에 온전케 하려 함이니라" (딤후 3:16-17).

모든 성경은 하나님의 감동으로 된 것이다. 이것은 성경이 살아 있고 능력 있고 활력 있는 이유이며, 우리 마음을 관통하고, 마음의 생각과 의도를 판단하는 이유다. 하나님의 말씀은 그분 자신에게서 온다. 성경은 하나님의 감동으로 된 것이다.

또한 성경은 유용하다. 성경은 단지 선반 위에 올려놓고 경탄만 하는 그런 종류의 책이 아니다. 성경은 우리 생활에서 쓰는 책으로 유용하고 실제적이며 우리 삶에 적용할 수 있다. 이 구절에서 하나님의 말씀이 설교와 가르침에서 사용되어야 하는 네 가지 실제적인 방법이 있음을 알게 된다.

진리를 가르친다

첫째는 진리를 가르치기 위한 것이다. 하나님의 말씀은 진리를 가르치는 데 유용하다. 오늘날 우리 사회에서 많은 사람들은 다음과 같이 질문한다. "진리가 무엇입니까? 무엇이 진리인지 어떻게 압니까? 무엇을 믿어야 할지 어떻게 압니까?"

우리 중 많은 사람들은 뛰어난 스승 밑에서 배웠다. 그들은 진리를 나누려 했다. 그러나 서로 다른 선생님들이 서로 다른 것이 진리라고 가르치고 있다. 예를 들면, 현대 심리학에서 그렇다.

내가 수십 년 전 대학에 다닐 때, 그 당시 유명한 심리학자가 있었다. 그의 이름은 지그문트 프로이트(Sigmund Freud)로 심리학의 영웅이며 현대 심리학 운동의 창설자다. 그 당시 세계의 거의 모든 심리학자들은 프로이트 학설의 신봉자들이었다. 그들은 그가 진리를 말하고 있다고 믿었고, 프로이트의 가르침은 진리라고 선언했다.

그러나 그것은 오늘날 더 이상 진리가 아니다. 최근에 심리학 강의를 듣는다면, 대부분의 심리학자들이 프로이트를 존경하지 않는다는 것을 곧 알게 된다. 현대의 젊은 심리학자가 프로이트의 신봉자가 되는 경우는 매우 드물다.

오늘날에는 문자 그대로 수많은 심리학 학파들이 있다. 그것은 거의 매일 변한다. 심리학의 복음은 변한다. 가르치는 것이 진리다. 지금부터 10년 후에는 다른 사람들의 사상이 그것을 대체(代替)할 것이다. 이것은 신학을 포함해서 대부분의 학문에 있어서도 마찬가지다. 신학자들은 나타났다가 사라진다. 신학도 변할 수 있다. 그러나 하나님의 말씀은 결코 변하지 않는다.

하나님의 말씀은 진리를 가르친다. "우리가 어떻게 진리를 알 수 있습니까?" 우리 사회는 진리가 상대적이라고 가르치지만, 하나님의 말씀은 진리가 절대적이라고 말한다. 이 세상에서 변하지 않는 것이 하나 있다. 그것은 하나님이고 그의 말씀이다. 어떻게 성경이 변화하는 세상 속에서도 변하지 않는가. 그것은 매우 놀라운 일이다. 바람직하게도 우리는 항상 새로운 것을 배우고 있다. 그리고 현재 우리는 성경을 이해하는 데서 자라고 있다. 성경은 살아있고 활력이 있다. 성령님은 새로운 진리와 새로운 통찰력을 우리에게 계시하신다. 그러나 하나님의 말씀은 항상 진리를 가르치신다.

우리는 하나님의 말씀을 자녀들에게 가르치고, 교인들에게 가르치며, 하나님의 말씀을 듣고자 하는 모든 사람들에게 가르쳐야 한다. 나는 많은 사람들이 하나님의 말씀이 무엇을 말하는지 알기 원한다는 사실을 발견했다. 그것은 복음주의적 성경공부의 가치들 중에 하나이다. 즉, 하나님의 말씀을 듣도록 사람들을 초청하는 것이다.

오늘날 세계 여러 곳에는 하나님의 말씀에 대한 큰 굶주림이 있다. 구소련이나 동유럽도 마찬가지다. 사람들은 성경이 가르치는 것을 알고자 하는 데 완전히 열려 있다. 오래 전 모스크바에 갔을 때 겪었던 경험이 생각난다. 그 당시는 많은 공산주의자들이 여전히 소련을 지배하고 있었다. 당시는 고르바초프가 대통령이었다. 그러나 소련은 둑의 갈라진 틈과 같았고 무너지기 시작했다. 그리고 영적인 것들에 대해서도 개방적이었다.

어느 주일 오후 우리에게는 모스크바 시를 관광시켜 주는 안내원이 있었다. 아침에 우리는 모스크바에 있는 제일침례교회에서 예배를 드렸다. 우리는 형제 자매들과 교제하는 놀라운 시간을 가졌다. 그 젊은 안내원은 헌신된 공산주의자로 매우 똑똑한 젊은 아가씨였다. 그녀는 우리에게 매우 재미있는 명소(名所)를 보여 주었는데, 그중 하나가 서점이었다.

우리는 큰 서점을 방문했다. 그녀는 그곳이 세계에서 가장 큰 서점으로 세계에서 출판되는 모든 책을 다 가지고 있다고 말했다. 나는 그녀에게 "이 서점에서 성경을 살 수 있습니까?"하고 물었더니 매우 당황스러워했다. "오늘 아침 기독교회에서 예배드릴때 모스크바에서 성경을 살 수 있냐고 사람들에게 묻자 '성경을 살 수 있는 곳은 모스크바에는 없다' 고 하던데요." 그녀는 "성경을 팔지 않는 이유는 아무도 성경을 원하지 않기 때문입니다. 성경을 읽는 사람들은 나이 든 부인들뿐입니다."라고 대답했다.

그때 나는 그녀에게 조용하고 부드럽게 다시 물어보았다. "당신은 성경을 좋아합니까?" 그녀가 대답했다. "예, 그렇습니다. 물론 저는 이 문학작

품을 읽고 싶을 따름입니다." 하나님은 사람들의 삶 속에 영적인 굶주림을 주셨다. 전세계의 사람들은 성경이 무엇을 말하는가 알고 싶어 한다. 많은 사람들이 성경을 읽으며 그리스도를 알기 위해 온다. 진리를 가르치는 것은 오로지 성경뿐이다. 칼 마르크스나 지그문트 프로이트나 미국이나 한국의 정치가도 아니다. 진리를 가르치는 것은 바로 하나님의 말씀이다.

수년 전 나는 캐나다의 한 연회에서 연설했다. 시(市) 지도자들과 시민 지도자들과 사업가들이 함께한 큰 연회였다. 나는 매우 재미있는 사람 옆에 앉게 되었다. 그는 영화의 등급을 매기는 사람이었다. 캐나다에서는 미국에서 시작하기 오래 전부터 이 일을 했다. 그는 어떤 영화가 아이들이 보기에 좋고 어떤 영화가 좋지 않은가를 결정했다. 그는 어떤 영화가 도덕적이고 어떤 영화가 비도덕적인가를 결정해야만 했다.

나는 그에게 한 가지 질문을 했다. "당신은 어떻게 도덕적인 것과 비도덕적인 것을 결정합니까? 어떻게 외설인가, 아닌가를 결정합니까?" 그는 이 질문에 답하는 데에 매우 예민해 있었다. 그는 아주 많은 이유를 말했다. 그것은 기본적으로 다음과 같이 정리된다. 즉 그의 결정들은 상대적이고 사회에 근거를 둔 것이다. 그는 무엇이 옳고 그른지의 도덕적 기준이 없었다. 왜냐하면 그는 하나님의 말씀을 믿지 않았기 때문이다.

세계의 모든 종교와 철학 중에서 십계명을 제공하는 것은 바로 성경이다. 의(義)의 기준을 제시하고 진리를 말하는 것은 바로 성경이다. 하나님의 도덕적 기준은 결코 변하지 않는다. 그 기준은 항상 동일하다.

잘못되었을 때 우리를 책망한다

성경을 설교하는 두 번째 이유가 있다. 성경은 책망하기에 유용하기 때문이다. 성경은 우리가 잘못 되었을 때 우리를 책망하는 데 유용하다. 성경은 우리가 진리에서 빗나갈 때 우리에게 말한다. 성경은 우리에게 진리를 확신시켜 주기 위해 성령님에 의해 사용된다. 오늘날 책망이란 말은 인기 있는 단어가 아니다.

나에게는 세 명의 자녀가 있는데, 나는 그들을 매우 사랑한다. 그들은 모두 개인적으로 그리스도를 믿게 되었다. 그러나 우리 아이들은 한번도 내게 와서 이렇게 말하는 아이가 없었다. "아버지, 저 좀 꾸중해 주시겠어요?" 아이들이나 어른들이나 책망받기를 원하지 않는다. 나는 내게 와서 이렇게 말하는 교인을 보지 못했다. "목사님, 절 책망해 주시겠습니까?" 그러나 우리 모두는 책망 받아야 한다.

성경은 "주님이 그가 책망하시는 자를 사랑하신다"고 말한다. 그는 우리의 이익을 위해 우리를 훈련시키신다. 우리가 길을 잃었을 때, 그는 우리에게 이렇게 말씀하시기를 원한다. "넌 길을 잃었어." 성경은 선로 위의 신호등과 같다. 반짝거리는 붉은 빛 또는 선로 앞을 가로막는 막대와 같다. 성경은 이 길로 가면 안전하지 못하다고 우리에게 말해 준다.

하나님은 우리를 벌하기 위해 십계명을 주시지 않았다. 그분은 우리를 사랑하시고 우리에게 최선의 것을 주기 원하신다. 사람들을 파괴시키는 것은 죄다. 하나님은 세상을 정죄하려고 세상에 그의 아들을 보내신 것이 아니라 그를 믿는 사람을 구원하려고 그 아들을 보내셨다. 수년 동안 나는 십계명이 징계하기 위한 것이거나 우리를 벌주기 위해 주어진 것으로 생각했다. 그러나 몇 년 전 주님은 나의 눈과 마음을 여셔서 그것이 사실이 아님을 깨닫게 해주셨다.

우리를 잘못된 길로 이끄는 것은 바로 죄며, 그 끝은 죽음이다. 우리는 사람들이 "당신은 올바른 길을 가고 있어"라고 말할 때 그 말을 하는 사회에 귀를 기울인다. 그러나 하나님의 말씀은 "아니오, 당신은 잘못된 길을 가고 있습니다. 당신은 회개해야 합니다"라고 한다.

회개는 돌아서는 것이다. 잘못된 일을 하고 있다는 것에 대해 미안한 감정을 가지는 것뿐만 아니라, 잘못된 일로부터 돌아서는 것이다. 그리고 하나님께로 가는 것이다.

　사람들은 이렇게 말할 것이다. "당신이 십계명을 지킨다면, 당신은 행복하지 않을 것입니다. 하나님의 말씀에 순종한다면, 당신은 좋은 생활을 놓칠 것입니다." 그러나 그것은 진실이 아니다. 하나님과 우리를 분리시키는 것은 바로 죄다. 주님은 우리가 창조된 방식대로 살도록 돕기 위해 십계명을 주셨다. 우리가 십계명에 복종한다면 완전한 삶을 살게 될 것이라고 확신한다.

　그러나 로마서 8장에서 살펴본 대로, 문제는 우리 중 아무도 십계명을 지킬 수 없다는 것이다. 우리는 그 십계명 모두를 어겼다. 모든 사람이 죄를 범하여 하나님의 영광에 이르지 못했다. 그래서 로마서는 하나님이 더 좋은 계획을 실행하셨다고 말하고 있다. 그는 우리에게 예수 그리스도를 주셨다. 예수님은 그의 지상생활을 통해 십계명에 완전히 복종하신 유일한 분이다. 그래서 그는 우리가 진리대로 살 수 있는 길을 마련해 주셨다. 예수님은 말씀하셨다. "내가 곧 길이요 진리요 생명이니 나로 말미암지 않고는 아버지께로 올 자가 없느니라." "멸망으로 인도하는 넓은 길과 넓은 문이 있다. 영생으로 인도하는 좁은 문과 좁은 길이 있다. 그러나 그 길로 가는 사람은 매우 적다." 대부분의 사람들은 옳게 보이는 길을 택하지만 그들은 멸망으로 가는 길, 영원한 죽음으로 가는 길 위에 있는 것이다.

　진리가 무엇인지 우리가 어떻게 알 수 있는가? 무엇이 옳고 그른지 어떻게 알 수 있는가? 그것은 바로 우리에게 말하는 하나님의 말씀을 기준으로 알 수 있다. 우리가 잘못된 길을 가고 있을 때 하나님의 말씀은 우리를 책망한다.

　하나님의 말씀에 절대 순종해야 한다. 하나님의 말씀은 진리를 가르치고 우리가 잘못 되었을 때 우리를 책망한다.

우리를 교정한다

하나님의 말씀이 우리를 위해 하는 세 번째 일이 있다. 하나님의 말씀은 우리를 교정한다. 우리가 잘못된 길을 가고 있다고 단지 알게 해주는 것만으로는 충분하지 않다. 우리는 어떤 방향으로 가야 할지 알아야 한다.

자녀들의 훈련도 같은 방식이다. 단순히 자녀들에게 "그걸 하지 말아라"고 말하는 것은 좋지 않다. 그들에게 무엇을 해야 하는지 말해야 한다. 우리는 단지 바르지 못한 행동에 관해 그들에게 말할 뿐 아니라 그들에게 바른 행동을 가르쳐야 한다. 하나님의 말씀은 우리를 교정한다.

나는 제2차 세계대전 당시 폭격기 조종사였던 사람을 만난 적이 있다. 그는 전쟁의 마지막 며칠 동안 영국에서 독일로 비행한 미국 폭격기 조종사였다. 그는 매일 영국에서 독일로 비행해서 폭탄을 떨어뜨리고 다시 영국으로 돌아오곤 했다. 어느 날 영국으로 돌아오는 길에 번개와 천둥을 동반한 강한 폭풍우를 만났다. 비행기는 이리저리 흔들렸고 매우 위험한 상태였다. 번개가 비행기를 여러 번 쳤고 모든 비행 장비를 망가뜨렸다. 그러나 그는 그 폭풍우에서 간신히 빠져 나와 살아났다. 그러나 모든 비행 장비를 잃어버려서 자신의 위치를 알 수가 없었다.

우리는 비행하고 있을 때 어디에 있는지 반드시 알아야 한다. 하나님의 말씀은 우리가 잘못되면 우리를 책망한다. 또한 우리를 바른 장소로 안내한다. 하나님의 말씀은 우리가 있는 장소에서 우리를 만나고, 우리가 있는 곳에서 사역한다.

우리는 상대주의의 시대에 살고 있다. 성경은 마지막 날에 많은 사람들이 진리를 듣기 원치 않을 것이라고 경고하고 있다. 그들은 그들의 귀를 즐겁게 하는 메시지만 원할 것이다. 이스라엘과 유다의 악한 왕들은 하나님의 말씀과 예언자들의 말을 듣기 원치 않았다. 그들은 자신이 원하는 길로 가기 원했지만, 예언자들은 끊임없이 그에게 책망하고 교정하였다.

다시 그리고 또 다시 주님은 그 왕들에게 경고했다. 주님은 애굽의 바로와 다른 많은 지도자들에게 경고했다. 주님은 그들을 교정하려고 했지만, 그들은 긍정적으로 응답하지 않았다. 이것은 목회자의 가장 어려운 사역 중의 하나다. 하나님의 말씀을 가르치는 데 있어서 우리가 받는 유혹은 사람들을 기쁘게 하는 주제들에 관해 가르치는 것이다. 그러나 하나님은 우리가 완전한 진리로 하나님의 말씀을 가르치고, 확실하게 진리를 가르침으로 시작하기를 원하신다.

교인들이 주일마다 교회를 떠나면서 "목사님, 좋은 설교였습니다"라고 말하기보다 "하나님께서 제게 말씀하셨습니다. 제게 확신을 주셨습니다. 저를 책망하셨습니다"라고 하는 반응이 말씀을 가르친 결과에 합당한 표현이다. 그리고 그때 우리는 사랑스럽고 부드럽게 그들을 교정해야 한다.

의(義)로 훈련시킨다

하나님 말씀의 네 번째 사용 방법은 의로 훈련시키는 것이다. 우리가 어떻게 의롭게 되는가? 우리의 선한 행위로 되지 않는다는 것을 잘 알고 있다. 우리는 믿음으로 말미암아 구원을 받았기 때문이다. 그것은 하나님의 선물이므로 아무도 우리의 행위를 자랑할 수 없다. 우리의 의는 예수 그리스도의 의다.

우리는 불의의 낡은 옷을 벗어버리고 그리스도의 의의 새 옷을 입어야 한다. 하나님의 나라와 그의 의를 먼저 구해야 한다. 그렇게 하도록 우리를 훈련시키는 것이 하나님의 말씀이다.

그것은 문자적으로는 '재편성하다' 또는 '재형성하다'라는 의미다. 하나님은 우리를 그의 형상으로 창조하셨지만 죄가 우리를 악한 자의 형상으로 재창조하였다. 그러나 하나님의 말씀은 우리를 하나님의 형상으로 재형성하는 데 도움을 줄 것이다. 하나님의 말씀은 우리가 예수 그리스도를 더욱 닮아가고 그리스도의 충만함에 더욱 이르도록 도움을 줄 것이다.

우리가 이 구절을 잘 알 뿐만 아니라 규칙적으로 실행하기를 바란다. 우리 생활 속에서 가정이나 교회에서 그것을 행하기를 격려한다. 17절에 있는 결과가 무엇인지 보라. 하나님의 사람이 모든 선한 일을 하도록 완전히 무장하는 것으로 남자뿐만 아니라 여자에게도 동일하게 적용된다. 하나님의 말씀이 우리에게 진리를 가르치고 책망하고 우리를 교정하고 훈련하도록 허락한다면, 그것은 우리의 영적 성숙에 공헌할 것이다. 선한 삶을 위해 우리를 무장시키고, 예수님과 같은 삶을 살도록 준비시킬 것이다.

2. 목회자의 생활에서 하나님의 말씀

잠시 목회자의 생활에서 하나님의 말씀은 어떤 의미를 갖는지 살펴보자. 우리가 직면하는 가장 큰 유혹들 중의 하나는, 하나님의 말씀을 다른 사람들에게는 전하면서도 우리의 생활에 적용하는 시간을 갖지 않는 것이다. 설교 준비는 매우 중요하지만 그것이 하나님의 말씀 속에서 우리의 삶을 대신할 수 없다. 우리는 하나님의 말씀을 생활에 적용해야 한다.

> "열두 사도가 모든 제자를 불러 이르되 우리가 하나님의 말씀을 제쳐놓고 공궤를 일삼는 것이 마땅치 아니하니"(행 6:2).

우리 중 아무라도 하나님의 말씀사역을 게을리 하는 것은 옳지 못하다. 초대교회 사도들의 사역의 모습을 살펴보자. 사도행전 6장 4절에서 그들은 이런 말을 했다. "우리는 기도와 말씀사역에 전력할 것입니다." 그것은 중요한 영적 생활의 균형이며, 말씀사역에 있어서 기도의 균형이다.

다시 우리 삶에서 하나님 말씀의 개인적 적용을 보자. 하나님의 말씀이 우리에게 진리를 가르치고, 우리가 잘못할 때 책망하고, 우리를 교정하여 바른 길로 되돌아가게 하고, 우리를 훈련시키고 재형성하도록 허락해야 한다. 그러면 우리는 하나님 안에서 의롭게 살게 되는 것이다.

교인들은 그러한 목회자를 필요로 한다. 하나님의 말씀을 믿고 연구하며 가르칠 뿐만 아니라, 하나님의 말씀대로 살고, 삶 속에서 하나님의 말씀을 보여주는 목회자를 필요로 한다는 것이다.

나는 그리스도인 가정에서 태어났다. 나의 아버지는 장로교 목사였다. 나에게는 훌륭한 주일학교 선생님들이 있었다. 그들은 나에게 하나님의 말씀과 진리를 가르쳐 주었다. 부모님은 내가 갓난아기였을 때부터 하나님의 말씀을 가르쳤지만, 이 시기에 내게 가르쳐준 것을 많이 기억하지 못한다. 그들이 내게 진리를 가르쳐준 것은 매우 중요했지만, 내가 진정으로 기억하는 것은 그들의 삶이나 삶의 방식이다. 그들은 내게 진리를 가르쳐 주었을 뿐만 아니라, 그들의 삶으로 보여 주셨던 것이다. 이것이 하나님의 말씀이 신용 있고 믿을 만한 이유다.

우리가 가르치는 진리를 삶으로 보여주지 않는다면 교인들이 우리의 가르침을 받아들일 것이라고 기대하지 말라. 좋은 성경교육은 개인적인 적용으로 시작된다. 그럴 때 그것이 다른 사람들의 삶에 영향을 끼친다. 목회자의 삶에서 하나님의 말씀은 절대적으로 필요하다. 예수님이 위선자보다 더 경멸한 것은 없었다. 위선자가 되는 죄를 범하지 말자. 가르치는 것과 사는 것이 별개가 되는 죄를 범하지 말자. 하나님의 말씀을 가르치고 동시에 순종하자.

3. 목회자의 가정에서의 하나님의 말씀

목회자의 가정에서 하나님 말씀은 어떻게 적용되어야 할까. 장로의 자격을 살펴보자. 그것은 이 주제를 매우 특별하게 말한다. 디도서 1장 6-9절을 보자.

"책망할 것이 없고 한 아내의 남편이며 방탕하다 하는 비방이나 불순종하는 일이 없는 믿는 자녀를 둔 자라야 할지라 감독은 하나님의 청지기로서 책망할 것이 없고 제 고집대로 하지 아니하며 급히 분내지 아니하며 술을 즐기지 아니하며 구타하지 아니하며 더러운 이를 탐하지 아니하며 오직 나그네를 대접하며 선을 좋아하며 근신하며 의로우며 거룩하며 절제하며 미쁜 말씀의 가르침을 그대로 지켜야 하리니 이는 능히 바른 교훈으로 권면하고 거스려 말하는 자들을 책망하게 하려 함이라."

이것은 우리를 책망하는 구절이며 불편하게 만드는 구절이지만 매우 중요한 구절이다. 주님은 교회의 지도자들에게 매우 높은 수준을 요구하신다. 야고보서에서 주님은 아무도 선생이 되려고 노력하지 말라고 하셨다. 왜냐하면 그들은 더욱 엄격한 기준으로 판단 받을 것이기 때문이다. 그러므로 이것은 매우 무서운 책임이기도 하다.

장로는 흠이 없어야 한다. 한 아내의 남편이어야 한다. 비방이나 불순종하는 일이 없는 믿는 자녀의 아버지여야 한다. 우리의 사역은 우리 자녀를 대한 일부터 시작한다. 디모데전서 3장에서는 목회자가 자기 자녀들을 관리하지 못한다면 어떻게 교회를 관리할 수 있느냐고 말하고 있다. 우리는 간혹 아내와 자녀들을 소홀히 하는 목회자의 슬픈 사연을 듣곤 한다. 다른 사람에게는 가서 사역하지만 자기 가족에게는 사역하지 않는 목회자 말이다. 다른 사람들에게는 설교하지만 자기 자녀들을 잃어버리는 것은 슬픈 일이다.

우리를 향하여 매우 많은 기대를 가진 교인이나 사람들이 너무 많다. 그들은 우리가 우리의 가족을 소홀히 하기를 원하지 않는다. 그러나 그들은 우리에게 너무 많은 요구를 한다. 그래서 나는 이것을 다루는 기본적인 방법을 발견했는데, 가족을 위한 시간을 따로 떼어 놓든지, 예약해 놓아야 한다는 것이다.

나는 늘 가지고 다니는 데이트북(datebook)이 있다. 내 스케줄은 앞으로 약 2년 동안 꽉 차 있다. 나에게 앞으로 1년 반 동안 할 일이 무엇이냐고 묻는다면, 지금 당장 말할 수 있다. 내가 새 데이트북을 살 때마다 주님은 내가 먼저 두 가지를 하도록 도우신다.

첫째는 하나님을 위한 시간을 예약하는 것이다. 하나님에게만 속한 일정한 시간을 가지는 것은 매우 중요하다. 나는 이것이 하나님께 십일조를 드리는 것과 같다고 믿는다. 십일조는 우리가 얻는 소산의 첫 번째 것이다. 첫 번째 열매를 드린 사람은 이스라엘 백성들이었다. 그것은 그들의 가장 좋은 수확 중에서 첫 번째 것이었다. 이스라엘 백성들이 제사할 때 가장 좋은 양과 동물을 여호와 하나님께 드린 것과 같이, 우리도 하루의 가장 좋은 부분을 하나님께 드려야 한다.

둘째는 아내와 아이들을 위해 또는 남편과 아이들을 위해 시간을 예약해야 한다는 것이다. 많은 미국인들이 저녁식사를 함께 먹지 않는다. 아버지, 어머니는 일하고 자녀들은 모두 그들 자신의 방식대로 살고 있다. 그들이 특별한 시간을 내지 않는다면 결코 함께 할 시간을 갖지 못할 것이다. 그래서 우리는 매주 적어도 하루 저녁은 가족의 밤으로 계획했다. 내가 교회에 가지 않는 날 밤이었다. 우리는 일주일에 하루 밤은 교회에서 모임을 갖지 않았다. 우리는 모든 불을 껐고 문을 잠갔다. 그리고 교인들에게 다음과 같이 말했다. "집에 가서서 가족들과 함께 하십시오. 가정 사역하는 데 시간을 쓰십시오."

목회자는 자신의 가정에서 먼저 솔선수범하고 교인들에게 이와 같이 가르칠 책임이 있다. 우리는 자녀들과 우리의 배우자를 소홀히 해서는 안 된다. 우리는 그들을 위해 사역할 시간을 예약해야 한다. 성경은 또한 우리에게 그리스도인의 가정을 위한 지침을 제공해 준다. 우리가 살펴볼 많은 구절들이 있다.

"아내들아 남편에게 복종하라 이는 주 안에서 마땅하니라 남편들아 아내를 사랑하며 괴롭게 하지 말라 자녀들아 모든 일에 부모에게 순종하라 이는 주 안에서 기쁘게 하는 것이니라 아비들아 너희 자녀를 격노케 말지니 낙심할까 함이라"(골 3:18-21).

가족은 매우 특별한 공동체다. 이 구절에서 아내는 주 안에서 남편에게 복종하고, 또 남편들은 아내를 사랑하고, 부모들은 자녀를 격노케 하지 말도록 교훈 받는다. 왜 우리는 종종 아내와 남편을 괴롭게 하는가? 자녀들을 괴롭게 하는가? 하나님은 최근에 그것을 나에게 알게 해주셨다. 나는 아내를 매우 사랑한다. 내가 그녀를 괴롭힐 때마다 사역한 뒤 집으로 돌아갈 때 특히 상처받기 쉽다는 것을 잘 안다. 하나님의 말씀은 우리가 서로를 괴롭히지 말라고 한다. 예수님의 영인 사랑과 상냥함과 부드러움을 가지라고 말한다. 이 모든 것들은 그리스도인 남편과 아내를 위한 지침이다.

우리가 아는 바와 같이 자녀들은 모든 일에 부모에게 순종하도록 교훈을 받는다. 이것은 교회의 제자도의 가장 기본적인 문제들 중 하나다. 많은 자녀들이 부모님께 복종하는 것을 배운 적이 없다. 그래서 결국 주님께도 복종하지 않는 것이다.

몇 년 전 그것을 내게 말한 젊은이가 있었다. 그는 매우 불경건한 젊은이로 살아왔다. 그러나 그는 개인적으로 그리스도를 믿게 되었다. 그리스도인이 된 지 몇 달 후 상담을 받으러 내게 찾아와서 이렇게 말했다. "저는 예수님의 제자가 되는 것이 매우 힘든데, 결국 그 이유를 알게 되었습니다." 계속해서 그는 "저는 제 삶에서 누구에게 복종하기를 배운 적이 없습니다. 저는 부모님께 복종한 적이 없습니다. 법에 복종한 적도 없습니다. 학교 선생님께 복종한 적도 없습니다. 이제 저는 제 삶의 주인 되신 예수님께 복종하는 데 고달픈 시간을 보내고 있습니다"라고 고백했다.

우리가 자녀들에게 줄 수 있는 가장 훌륭한 선물들 중 하나는 부모에게 순종하도록 가르치는 일이다. 그것은 그들의 남은 생에서 복이 될 것이다.

또 하나는 하나님을 기쁘게 하는 것이다. 여기 21절에는 우리를 위한 특별한 교훈의 단어가 있다. 그것은 우리가 자녀를 '격노케' 하지 않고 그들을 낙담시키지 않는 것이다. 어떤 부모들은 자녀들을 비판하기만 한다. 하나님은 부모들에게 자녀를 낙망케 하는 사역을 맡기지 않으셨다. 또한 하나님은 목회자들에게 양떼들을 낙망케 하는 사역을 맡기지 않으셨다. 대신에, 하나님은 가르치는 일과 사람을 세우는 일, 격려하는 사역을 맡기셨다.

미국 사람들은 매우 비판적이다. 종종 목회자들은 그 비판적인 정신 때문에 매우 낙담한다. 어떤 그리스도인들은 심지어 자신이 비판의 은사를 가졌다고 말하기도 한다. 그러나 그것은 성령의 은사가 아니라 바로 사탄의 은사다. 사탄은 우리가 다른 사람들을 낙망시키기 원하지만, 주님은 우리가 용기를 얻고 주 안에서 다른 사람들을 세우기를 원하신다. 아버지들이여, 주 안에서 우리의 자녀들을 세워 주자. 그들을 낙망시키는 죄를 범하지 말자.

그리스도인 부모로서 책임에 관하여 매우 명백하게 말하는 다른 구절이 있다. 바로 에베소서 5장인데, 이 구절에 나오는 몇 가지 성경적 진리들을 살펴보고 난 후 몇 가지 적용을 할 것이다.

> "아내들이여 자기 남편에게 복종하기를 주께 하듯 하라 이는 남편이 아내의 머리됨이 그리스도께서 교회의 머리됨과 같음이니 그가 친히 몸의 구주시니라" (엡 5:22-23).

성경학자들은 이 구절을 논의하며 이렇게 질문했다. "당신은 이 구절이 뜻하는 가르침의 목적은 무엇입니까? 남편들과 아내들을 돕는 주요한 주제나 목적은 무엇이며, 또한 교회가 기능적으로 어떻게 작용하는가 하는 것을 우리에게 가르치는 주요한 목적은 무엇입니까? 그리스도는 남편이 되고, 교회는 신부가 되는 교회의 기능적 작용 말입니다."

우리들 대부분은 그 목적이 두 가지로 작용한다는 데 동의할 것으로 생각한다. 이것은 교회의 기능적 작용의 매우 놀라운 표현이다. 그것은 그리스도인의 결혼 비유를 사용하여 그리스도인 남편과 아내가 어떻게 살아야 하는지 가르쳐 주는 구절이다. 그리고 그것은 우리에게 교회가 어떻게 기능적으로 작용하는지 가르쳐 준다. 두 비유는 교회 그리고 남편과 아내 들을 도울 것이다.

아내는 주님께 복종하듯이 남편에게 복종해야 한다. 왜냐하면 남편이 아내의 머리됨이 그리스도가 교회의 머리됨과 같기 때문이다. 교회는 그 의 몸이요 그는 그 몸의 구주다. 교회는 그리스도에게 복종한다. 그와 같 이 아내는 남편에게 모든 면에 복종해야 한다.

이것은 오늘날 우리 사회에서는 물론 교회에서도 인기 있는 구절이 아 니다. 많은 교회가 교회의 주인이 누구인지 잊고 있다. 교회의 궁극적인 유일한 지도자가 있는데, 바로 예수 그리스도이시다. 그는 교회의 구주가 되시려고 죽으셨다. 그는 그를 믿는 모든 사람의 구주다. 교회가 주님인 예수님께 복종하는 것은 매우 중요하다.

한국 교회는 놀라운 명성을 가지고 있다. 경건한 백성, 기도하는 사람 들, 놀라운 비전을 가진 사람들의 모임이라는 명성이다. 그리고 교회들은 매우 많은 복을 받았다. 그러나 한국교회에 또 다른 어두운 부분이 항상 있었다는 것은 슬픈 일이다. 그것은 자주 나뉘고 분열하는 교회였다는 것 이다. 그것은 우리의 마음을 아프게 한다.

교회는 몇 가지 영적인 이유로 분열에 대해서 변명하나 보통 그 이유는 영적인 것이 아니다. 대체로 그것은 인격의 문제요, 사람들의 문제며, 권 력의 문제다. 그 배후에는 교회를 지배하기 원하는 사람들이 있다.

교회 분열의 가장 주요한 원인들 중에 하나는 사역하는 목회자들이 독 재자들이라는 점 때문이다. 그들은 교회를 지배하고 사람들의 삶을 지배 하기 원하는 목회자다. 그것은 매우 슬픈 일이다. 주님은 우리를 작은 목 자로 부르셨다. 예수 그리스도는 유일한 목자장이다. 사람들로 하여금 우 리를 따르도록 하는 것이 아니라 그리스도를 따르도록 하는 것이 목회자의 책임이다.

교회 분열의 두 번째 주요한 원인은 권력을 탐하는 사람들 때문이다. 그들은 많은 돈을 갖고 있거나 그 사회에서 권위가 대단한 사람들이다. 교회를 창설하도록 도왔던 사람들이며 교회의 장로들이다. 그 죄는 상황을 지배하려는 욕망이고 다른 사람들의 삶을 통제하려는 것이다. 우리의 사역은 사람들로 하여금 성령의 지배와 예수 그리스도의 주 되심 밑에서 살도록 격려하는 것이다.

분열의 세 번째 주요한 원인이 있다. 그것은 어떤 교리나 신앙에 관한 불일치 때문이다. 이 또한 매우 슬픈 일이다. 그것은 보통 주요한 교리에 관한 것이 아니라 이차적인 것들이고, 심지어 성경이 말하고 있지 않는 문제에 관한 것들이다.

모든 교단과 모든 그리스도인들은 그리스도의 주 되심과 성경의 권위 하에 살아야 한다. 그러나 이것들은 대부분의 교회를 나누는 주제가 아니다. 분열의 주요 원인들은 이차적인 주제로 매우 감정적인 주제가 된다. 우리가 사람들에게 세례를 줄 때 얼마나 많은 물을 사용해야 하느냐와 같은 문제라고 할 수 있다. 즉, '물을 조금 사용해야 하나? 많이 사용해야 하나? 세례 탕 속에 사람들의 얼굴을 조금만 넣도록 해야 하나? 또는 다른 방식으로 해야 하나?' 교단들은 이런 종류의 주제를 가지고 시작했다. 그것이 교회의 일치를 깨뜨린다.

그러나 우리는 그런 것이 단순히 사람들의 성경해석의 문제만은 아니라는 것을 알고 있다. 그것은 자신의 방식만을 원하는 사람들의 문제이며 오래된 죄의 문제다. 나는 옳고 너는 그르다는 식이다. 네가 나에게 동의한다면 우리는 그 문제를 해결할 것이고, 나에게 동의하지 않는다면 나는 다른 교회를 시작할 것이라는 식이다. 자기 자신을 그리스도 안에 있는 형제자매들과 항상 분리시키는 사람들이 있다.

대적은 교리 지침을 따르는 교회를 분열시킨다. 그것은 매우 슬픈 일이다. 우리는 예수 그리스도의 지도 하에 살아야 하고 그리스도에게 복종해야 한다. 교회에 분열이 생길 때 해결하는 유일한 방법이 있다. 바로 하나님 앞에 무릎을 꿇는 것이다. 그러면 주님이 우리에게 답과 지침을 주실 것이며, 우리의 마음을 모아 주시고 진리를 보여 주실 것이다.

때때로 그리스도인들은 모든 것에서 완전히 동의하지 않을 때도 서로 사랑해야 한다. 내게는 세상에서 가장 놀라운 여인들 중 하나인 아내가 있다. 나는 그녀를 매우 사랑한다. 그러나 우리는 서로 동의하지 않는 것들이 있다. 그녀가 내가 좋아하는 색깔보다 다른 색깔을 더 좋아한다 할지라도, 그녀가 내가 좋아하는 음식보다 다른 종류의 음식을 더 좋아한다 할지라도, 우리는 신앙의 본질에 관해서는 결코 타협하지 않는다. 신앙의 이차적인 문제에 관해서는 우리는 관용하는 마음을 가져야 한다. 서로에 대해 사랑과 존경을 가져야 한다.

지금은 우리가 거울을 통하여 보지만 장래에 우리는 얼굴과 얼굴을 맞대어 그리스도를 볼 것이다. 그리고 우리는 모든 진리를 이해하게 될 것이다.

"자녀들아 너희 부모를 주 안에서 순종하라 이것이 옳으니라 네 아버지와 어머니를 공경하라 이것이 약속 있는 첫 계명이니"(엡 6:1-2).

이것은 매우 중요한 구절이다. 골로새서 3장과 병행되는 구절로, 자녀들이 부모에게 복종하는 것의 중요성을 재확인시킨다. 이것은 또한 공경에 관해 말해 주고 있다. 게다가 이 명령은 약속을 가지고 있다. 모든 명령이 약속을 가지고 있는 것은 아니지만 이 명령은 놀라운 약속을 가지고 있다. "자녀들이 주 안에서 부모에게 순종하고 공경하면, 잘 될 것이며 땅에서 장수할 것이다." 이것이 주님의 약속이다. 자녀들이 이것을 이해하는 것은 매우 중요하다.

나는 이와 똑같은 것이 교회에서도 그대로 적용된다고 믿는다. 영적 자너들은 영적 지도력과 목회자들에게 복종해야 한다. 그리고 그들의 영적 부모를 공경해야 한다. 마찬가지로 목회자는 양떼들을 존중해야 한다.

다시 한 번 더 말하지만, 에베소서 6장 4절에는 아버지들을 위한 교훈이 있다. 아버지들이 자녀들을 격노케 하지 않는 것과 우리가 주님의 교양과 훈계로 자녀들을 양육하는 책임을 가지고 있다는 것은 매우 중요하다. 그리스도인 부모가 되는 것보다 더 위대한 특권은 없다. 우리가 그들을 하나님의 말씀으로 훈계하고 양육하는 것은 매우 중요하다.

우리 사회도 매우 유동적이 되어서 종종 가족들은 서로 멀리 떨어져 살고 있다. 그래서 자녀들이 대학에 갈 때는 부모님 가까이 살지 못하는 경우가 자주 있다. 나와 아내 역시 그러했다. 우리는 대학을 졸업한 후 부모님과 천마일 이내의 거리 내에서 살아본 적이 없다. 우리는 보통 일년에 한 번 혹은 두 번밖에는 부모님을 뵙지 못했다. 그러므로 우리가 부모님 집에 살 때에는 부모님이 항상 영향력을 끼치셨지만, 우리가 하나님의 소명을 받고 다른 장소로 가서 사역할 때는 더 이상 강력한 영향력을 받을 수가 없었다.

우리가 주 안에서 훈련받고 교훈받는 것은 매우 중요하다. 이와 같은 일이 한국사회에서도 일어나고 있다. 하나님이 한국에서 일으키시고 있는 놀라운 선교운동이 있다. 곧 전세계에 수천 명의 한국 선교사들이 파송받게 될 것이다. 그들이 하나님의 말씀으로 교훈 받고 훈련받게 되는 것은 매우 중요하다.

> "너희는 도를 행하는 자가 되고 듣기만 하여 자신을 속이는 자가 되지 말라 누구든지 도를 듣고 행하지 아니하면 그는 거울로 자기의 생긴 얼굴을 보는 사람과 같으니 제 자신을 보고 가서 그 모양이 어떠한 것을 곧 잊어버리거니와 자유하게 하는 온전한 율법을 들여다보고 있는 자는 듣고 잊어버리는 자가 아니요 실행하는 자니 이 사람이 그 행하는 일에 복을 받으리라" (약 1:22-25).

속지 말자. 대적은 속이는 자다. 대적은 에덴동산에서 아담과 하와를 속이는 것부터 시작했다. 그리고 우리를 속이기 원한다. 그의 가장 교활한 책략 중 하나가 이 구절이 서술하는 방식으로 우리를 속이는 것이다.

하나님의 말씀을 머리로 아는 그리스도인들이 많다. 그들은 하나님의 말씀을 계속 반복해서 들었지만 삶에 적용하지는 않는다. 그들은 사탄에게 속아왔던 것이다. 성경은 우리 삶에 적용될 때만 마스터될 수 있다. 성경은 우리가 인식하는 지성에서 실제적인 삶으로 전이(轉移)될 때만 마스터될 수 있다. 단지 말씀을 듣지만 말자. 단지 말씀을 연구하지만 말자. 설교하거나 가르치기만 하지 말자. 하나님의 말씀대로 살자. 성경이 말하는 것을 행하자. 성경에 복종하자.

수년 전 아르헨티나 출신의 훌륭한 목사님이 미국에 오셨다. 하나님은 그의 사역에 매우 많은 복을 내려 주셨고, 그의 교회에는 성령의 놀라운 부어 주심이 있었다. 그는 미국에 와서 제자도에 관해 설교하기 위해 초대 받았다. 그는 미국에서 몇 주간 강의했는데, 여러 교단의 많은 교회들을 방문하면서 이 도시에서 저 도시로 다녔다. 약 한 달 후 모든 집회를 잘 마치고 아르헨티나로 돌아갈 준비를 하고 있었다.

그런데 누군가가 그에게 다음과 같은 매우 중요한 질문을 했다. "미국 그리스도인들에 대해 어떻게 생각하십니까?" 그는 미국에 온 손님이었으므로 아무도 기분 상하게 하지 않으려고 그 문제에 대한 대답을 피하려 했다. 그러나 그들은 대답을 원한다며 재촉했다. 결국 그는 매우 정직하게 대답했다.

"저는 미국 그리스도인들이 비만하다고 생각합니다." 질문을 한 사람은 "오!" 하면서 매우 충격을 받았다. 그는 말했다. "저는 육체적 비만에 대해 말하는 것이 아닙니다. 저는 다른 종류의 비만문제를 얘기하고 있는 것입니다. 미국 그리스도인들이 하나님의 말씀에 대해서 가지는 문제입니다. 그들은 하나님의 말씀을 매우 꾸준히 듣습니다. 하나님의 말씀은 주일 아침마다 선포됩니다. 주일학교에서 가르칩니다. 수요일 저녁에 선포됩니다. 가정에서의 소그룹 성경공부에서도 선포됩니다. 그들에게는 모든 종류의 기독교 서적이 있습니다. 기독교 라디오 방송과 텔레비전 방송이 있습니다. 기독교 카세트도 있습니다. 그래서 그들의 머리는 살쪘습니다. 그러나 하나님의 말씀을 듣는 데 너무 바빴기 때문에 그것을 적용할 기회를 전혀 갖지 못하고 있습니다."

마지막으로 나는 하나님의 말씀을 우리 삶에 적용하고 하나님과의 시간을 조용히 갖기를 원한다. 그리고 이 질문에 대한 대답을 완성하기를 원한다. "내 삶과 내 사역과 내 가족에게 하나님은 오늘 내게 무엇을 말씀하셨는가?" 다른 식으로 질문하면 이렇다. "나는 하나님의 말씀을 내 삶과 내 가족과 내 사역에 어떤 새로운 방법으로 적용할 것인가?"

4장

효과적인 기도

그리스도인은 놀라운 가정을 갖고 있다. 우리는 세계 여러 나라의 배경을 가지고 있고, 여러 나라의 언어를 쓰며, 우리 중 몇몇의 피부 색깔은 다르지만 같은 마음을 가지고 있다. 세계 어디로 가든지 거기에는 그리스도인 형제들과 자매들이 있다. 그들과 교제하는 것과 대화를 나누는 것은 놀랍다.

나는 세계 여러 곳에서 많은 기도회에 참석하는 특권을 누렸다. 서로 다른 언어로 기도했기 때문에 그 말들이 무엇을 의미하는지 이해할 수 없었지만, 거기에는 분명히 성령의 놀라운 연합이 있었고, 하나님의 임재에 대한 놀라운 의식이 있었으며, 교제의 놀라운 일치가 있었다.

나는 1984년 한국에서 국제기도대회에 참석했다. 이 대회는 세계복음화를 위한 로잔위원회가 후원했다. 세계 여러 곳에서 수백 명의 대표가 참석했다. 이 대회에서 가장 놀라운 것은 기도에 관하여 말하기만 하지 않았다는 점이다. 우리는 여러 시간 동안 기도했다.

나는 기도에 관한 여러 세미나를 인도했지만 거기서 기도에 관해 배운 것은 아니다. 나는 그 주간에 한국 그리스도인들로부터 기도에 관해 매우 많은 것을 배웠다. 수백만 명의 한국 그리스도인들이 기도시간 동안 매일 우리를 만났다. 그것은 놀라운 경험이었다.

그 기간 동안 한국에서는 국제적인 기도 모임이 있었다. 거기에 십만 명이 넘는 형제자매들이 한국의 한 광장에서 모였다. 매일 저녁 우리는 그들과 그곳에서 모였다. 어느 날 저녁 나는 단상에 앉아서 기도 모임 중 하나를 인도하는 특권을 누리게 되었다. 나는 십만 명 이상의 목소리가 하나님을 경배하고 찬양하면서 세계복음화를 위해 기도하던 그 기억을 결코 잊지 못할 것이다.

이번 장의 주제는 '기도' 다. 초대교회 그리스도인들은 기도에 전력했으며, 사도들은 세상을 기도로 변화시키는 사역에 전력을 기울였다. 기도는 우리의 기독교적인 삶에서 우선사항이 되어야 한다.

나는 1984년 한국에 있었을 때 한국의 기도모임에 깊은 감명을 받았다. 한국을 방문할 때 나는 새벽기도회 모임에 참석하는 것을 항상 즐겼다. 그래서 내가 남 캘리포니아에서 목회하던 교회에서 새벽기도회 모임을 시작했다. 미국 교인들은 그들이 참석하지 않는 이유를 찾는 데 급급했다. 그래서 주님께서 그들의 불평에 대한 답을 주셨다. 어떤 사람들이 "목사님, 저는 그 시간에 갈 수 없습니다"라고 말할 때마다, 나는 다음과 같이 질문하는 법을 배웠다. "그러면 언제 오실 수 있습니까? 우리는 그때 기도회를 시작하겠습니다." 그런 후 곧 수백 명의 교인들이 기도회에 참석하게 되었다.

그러나 얼마 후 하나님께서는 나를 또 다른 사역으로 부르셨다. 그러자 그 교회의 기도모임은 쇠퇴하기 시작했다. 나는 많은 사람들이 그들의 영적 유익을 위해 기도회에 참석한 것이 아니라 단지 나를 기쁘게 하기 위해 참석했다는 것을 발견했다. 하나님께서 기도하는 법을 다시 한 번 우리에게 가르쳐 주시고, 우리가 그 분 앞에서 겸손하게 되도록 기도해 주기를 바란다.

A. 기도는 무엇인가?

기도를 정의하는 많은 방법들이 있다. 많은 사람들은 기도가 하나님과 대화하는 것이라고 믿고 있다. 그것은 진실이다.

하나님과 대화하는 것이다

불행하게도 많은 그리스도인들은, 기도는 단지 하나님과 이야기하는 것으로 믿고 있다. 영어의 또 다른 '전치사' 를 사용하면, 이것은 하나님 '께' 이야기하는 것이다. 하늘에 사는 산타클로스와 같이 하나님을 바라보는 것이다. 즉 기도는 단지 우리가 원하는 것을 하나님께 말하는 것이 되어 버렸다.

하지만 기도는 우리가 원하는 '것' 을 하나님께 말하는 것만은 아니다. 우리는 그분께 우리가 원하는 '때' 도 말하는 것이다. 대부분의 그리스도인들은 기도의 응답을 '바로 지금' 원한다. 즉 즉각적인 만족을 원하는 것이다.

이것을 설명하는 단어가 커뮤니케이션 이론에 있다. 이것을 '컨베여 벨트 이론(Conveyer Belt Theory)' 이라 부른다. 이것은 공장에서 어떤 물건을 다른 곳으로 보내기 위하여 그 물건을 벨트에다 올려놓는 것과 같다. 많은 사람들이 기도를 이런 방식으로 구체화한다. 우리는 말하는 사람이고, 하나님께서는 듣는 분이다. 그래서 우리는 단지 우리의 요구를 이 벨트 위에다 올려놓으면 이 요구는 하나님께로 간다는 것이다.

우리는 또 다른 유비(analogy)를 들 수 있는데, 그것은 '전화의 유비' 다.

우리가 필요한 것은 전화 송신기이고, 하나님께서 필요하신 것은 전화 수신기이다. 기도는 인간이 하나님께 말하는 것이고, 우리는 하나님께서 말씀하시는 것을 결코 듣지 않는다.

하나님께 듣는 것이다

기도는 확실히 우리가 하나님께 이야기하는 것으로 시작한다. 아마도 기도가 하나님께 이야기하는 것을 포함한다고 말하는 것이 더 나을 것 같다. 그러나 기도는 또한 하나님께 듣는 것을 포함한다. 하나님께 듣는 것은 또한 기도의 핵심 요소다. 이것이 두 번째 기도의 정의가 첫 번째보다 더 나은 이유가 된다.

B. 기도는 하나님과의 교제

기도는 하나님과의 대화다. 문자적으로 말해서, 기도는 하나님과의 교제다. 우리는 하나님과 교제하고, 하나님께서는 우리와 교제하신다.

20세기 전반에 기도에 관한 놀라운 책이 썩어졌는데, 이 책은 노르웨이의 한 루터교 주교가 쓴 것이다. 이 책의 제목은 〈기도〉다. 그 저자의 이름은 주교 할레스비(Hallesby)다. 할레스비 박사는 기도의 전체적인 개념이 하나님과의 교제라는 것을 소개했다. 물론 할레스비 박사가 기도라는 주제에 관하여 책을 쓴 첫 번째 사람은 아니지만, 그는 그 개념을 정의했고 매우 단순하게 만들었으며 매우 실제적으로 만들었던 것이다.

예수님이 마음 문을 두드리신다

그는 기도를 묘사하는 성경의 핵심 구절이 있다고 믿고 있다. 물론 기도에 관한 많은 구절들이 있지만, 이것은 중요한 구절들 중 하나다. 우리가 매우 잘 아는 구절이지만 아마도 이 구절이 기도에 관해 말하고 있다는 것을 전에는 결코 생각하지 못했을 것이다.

바로 요한계시록 3장 20절이다. 예수님께서 라오디게아 교회에게 하신 말씀으로, 필요한 모든 것을 다 가지고 있다고 생각하는 그 교회에게 경고하신 메시지다. "네가 말하기를 나는 부자라 부요하여 부족한 것이 없다 하나 네 곤고한 것과 가련한 것과 가난한 것과 눈 먼 것과 벌거벗은 것을 알지 못하도다"(17절). 이어서 예수님께서는 말씀하셨다:

> "볼지어다 내가 문 밖에 서서 두드리노니 누구든지 내 음성을 듣고 문을 열면 내가 그에게로 들어가 그로 더불어 먹고 그는 나로 더불어 먹으리라"(계 3:20).

할레스비 박사가 말한 것은 기도의 놀라운 모델이다. 예수 그리스도는 우리의 마음 문을 두드리신다. 이 구절은 우리가 복음을 전하기 위해 비그리스도인들에게 종종 사용한다. 이것은 어떤 사람의 삶 밖에 서서, 자신을 초대하며 구주로 받아들이고 주님으로 따르는 데 헌신하기를 기다리시는 예수님을 그린 한 폭의 아름다운 그림으로 묘사된다. 그러나 이 구절은 교회에게 하는 말씀이며, 그리스도인들을 위한 초대다.

그리스도인으로서 우리는 매우 자주 예수님을 우리의 삶 밖에 서 계시도록 한다. 우리는 우리 자신의 운명이나 결정을 통제하려는 함정에 빠져 있다. 내가 젊은이들에게 하는 질문들 중 하나가 이것이다. "어디에서 대학을 다닐지 누가 결정했느냐? 네가 결정했느냐? 네가 결정했다면 너는 예수님을 문 밖에 세워둔 것이다. 아니면 예수님께서 너를 위해 결정하도록 했느냐? 누구와 결혼할 것인지 누가 결정했느냐? 네가 했느냐, 아니면 예수님께서 하기를 원했느냐? 어디에서 살 것인지를 누가 결정했느냐? 네가 했느냐, 아니면 예수님께서 했느냐? 어디서 일할 것인지를 누가 결정했느냐?"

우리가 이런 것을 결정했다면 예수님을 우리 삶의 문 밖에 세워둔 것임을 알아야 된다. 이것이 바로 라오디게아 교회의 문제였다. 그들은 모든 것을 가졌다고 생각했으나, 예수님을 밖에 세워두었다는 것을 깨닫지 못했던 것이다. 이것이 바로 기도가 의미하는 모든 것이다.

예수님을 우리 마음에 초대하라

"기도는 예수님을 우리의 삶에 초대하는 것이다." 이것이 바로 할레스비 박사의 기도에 대한 정의다. 이것은 유용한 기도의 정의일 뿐만 아니라 매우 좋은 정의라고 할 수 있다.

우리 자신이 스스로 결정을 내리고 하나님께서 그 결정에 복을 주시도록 원하는 기도가 있다. 이것은 기도가 아니라 위선이다. 진정한 기도는 우리의 마음을 예수님께 열고, 그분이 들어오시도록 초대하며, 우리가 하는 모든 것에서 그분의 인도하심과 공급하심을 구하는 것이다.

예수님께서 말씀하시기를 "내가 문 밖에 서서 두드리노니 누구든지 내 음성을 들으면"이라고 하셨다. 기도는 단지 이야기하는 것으로 시작되지 않는다. 기도는 하나님의 음성을 듣는 것으로부터 시작한다. 그 음성은 우리가 아는 여러 가지 방식으로 우리에게 온다. 그 음성은 하나님의 말씀을 연구할 때 올 수 있다. 하나님께서는 그의 말씀을 통하여 우리에게 매우 크게 말씀하신다. 하나님께서는 그리스도인 형제 자매를 통하여 우리에게 말씀하실 수도 있다. 또한 하나님께서는 우리의 삶 속에 문제가 발생하도록 허락하실 수도 있다.

문제는 주님께 다음과 같이 묻는 것이다. "당신은 내게 무엇을 말씀하려 하십니까? 주님, 당신은 이것을 어떻게 사용하실 수 있습니까?" 주님은 종종 우리에게 성령을 통하여 말씀하신다. 중요한 것은 주님이 항상 우리와 교제하기 원하신다는 사실을 아는 것이다. 우리가 주님과 계속적인 교제를 유지할 수 있다는 것을 아는 것이다. 그리고 주님께서는 우리가 주님을 초대하기를 기다리신다. 우리의 필요와 문제와 기쁨과 질문 등을 주님과 나누고 주님의 도움을 구하기를 기다리신다. 기본적인 기도 중에 하나는 이것이다 : "주님, 저는 이 상황에서 무엇을 해야 할지 모릅니다. 무엇을 말해야 할지 모릅니다. 어떻게 행동해야 할지도 모릅니다. 주님, 저를 도와주소서!"

오래 전에 나는 커뮤니케이션 분야에서 박사학위를 받았다. 나는 그 방면의 연구 중에 한 책을 보게 되었는데 (그 책은 기독교적인 책이 아니다), '그룹의 문제해결' 과 '문제해결에서 커뮤니케이션을 효과적으로 사용하는 방법' 에 관한 책이다. 그 책은 대학교재로 그 저자에 의하면, 대부분의 사람들이 그룹의 문제해결에서 겪는 문제는 바로 '그들은 결코 문제에 관해 얘기하지 않는다' 는 것이다. 그들은 해결책을 말하려 하고 최선의 해결책에 관하여 논의하지만, 그것보다는 문제가 무엇인가에 동의하는 것부터 시작해야 한다고 말한다.

그 책 저자는 겸손한 마음으로 올 필요가 있다고 말했다. 우리는 어느 한 사람도 문제의 모든 해결책을 가지지 않는다는 것을 알 필요가 있다. 그것이 그룹으로 함께 모이는 것의 이점이다. 문제가 무엇인지를 나누고, 문제의 정의에 동의하고, 그때 문제를 푸는 데 함께 일하기 시작하는 것이다.

"이것이 기도와 무슨 상관이 있다는 말인가?" 나는 그 책을 읽으면서도 기도에 관해 생각하지 않았다. 그러나 성령이 나의 의식 속에 들어 오셔서 나의 기도생활에 관하여 나에게 사역하셨다. 전에는 결코 생각하지 못했던 기도생활에 관한 어떤 것을 깨달았던 것이다. 바로 이것이다. "나는 기본적으로 하나님의 해결책을 나의 문제에 가져왔습니다." 그 동안 나는 나의 문제들을 가지고 그에게로 간 적이 없었다. 나 스스로 해결책을 만들어 냈고, 하나님이 이 해결책에 복 내려 주시고, 하나님이 그 해결책을 내게 주시도록 기도했던 것이다. 이것은 매우 어리석은 것이었다.

우리 성인들의 많은 기도는 이와 똑같이 어리석다고 할 수 있다. 우리는 우리에게 해로운 것을 구한다. 우리는 일할 때 해결책을 하나님께 드린다. 그 때 주님은 우리에게 오셔서 말씀하신다. "넌 해결책을 제시할 필요가 없다. 보라. 내가 네 삶의 문에 서서 두드린다. 네가 나를 초대한다면 나는 네가 문제를 해결하도록 도울 것이다."

이것은 나의 기도생활에 혁명을 일으키고 있다. 이것은 매우 자유로워서 우리가 어떻게 응답해야 할지 하나님께 말하지 않는다. 대신에 우리는 문제와 필요를 나누기 위하여 상한 마음과 겸손한 심정으로 주님께 나간다. 그리고 대답을 주님께 맡긴다

하나님은 매우 창조적이시다. 하나님은 매우 은혜로우시며 너그러우시며, 가능한 한 가장 좋은 방법으로 우리의 기도에 응답하신다. 왜냐하면 그는 우리를 사랑하시고 우리에게 가장 좋은 것을 주기 원하시기 때문이다.

"볼지어다 내가 문 밖에 서서 두드리노니 누구든지 나의 음성을 들으면." 우리 중 많은 사람들은 너무 바빠서 하나님의 음성을 듣지 않는다. 그 때 주님은 내게 말씀하신다. "내가 들어갈 것이다. 나는 그와 교제하고 그는 나와 교제할 것이다." 이것이 바로 예수님이 원하시는 것이다. 그는 우리와 교제하기를 원하시되 계속적인 교제를 원하신다. 그는 우리가 그의 손 안에서 삶을 즐기기 원하신다. 더욱더 하나님은 우리가 이와 같이 기도하도록 가르치셨다.

매일 여러 번 나는 하나님의 손 안에 살도록 도와주시기 위해 기도한다. 그때 그는 들어오셔서 내 안에 거하신다. 나는 그의 보호 안에 있을 것이고, 그는 내가 원하는 것은 무엇이든지 주실 것이다. 내가 원하는 것이 아니라 내가 필요하다고 그가 아는 것을 말이다. 나는 내 삶을 온전히 그에게 맡길 것이다. 이것이 할레스비 박사가 의미한 것이다.

기도는 예수님을 나의 마음에 초대하는 것이다. 기도는 예수님과 교제

하는 것이며, 예수님께 굴복하는 것이며, 예수님이 나의 삶의 주인이 되도록 허락하는 것이며, 성령님이 나의 삶을 통제하도록 허락하는 것이다.

C. 잘못된 기도

이제 잘못된 기도에 관해서 살펴보자. 우리는 성경이 이 주제에 관해 말하는 것을 모두 살펴볼 수는 없다. 그러나 우리가 해서는 안 되는 기도의 몇 가지 방법들을 살펴보는 것이 도움이 될 것이다.

구약에 나타난 사례들

“하나님을 두려워하는 너희들아 다 와서 들으라 하나님이 내 영혼을 위하여 행하신 일을 내가 선포하리로다 내가 내 입으로 그에게 부르짖으며 내 혀로 높이 찬송하였도다 내가 내 마음에 죄악을 품으면 주께서 듣지 아니하시리라 그러나 하나님이 실로 들으셨으며 내 기도 소리에 주의하셨도다”(시 66:16-20).

이 구절에는 매우 중요한 성경적 진리가 있다. 첫째는 ‘와서 들으라’ 는 초대다. 하나님이 우리에게 말씀하고 싶어하시는 것을 듣는 것이 중요하다. 18절은 우리가 초점을 맞추고 싶은 핵심 구절이다. “내가 내 마음에 죄악을 품으면 주께서 듣지 아니하시리라.” 죄는 커뮤니케이션 과정을 막는다. 기도를 전화선에 비유한다면, 죄는 전화선을 끊는 것이다. 기도를 라디오 송신장치에 비유한다면, 죄는 그 송신장치를 망가뜨리는 것이다. 죄는 기도의 대화를 끊는다. 많은 사람들은 “제 기도에 하나님께서 함께하신다고 확신할 수 없어요”라고 말한다. 그러면 물어봐야 할 첫 번째 질문들 중 하나는 “내 삶에 어떠한 죄가 있느냐” 하는 것이다. 죄가 기도의 대화를 방해하고 있기 때문이다.

물론 해결책은 우리의 죄를 고백하는 것이다. 또한 예수님을 우리의 마음속에 모시는 것이다. 그를 우리의 삶 밖에 두는 것이 아니라 우리와 함께 교제하도록 하는 것이다.

이사야 59장에 나오는 다른 구절을 살펴보자. 그 구절도 같은 주제에 관하여 많은 것을 말하고 있다.

> "여호와의 손이 짧아 구원치 못함도 아니요 귀가 둔하여 듣지 못하심도 아니라 오직 너희 죄악이 너희와 너희 하나님 사이를 내었고 너희 죄가 그 얼굴을 가리워서 너희를 듣지 않으시게 함이니" (사 59:1-2).

주님의 팔이 짧지 않고, 귀도 듣는 데 둔하시지도 않다. 하나님은 노쇠하시지 않고, 무엇이든지 할 수 있다. 주님께는 어려운 것이 하나도 없다. 그것은 우리의 기도를 들으시느냐 않느냐의 문제가 아니다. 문제는 종종 우리의 불의와 하나님으로부터의 분리다. 우리의 죄는 그의 얼굴을 우리에게서 숨게 했다. 그래서 듣지 않으시는 것이다.

하나님은 거룩하시고 순결하시고 의로우시다. 우리는 그와 교제하기 위해 성령의 흐름 안에 있어야 한다. 기도는 단지 인간의 대화가 아니다. 기도는 영적인 대화다. 그것은 우리의 마음이 하나님께 올바른가에 달려 있다.

그것은 우리가 완전한 사람이어야 할 필요가 있다는 것을 의미하는가? 우리가 결코 죄를 짓지 않고 하나님과 교제할 수 있다는 것을 의미하는가? 물론 아니다. 그렇다면 아무도 하나님과 교제할 수 없다. 그것은 우리가 용서받은 사람이어야 한다는 것을 의미하는 것이다. 우리는 죄에서 돌이켜야 한다. 우리의 주이신 예수 그리스도의 흘리신 피로 용서받아야 하고 그에게 나아가야 한다. 우리의 삶에 죄가 있는 한, 하나님은 우리의 기도를 듣지 않을 것이고, 그의 얼굴을 우리에게서 숨기실 것이며, 복을 내리지 않으실 것이다.

구약 전체를 통하여 하나님은 그의 백성들을 다루신다. 그는 기본적으로 다음과 같이 말씀하신다. "너희가 나와 교제하고, 순종하고, 나를 따르면, 나는 너희에게 복을 줄 것이다. 그러나 너희가 나에게서 돌이키고, 나에게 죄를 짓고, 나에게 반항하여 너희 자신의 길로 가면, 나는 너희에게 복을 내리지 않을 것이다. 그리고 심판이 너희에게 임할 것이다." 우리는 구약에서 하나님의 심판이 이스라엘 백성에게 반복해서 임한 것을 본다.

이스라엘 백성들을 하나님께로 다시 돌아가도록 회개하고 인도하신 분은 바로 하나님이셨다. 그들이 회개의 장소로 와서 그들의 죄를 고백할 때마다 하나님은 그들을 용서하셨고 다시 복을 부어 주셨다. 이것이 하나님이 그리스도인들을 위하여 원하며 갈망하시는 것이다.

예수님이 가르쳐 주신 기도

예수님은 기도가 어떻게 남용되고 오용되는가에 관해서 몇 가지 특별한 경고를 하셨다. 산상수훈에서 그는 기도에 관하여 매우 특별하게 말씀하셨다. 마태복음 6장에서 그러한 남용들을 살펴보자.

"사람에게 보이려고 그들 앞에서 너희 의를 행치 않도록 주의하라 그렇지 아니하면 하늘에 계신 너희 아버지께 상을 얻지 못하느니라"(마 6:1, 2).

주님은 위선을 경멸하셨다. 그는 위선자의 기도를 듣지 않으신다. 그는 우리에게 다음과 같이 경고하신다. "기도할 때 외식하는 자와 같이 되지 말라. 그들은 기도로 다른 사람들에게 좋은 인상을 심어주기를 좋아한다. 그들은 회당에 서 있기를 좋아한다. 길거리에서, 다른 사람들에게 보이려고, 다른 사람들에게 좋은 인상을 주려고 한다. 그들은 하나님과 교제하는 데 관심이 없고 다른 사람들에게 보이는 데만 관심이 있다."

이런 기도의 외식은 우리 삶에 아주 쉽게 침투할 수 있다. 우리의 삶을 다른 사람들과 비교할 수 있다. 우리가 하루에 두 시간 기도하는데, 다른 사람들은 단지 한 시간 기도하기 때문에 우리가 그 사람보다 더 영적이라고 생각할지도 모른다.

예수님은 이렇게 말씀하셨다. "내가 너희에게 진리를 말한다. 그러한 사람들은 이미 그들의 상을 다 받았다." 그들이 갖는 유일한 혜택은 그들이 다른 사람들에게 어떤 인상을 심어 주느냐 주지 않느냐에 달려 있다. 기도사역의 목적은 다른 사람들에게 좋은 인상을 주는 것이 아니라 하나님과 교제하는 것이다. 7절은 우리에게 또 다른 경고를 한다.

"또 기도할 때에 이방인과 같이 중언부언하지 말라 저희는 말을 많이 하여야 들으실 줄 생각하느니라."

이방인과 같이 되지 말라. 그들은 중언부언해서 하나님이 감명 받으실 것이라고 생각한다. 단지 하나님께 말하는 기도는 의미 있는 기도가 아니다. 우리가 단순히 중언부언하기를 계속하고 하나님이 말씀하시는 것을 듣지 않는다면 말이다. 그러나 예수님은 이렇게 말씀하셨다. "그들과 같이 되지 말라. 너희 아버지께서는 너희가 구하기 전에 너희가 필요한 것을 아시기 때문이다."

이것은 하나님과 교제하는 큰 기쁨과 특권 중의 하나다. 우리가 하나님과 교제할 때, 하나님은 우리가 실제로 필요한 것을 이해하는 데 도움을 준다. 우리는 더 이상 죄악을 품은 마음으로 간구하지 않고, 정욕에서 나오는 응답을 구하지 않는다. 하나님과 교제가 있을 때 하나님은 심지어 우리가 구해야 하는 것도 인도하신다. 얼마나 놀라운 기도의 방법인가!

예수님이 산상수훈에서 기도의 오용에 관하여 말씀하신 세 번째 경고가 있다. 9절에서 살펴본 바와 같이, 그는 우리에게 기도하는 방법을 가르쳐 주고 있다. 9절에서 13절까지다. 우리가 아는 바와 같이, 기도의 구절들 중에 하나는 이것이다. "우리가 우리에게 죄지은 자를 사하여 준 것같이 우리 죄를 사하여 주옵시고"(12절).

그러나 14절과 15절을 보라. "너희가 사람의 죄를 용서하면 너희 천부께서도 너희 과실을 용서하시려니와 너희가 사람의 과실을 용서하지 아니하면 너희 아버지께서도 너희 과실을 용서하지 아니하시리라." 이것은 기도의 또 다른 주요 방해요소다. 많은 그리스도인들의 기도가 응답되지 않고 있는데, 그들이 다른 사람들의 죄를 용서하지 않기 때문이다.

이것은 매우 중요하다. 하나님은 우리가 다른 사람들의 죄를 용서하기를 요구하신다. 우리가 다른 사람들의 죄를 용서하기만 하면, 우리의 죄를 용서하실 것이다. 다른 사람들의 죄를 용서하지 않았다면, 예수님은 우리 마음의 문 밖에 서서 우리가 그와 바른 관계를 회복하도록 경고하시면서 두드리고 계심을 알아야 한다. 그는 우리 안으로 들어 오셔서 우리와 교제할 수 있다. 그래서 그는 우리의 기도에 응답하실 수 있다.

기도의 오용에 관한 야고보의 경고

야고보는 기도의 오용에 관한 경고들을 하고 있다. 야고보서 4장을 통해 기도의 중요성을 상기해 보자. 야고보는 질문으로 시작한다.

"너희 중에 싸움이 어디로 다툼이 어디로 좇아 나느뇨 너희 지체 중에서 싸우는 정욕으로 좇아 난 것이 아니냐 너희가 욕심을 내어도 얻지 못하고 살인하며 시기하여도 능히 취하지 못하나니 너희가 다투고 싸우는도다 너희가 얻지 못함은 구하지 아니함이요"(1, 2절).

무엇이 교회에서 싸움과 다툼을 일으키는가? 교회에서 싸움과 다툼과 분열이 있을 때마다 대적이 그곳에 있다는 사실을 확신할 수 있을 것이다. 주님은 교회에서 싸움과 다툼을 일으키지 않는다. 하나님의 영은 평화와 일치를 가져오며, 겸손하고 부드러운 영을 가져온다.

무엇이 우리 안에 싸움과 다툼을 일으키는가? 그 싸움과 다툼은 우리 안에서부터 나온다. 하나님이 말씀하시는 문제는 우리가 무엇을 원하지만 그것을 얻지 못하므로 싸우며 심지어 죽이고 탐을 낸다는 것이다. 그러나 우리는 그것을 가질 수 없는데, 그 이유는 단지 그것을 구하지 않기 때문이라는 것이다. 이것이 바로 우리 대적의 가장 큰 전략이다. 대적은 우리가 탐욕스럽기를 원하고, 싸우고 다툴 때 기뻐하고, 교회에서 당파를 형성할 때 즐거워한다. 그러나 주님은 우리의 마음문 밖에 서서 두드리시며 우리가 그를 영접하기를 기다리신다. 그래서 우리가 필요한 것을 그에게 구하게 하신다.

오늘날 많은 그리스도인들이 가난하게 사는 것은 큰 비극이다. 여기의 가난은 단순히 재정적인 가난이 아니라 영적인 가난을 의미한다. 단지 예수님을 안에 모시지 않기 때문에, 그 삶은 공허하다. 그들은 구하지 않기 때문에 얻지 못한다. 이것이 바로 대적의 기본적인 전략이다.

최근에 한 사람이 상담을 받으러 내게 왔다. 그는 부유하고 매우 성공한 실업인이었다. 그는 그의 삶에서 한 가지 중요한 문제에 직면하게 되었다. 나는 그에게 질문했다. "당신은 그 문제에 관해 기도했습니까?" 그러자 그는 이렇게 말했다. "물론 아니지요. 하나님은 그와 같은 문제에는 관심이 없으십니다. 그는 오직 큰 문제들에만 관심이 있습니다. 저는 이와 같은 일로 하나님을 괴롭히고 싶지 않습니다."

이 얼마나 슬픈 일인가! 주님은 우리 삶의 모든 것에 관심을 가지신다. 나는 그 사람에게 삶의 모든 것에 관심을 가지는 하나님에 관해 말하는 즐거움을 가졌다. 나는 그와 함께 기도하며 그가 주님 앞에서 겸손해지는 것을 보는 특권을 누렸다. 그는 주님의 용서를 구하고 하나님의 해결책을 구하였다. 주님께서는 놀랍게 이 기도에 응답하셨다.

나는 수년 전 한 정신과 의사의 강의를 들었다. 그는 그리스도인이 아니었지만 중요한 진리를 말했다: "삶은 하나의 큰 연회와 같습니다. 모든 종류의 훌륭한 음식으로 가득 찬 뷔페 테이블과 같습니다." 그는 또 "비극은 대부분의 사람들이 그 테이블에 결코 앉지 않는다는 사실입니다"라고 말했다. 계속해서 다음과 같이 말했다: "또 다른 비극은 그 테이블에 앉은 사람들이 식기나 젓가락이나 수저나 포크를 결코 들지 않는다는 것입니다. 그들은 결코 진수성찬을 먹거나 즐기지 않습니다."

이것이 많은 그리스도인들의 삶에 관한 야고보의 진술이다. 그들은 싸우고 전쟁하고 비판하고 불평하지만 단지 구하지 않기 때문에 얻지 못한다.

그러나 야고보는 기도의 두 번째 문제에 관해 말한다. 그것은 구해도 받지 못하는 사람들에 관한 것이다. 3절이다. "너희가 구해도 얻지 못한다. 왜냐하면 너희 자신의 정욕과 기쁨과 만족을 위해 쓰려는 그릇된 동기에서 구하기 때문이다."

이것은 기도의 매우 중요한 원칙이다. 하나님은 우리가 하는 일에만 관심을 가지시는 분은 아니다. 그는 우리가 그것을 하는 이유에 관해서도 지대한 관심을 가지신다.

우리는 그리스도인이 되기 전에 우리 스스로를 위해 살았다. 우리는 죄를 위해서 살았고 우리 자신의 만족을 위해 살았다. 죄는 영어로 대문자 '아이' (I)를 써서 '신' (sIn)이라고 쓰게 되면, 죄의 큰 문제는 바로 '나' 가 된다. 나는 나의 주인이다. 나는 스스로 통제하고 나의 필요가 충족되기 원하며, 내가 원하는 것을 내가 원하는 때에 원한다.

실제로 미국에는 매우 잘 알려진 한 노래가 있다. 그 노래의 주제는 '난 그걸 내 방식으로 원해' 또는 '난 그걸 내 방식으로 했어' 라는 것이다. 이것은 지옥의 주제가들 중 하나가 될 것이다. 그 길은 지옥으로 가는 길이다. 우리가 그리스도에게 올 때 우리는 자신을 부정하게 되는 것이다.

우리는 거대한 '나' 를 바라보며 태어났다. 우리는 '나' 라는 우상을 숭배한다. 미국에서 어린이가 보통 배우는 첫 번째 단어들은 '나' '나의' '나의 장난감' '나의 병' '나의 담요' 등이다. 이것은 모든 인간에게 자연스러운 것이다. 그리고 이것은 죄의 뿌리가 된다—이기주의를 말하는 것이다. 내가 세상에서 가장 중요한 사람이라고 생각하는 것이다. 그래서 우리가 자신을 부정할 때, 우리는 그 방향에서 180도 다른 방향으로 돌아서는 것이다. 이것이 바로 개종의 의미이고, 회개의 의미이기도 하다. 여기서 나는 뒤에 있고 예수 그리스도가 내 앞에 있게 된다.

사도 바울은 이것을 고린도후서 5장에서 말했다. 예수 그리스도는 단번에 죽으셨다. 살아있는 사람들은 더 이상 자신을 위해 살지 않고, 그들을 위해 죽으시고 다시 사신 예수님을 위하여 산다. 사도 바울은 갈라디아 교회에게 이와 같은 진리를 말했다.

" 내가 그리스도와 함께 십자가에 못 박혔나니 그런즉 이제는 내가 산 것이 아니요 오직 내 안에 그리스도께서 사신 것이라 이제 내가 육체 가운데 사는 것은 나를 사랑하사 나를 위하여 자기 몸을 버리신 하나님의 아들을 믿는 믿음 안에서 사는 것이라" (갈 2:20).

이것이 그리스도인과 비그리스도인의 중요한 차이다. 비그리스도인은 자신을 위하여 살지만, 그리스도인은 예수 그리스도를 위하여 산다. 기도에서 이 원칙을 이해하는 것이 중요하다. 우리가 자신의 욕망을 따라 하나님께 무엇을 구하고, 기도의 목표가 자신의 만족을 추구하는 것이라면, 우리는 잘못된 신을 섬기고 있는 것이다. 예수 그리스도와 대화하는 것이 아니라 우리 자신과 대화하고 있는 것이다. 그것이 죄다. 하나님은 그런 종류의 기도에 결코 응답하시지 않는다. 이것이 많은 그리스도인들이 무엇을 하나님께 구하지만 하나님께서 응답하시지 않는 이유다.

D. 올바른 기도

그러므로 우리는 "어떻게 기도해야 합니까?" 라고 질문한다. 여기서는 올바른 기도의 여러 가지 방법들을 제안하겠다.

예수님의 이름으로

우선, 예수님의 이름으로 기도해야 한다. 예수님이 하신 놀라운 약속을 살펴보자.

> "너희가 내 이름으로 무엇을 구하든지 내가 시행하리니 이는 아버지로 하여금 아들을 인하여 영광을 얻으시게 하려 함이라 내 이름으로 무엇이든지 내게 구하면 내가 시행하리라" (요 14:13-14)

이것은 놀라운 약속이다. "너희가 내 이름으로 무엇을 구하든지 내가 시행하리니."

오늘날 많은 그리스도인들이 아무 의미도 없는 어떤 종류의 마술적인 공식을 만들고 있다. 그들은 말한다. "우리가 예수님의 이름으로 구하는 것은 무엇이든지 그가 우리에게 줄 것이다. 나의 정원에 수영장을 원하면, 나는 단지 예수님의 이름으로 그것을 구한다. 비싼 새 자동차를 원하면 나는 단지 예수님의 이름으로 그것을 구한다." 그래서 그들은 예수님의 이름으로 새 수영장과 새 자동차를 구한다. 그러나 예수님은 그것들을 그들에게 주시지 않는다. 그러면 그들은 말한다. "그는 약속을 지키지 않아. 그는 그의 이름으로 무엇이든지 구하면 그것을 시행할 것이라고 약속했잖아." 그러나 그들은 잘못된 방향의 기도를 하고 있다는 것을 깨닫지 못하고 있는 것이다.

그것이 이 절의 다음 부분이다. "너희가 내·이름으로 무엇을 구하든지… 이는 아버지로 하여금 아들을 인하여 영광을 얻으시게 하려 함이라." 하나님은 단순히 우리의 정욕과 욕망을 충족시키지 않는다. 그는 우리가 하나님의 영광을 위하여 모든 것을 하기 원하신다. 우리는 심지어 기도하는 것도 하나님의 영광을 위하여 해야 한다. 우리가 그의 방향을 향하고 그의 뜻을 따라 그가 주시는 약속들을 구할 때, 우리는 그에게 영광을 돌리게 되는 것이다. "너희가 내 이름으로 무엇을 구하든지 내가 시행하리니 이는 아버지로 하여금 아들을 인하여 영광을 얻으시게 하려 함이라 내 이름으로 무엇이든지 내게 구하면 내가 시행하리라."

그러나 다음 절을 보라. "너희가 나를 사랑하면 나의 계명을 지키리라." 예수님은 요한복음 14장에서 그에게 복종하는 것에 관하여 반복하여 말씀하신다. 그는 그를 사랑하는 것에 관해 말씀하셨다. 다시 우리는 그와 이러한 놀라운 교제 관계 속의 삶으로 돌아갈 것이다. 우리가 그를 초대할 때, 그가 우리를 사랑하도록 초대하는 것이며 우리도 그를 사랑하게 된다. 우리가 그를 초대하면 우리는 그에게 복종할 것이며 그를 주님으로 따를 것이다.

우리는 이것을 성경의 다른 구절들에서도 아주 명백하게 보게 된다. 그러나 예수님은 그의 이름으로 기도하라고 하셨다. 예수님의 이름에는 놀라운 능력이 있다. 그 이유는 우리가 예수님의 이름으로 기도할 때, 예수님의 이름으로 사역할 때, 그분이 우리와 함께 계시도록 초대하는 것이다. 이것이 우리의 모든 삶을 위한 하나님의 깊은 뜻이다.

한 가지 놀라운 성경공부를 추천한다. 이전에 이것을 해본 적이 없었다. 바로 사도행전 연구다. 주로 사도들의 모든 사역은 예수님의 이름으로 이루어졌다. 모두 예수님의 이름으로 치료받았고 예수님의 이름으로 기도했다. 우리가 예수님의 이름을 인정할 때, 그의 임재와 그가 우리와 늘 함께 하시리라는 약속을 인정하는 것이다. 그래서 우리가 예수님의 이름으로 기도하는 것이 중요한 것이다.

믿음으로 기도해야

두 번째로, 우리는 믿음으로 기도해야 한다.

"진실로 너희에게 이르노니 무엇이든지 너희가 땅에서 매면 하늘에서도 매일 것이요 무엇이든지 땅에서 풀면 하늘에서도 풀리리라 진실로 다시 너희에게 이르노니 너희 중에 두 사람이 땅에서 합심하여 무엇이든지 구하면 하늘에 계신 내 아버지께서 저희를 위하여 이루게 하시리라 두세 사람이 내 이름으로 모인 곳에는 나도 그들 중에 있느니라"(마 18:18-20).

믿음으로 그리스도를 믿는 것은 매우 중요하고, 믿음으로 기도하는 것도 매우 중요하다. 주님께서 믿음으로 기도하는 것은 무엇이나 우리에게 주실 것이라는 사실은 매우 중요하다. 믿음은 매우 중요한 기도의 요소다.

할레스비 박사는 우리가 진정으로 기도하기 전에 두 가지 필수적인 조건이 있다고 했다.

첫째는 무력함을 느끼는 것이다. 우리가 무력하기 전까지 결코 진정으로 기도할 수 없다. 그렇게 하려는 의도가 없지만 많은 그리스도인들은 하나님을 조정하려고 한다. 그들은 어렸을 때부터 그들의 부모를 어떻게 조정해야 하는가 배웠다. 부모뿐만 아니라 친구들과 선생님들, 그 외 다른 사람들에게서 그 방법을 배웠다. 하지만 그것이 하나님께는 통하지 않는다는 것을 발견할 때 매우 좌절하게 된다.

우리는 하나님을 조정할 수 없다. 그와는 정반대로, 우리가 무력해지기 전까지는 결코 기도할 수 없다. 우리가 미리 정해진 답을 가지고 하나님이 그것에 복 내려 주시기를 구하는 한, 진정으로 기도할 수 없다.

나는 어떤 분이 기도하는 것을 듣고는 매우 놀란 적이 있다. 다른 사람들의 기도를 판단하고 싶지는 않다. 그러나 때때로 이것은 매우 명백해서 충격적이다. 나는 사람들이 하나님께 무엇을 해야 할지, 또한 그것을 어떻게 해야 할지 말하면서 소리 지르는 것을 들었다.

큰소리로 하는 기도가 잘못된 것은 아니다. 때때로 열정적으로 기도할 때 소리를 매우 크게 지르는 경우가 있다. 우리가 하나님께 무엇을 해야 할지 말하는 것과 하나님께 여쭈어 보는 것에 무슨 차이가 있다는 말인가? 우리가 그분을 하나님으로 인정하는 것과 우리 자신이 결정해 그에게 무엇을 해야 할지 말하는 것과 무슨 차이가 있다는 말인가! 그것은 우리가 그릇된 방향을 향할 때나, 우리 자신을 돌볼 수 있다고 생각할 때나, 하나님이 우리가 원하는 것을 해야 한다고 생각할 때 생기는 것이다. 하나님의 의제(agenda)보다도 우리 자신의 의제에 관심을 가질 때 생기는 것이다. 이것은 무력감과 정반대되는 것이다.

당신은 전적으로 불가능해 보이는 상황에 처해 본 적이 있는가? 무엇을 하기에는 아주 무력했던 적이 있는가? 하나님이 관여하지 않으신다면 아무 해결책이 없다고 생각하신 적은 없는가?

내 딸 데브라에 관해 앞에서 약간 언급하고, 그 애가 가진 의학적 문제에 대해서도 이야기 했다. 지금 나는 그 애가 완전히 나았다고 확신한다. 주님은 그 애를 완전히 낫게 하셨다. 그래서 우리는 매우 감사하고 있다.

그 애의 병은 어린아이였을 때 시작되었다. 단지 18개월 되었을 때 심한 열병에 걸려 있었다. 깊은 수면에 빠졌고, 발작도 일으켜서 오직 마스크를 써야만 살 수 있었다. 스스로는 한 숨도 쉬지 않고 18시간이나 있었다. 단지 그 마스크와 하나님의 은혜만이 그 생명을 유지시키고 있었다.

그 날은 크리스마스 이브였다. 의사는 살 수 없다고 말했다. 아마 24시간 내에 죽을지도 모른다고 했다. 그러면 크리스마스 날에 죽는 것을 의미한다. 나는 그날 아침 일찍 병원으로 갔다. 우리는 그날이 우리에게 매우 슬픈 날임에도 불구하고 행복한 크리스마스를 맞고 싶었다.

우리는 데비가 태어나기 전에 그를 주님께 드렸다. 그는 주님의 것이었다. 그가 살든지 죽든지 주님의 손에 있었다. 우리는 슬퍼하며 울었지만 마음은 아주 평안했다. 우리는 그 아이가 하나님의 장중에서 안전하다는 것을 알았다.

그날 아침 입원실에 들어섰을 때, 그 아이는 산소 호흡기를 쓰고 있었다. 그 옆에 24시간 근무하는 간호사가 있었다. 그 아이는 깊은 수면에 빠져 있었다. 나는 침대 옆에 서서 기도하기 시작했다. 눈물이 얼굴을 적셨고 내 마음은 깨어졌다. 그러나 나는 넘쳐흐르는 기쁨을 느꼈다. 내가 주님과 교제했을 때, 주님은 놀라운 찬송을 생각나게 하셨다. 이 찬송가 가사는 이렇다.

"주 예수 넓은 품에 나 편히 안겨서
그 크신 사랑 안에 나 편히 쉬겠네" (찬송가 476장)

그 찬송가는 내게 큰 위안을 주었다. 나는 주님께 말했다. "데비가 당신의 품 안에 안전하게 안겨 있다는 것은 놀랍습니다. 우리는 데비를 매우 그리워할지도 모릅니다. 그러나 그가 당신 품 안에 안긴 이 날이 당신 아들의 생일을 축하하는 날인 것이 놀랍지 않습니까? 당신이 우리의 딸을 영원한 집으로 데리고 가서 당신과 함께 있도록 하는 날이지 않습니까?"

성령께서 내 기도에 관여하셨다. 주님께서 내게 말씀하셨다. "아들아, 그가 살든지 죽든지 내 품 안에 안전하다. 내가 그를 살리기 원하면 그는 살 것이다." 나는 본능적으로 눈을 떴다. 그리고 그 아이의 고요한 얼굴을 보았다. 그때 놀라운 일이 발생했다. 그녀가 눈을 떴다. 그녀는 예수님의 품 안에서 안전했던 것이다. 하나님은 그가 원하시는 방법으로 그 기도에 응답하셨다. 의사는 그가 죽을 것이라고 생각했지만, 주님은 우리가 그를 주님께 맡기는 은혜를 주셨다. 우리는 하나님과 깊이 교제했으며 하나님은 그 기도에 응답하셨다. 하나님은 우리에게 딸을 돌려주셨던 것이다.

우리 믿음이 겨자씨만큼 작을 때에도, 주님은 우리의 믿음을 존중하신다. 이것이 기도의 두 번째 필수조건이다. 무력감뿐만 아니라 예수 그리스도를 믿는 믿음이다. 하나님께는 불가능이 없다. 하나님은 그가 원하시는 것은 무엇이나 할 수 있다는 믿음이다.

사도행전의 그 놀라운 기도모임을 기억하라. 베드로가 감옥에 갇혔을 때, 모든 사람들이 모여서 그의 구원을 위해 기도했다. 주님은 기적적으로 그를 구원해 주셨다. 그때 그는 자기를 위해 함께 모여 기도하는 집으로 가서 문을 두드렸다. 그때 어린 소녀가 문으로 나왔다가 놀라서 "베드로가 문에 있어요!"라고 기쁨으로 외쳤다. 그때 기도하고 있던 어른들이 말했다. "우리를 방해하지 마라. 우리는 베드로를 위해 기도하고 있어. 우리는 그가 구원받기를 기도하고 있단 말이야." 그들은 베드로가 이미 구원받았다는 것을 믿는 충분한 믿음이 없었던 것이다.

우리에게는 위대하신 하나님이 있다. 그는 우리를 매우 사랑하시고 우리의 기도에 응답하시기를 원하신다. 그는 우리가 예수님의 이름으로 기도하도록 초대하시며, 무력감을 가지고 그를 믿는 믿음으로 기도하도록 초대하신다.

하나님의 뜻에 따라 기도해야

올바른 기도의 세 번째 기본적인 요소는 하나님의 뜻을 따라 기도하기를 배우는 것이다. 14, 15절을 보자.

"그를 향하여 우리의 가진 바 담대한 것이 이것이니 그의 뜻대로 무엇을 구하면 들으심이라 우리가 무엇이든지 구하는 바를 들으시는 줄을 안즉 우리가 그에게 구한 그것을 얻을 줄을 또한 아느니라"(요일 5:14 15).

예수님은 하나님의 뜻을 따라 기도하셨다. 십자가가 바로 그 앞에 있을 때 겟세마네 동산에서 기도하셨다. 우리는 그가 고뇌하며 기도했던 것을 기억한다. "아버지, 가능하오면 이 잔을 내게서 옮기시옵소서. 그러나 나의 뜻대로 마옵시고 아버지의 뜻이 이루어지기를 원하나이다." 이 얼마나 놀라운 기도방법인가!

다시 한 번 앞부분에서 나누었던 간단한 유비를 기억해보자. 우리가 죄의 삶을 향하면, 우리는 우리가 원하는 것을 바라본다. 우리가 자신을 부인하고 예수님을 따르기 위하여 날마다 우리의 십자가를 진다면, 우리는 주님의 길을 바라보는 것이다. 그래서 우리는 하나님의 뜻을 따라 기도한다. "당신의 나라가 임하옵소서. 당신의 뜻이 이루어지이다." 이것은 예수님이 그의 제자들과 또한 우리에게 가르치시려는 기도의 한 부분이다.

그래서 요한은 이것을 매우 실제적으로 적용할 수 있도록 만들었다. "그를 향하여 우리의 가진 바 담대한 것이 이것이니 그의 뜻대로 무엇을 구하면 들으심이라." 그는 우리가 교만함으로 온다고 말씀하지 않으신다. 우리는 조용한 확신으로 온다. 우리가 그의 뜻대로 구할 때 그는 들으신다. 이것은 야고보서 4장의 내용과 대조된다. "우리가 우리 뜻대로 구하면 그는 듣지 않으십니다. 그러나 우리가 그의 뜻대로 구하면 그는 들으십니다."

때때로 우리는 기도하는 방법이나 하나님의 뜻이 무엇인지 모른다. 그러나 성경은 심지어 우리가 그런 종류의 기도를 하도록 돕는데, 이것은 로마서 8장 26절에 있다. 이것은 우리가 하나님의 뜻을 따라 기도하는 방법을 격려하는 놀라운 구절이다.

> "이와 같이 성령도 우리 연약함을 도우시나니 우리가 마땅히 빌 바를 알지 못하나 오직 성령이 말할 수 없는 탄식으로 우리를 위하여 친히 간구하시느니라."

우리가 어떻게 기도해야 할지 모른다면, 성령께서 우리를 도우러 오신다. 심지어 그는 우리를 위해 말할 수 없는 탄식으로 중재하신다. 그는 우리의 마음을 살피고 성령의 마음을 아신다. 왜냐하면 성령께서는 하나님의 뜻에 맞는 것들을 위해 중재하시기 때문이다. 그것이 27절이다. 우리가 성령 충만할 때 성령께서 우리가 하나님의 뜻을 따라 기도하도록 항상 인도하실 것을 확신할 수 있다.

하나님의 뜻이 아닌 것을 위해 기도하는 그리스도인을 상상할 수 있는 가? 하나님의 뜻이 이루어지기를 원하지 않으면서 하나님과 실제로 교제하는 그리스도인을 상상할 수 있는가? 겟세마네 동산의 예수님처럼 우리는 때때로 그렇게 유혹받을지도 모른다. 우리는 때때로 우리가 필요한 것을 안다고 극단적인 생각을 한다.

신뢰와 위탁

그러나 우리의 뜻을 하나님의 뜻에 위탁하는 것은 놀랍다. 열린 손과 열린 마음으로 기도하는 것이 올바른 기도의 네 번째 원칙인 신뢰와 위탁이다. 예수님이 우리에게 가르치신 기도는 "당신의 나라가 임하옵시며, 주의 뜻이 이루어지이다" 이다.

요한일서 5장 14-15절은 우리가 하나님의 뜻대로 구하면 하나님이 우리를 들으신다는 것을 매우 명백하게 말해주고 있다. 그리고 우리를 들으시면 그는 그 기도를 들으실 것이다. 우리는 우리가 구하는 무엇이든지 그로부터 받을 것을 안다. 우리가 하나님의 뜻이 무엇인지 모를 때 이것은 놀라운 기도방법이다.

"주님,
이것이 주님의 뜻이라면 이루어 주옵소서.
그러나 주님,
이것이 주님의 뜻이 아니라면 이루어 주지 마옵소서.
우리는 주님의 뜻이 이루어지기를 원하오며,
우리의 온 마음으로 주님을 신뢰하오며,

우리의 뜻을 주님의 뜻에 위탁합니다."

이것이 기도의 한 부분이며, 하나님으로 하나님 되게 하는 한 부분이다.

왜 하나님은 어떤 기도는 응답하시고 어떤 기도는 응답하지 않으시는 가? 예를 들어, 어떤 사람들이 기도하면 그들을 치료하시지만, 어떤 사람 들이 기도하면 치료하지 않으시는가. 그것이 왜 하나님의 뜻이 되는가?

잘 알려진 훌륭한 아르헨티나 사역자가 있다. 나는 그의 사역지를 여러 번 방문하는 특권을 누렸다. 그는 탁월한 복음전도자다. 수십만의 사람들 이 그의 사역을 통하여 그리스도를 알게 되었다. 그는 또한 치유사역을 하 는데, 사람들을 위해 개인적으로 기도하지 않고, 강단에서 하나님이 치료 하고자 선택한 사람들을 위해서만 기도한다. 그러면 치료받는 사람들이 있는 반면에 치료받지 못한 사람들도 있다.

어떤 이가 "왜 하나님은 어떤 사람들은 치료하고 어떤 사람들은 치료하 지 않습니까?"라고 질문했다. 그때 그는 매우 놀라운 대답을 했는데, 매우 좋은 대답이다. "제가 젊은 사역자였을 때 저는 그것이 궁금해서 하나님 께 질문했습니다. '왜 우리가 기도할 때 어떤 사람은 치료하고 어떤 사람 은 치료하지 않습니까?' 그 때 주님은 제게 놀라운 대답을 주셨습니다. '그건 네 알 바 아니다.' 이 대답을 듣는 순간 저는 다시는 하나님께 그런 질문을 하지 않았습니다."

그가 말하는 것은 하나님으로 하나님 되게 하는 것이다. 하나님은 하나 님이다. 욥에게 말한 것처럼, 우리가 무엇이기에 그에게 이렇게 할 수 있 느냐고 말할 수 있겠는가?

우리는 그에게 복종하고 그를 신뢰해야 하며, 우리의 뜻을 그의 뜻에 위 탁해야 한다. 예수님이 겟세마네 동산에서 하신 것이 그 모범이다. "아버 지여, 가능하오면 이 잔을 내게서 옮기시옵소서. 그러나 나의 뜻대로 마옵 시고 아버지의 뜻이 이루어지이다." 하나님의 아들이 우리의 죄를 사하기 위해 십자가 위에서 그의 피를 흘리시고 죽으사 사흘 후에 죽은 자들 가운데서 일어나시고, 우리에게 영원한 생명을 주신 것이 하나님의 뜻이다. 예수님이 하나님의 뜻에 자신을 드린 것에 우리는 감사하는가?

나는 이 사역을 하고 싶지 않았다. 나는 지역교회의 목사가 되는 것을 원했고, 그 지역교회를 떠나고 싶지 않았다. 그 지역교회는 5천 명을 수용할 수 있을 정도의 새로 큰 성전을 지었다. 그리고 앞으로 사역을 위한 비전이 있었다. 그때 어떤 사람들이 와서 그 계획을 방해하며 말했다. "우리는 당신이 우리 교단에 와서 총회장이 되는 것이 하나님의 뜻이라고 믿습니다." 나는 그들의 초청을 다섯 번이나 거절했다. 그러나 그들은 1년 이상 찾아왔다. 그러나 그때 성령께서 오셨다. 주님은 나의 마음 문을 두드리고 마음을 움직여 "예!"라고 대답하게 했다.

그것은 바로 우리가 살아가면서 여러 번 직면하는 선택의 문제다. 우리가 우리 방식대로 일하기를 원하는지 원하지 않는지, 평안한 지역에서 살기를 원하는지 원하지 않는지, 믿음으로 예수님을 따르려 하는지 나의 뜻대로 하기를 원하는지 같은 것 말이다. 때때로 예수님은 우리가 있는 곳에 단순히 머무르게 하신다. 그러나 그는 우리를 새로운 사역에 부르셨는데, 그것은 많은 희생을 요구했다.

그것은 우리에게 소중했던 거의 모든 것을 희생하도록 요구해 우리는 모든 것을 포기해야만 했다. 그러나 그 결과는 매우 놀라웠다. 우리는 현재 이 사역을 성령 충만한 가운데 즐겁게 하고 있다. 그것이 하나님이 우리에게 원하시는 것이다. 우리가 봉사하기 원하는 곳보다 그분이 이끌어 가시는 곳으로 가야 한다. 그것이 우리가 해야 할 기도다.

E. 능력 있는 기도의 기본요소들

능력 있는 기도의 몇 가지 기본요소가 있다. 야고보서 5장 16-18절을 살펴보자.

> "이러므로 너희 죄를 서로 고하며 병 낫기를 위하여 서로 기도하라 의인의 간구는 역사하는 힘이 많으니라 엘리야는 우리와 성정이 같은 사람이로되 저가 비 오지 않기를 간절히 기도한즉 삼년 육개월 동안 땅에 비가 아니 오고 다시 기도한즉 하늘이 비를 주고 땅이 열매를 내었느니라."

예수님이 우리에게 단순히 기도하기만 원하신다고 생각하지 않는다. 그는 우리가 능력 있고 효과적인 기도를 하기 원하신다. 바로 엘리야와 같은 사람의 기도다. 그는 우리와 성정이 똑같은 사람이지만 열심히 비가 오지 않기를 기도했더니 3년 반 동안이나 비가 오지 않았고, 다시 기도했더니 하늘의 창을 여시고 비를 내려 주셨다. 어떻게 우리가 이렇게 할 수 있는가? 능력 있고 효과적인 기도의 몇 가지 기본적인 요소들을 생각해 보자.

겸손과 상한 마음

첫 번째는 겸손과 상한 마음이다. 하나님이 받으시는 제사는 상한 심령이다.

> "하나님이여 상하고 통회하는 마음을 주께서 멸시치 아니하시리이다"
> (시 51:17).

성경에서 능력 있고 효과적인 기도의 사람들은 겸손한 사람들이다. 그들은 하나님 앞에서 깨어진 사람들이다. 느헤미야나 다니엘이나 예수님이나 예수님의 어머니 마리아나, 그 외에 많은 사람들이 하나님 앞에서 겸손했다. 나는 느헤미야가 하나님께 구했을 때, 그것은 느헤미야 자신의 계획이 아니었음을 확신한다. 느헤미야는 왕의 술 맡은 관원장으로 매우 편안하게 생활하고 있었고 그 나라의 중요한 사람이었다. 그러나 며칠 동안 하나님과의 깊은 교제 후에, 하나님은 그에게 지도자가 되어 예루살렘 성벽을 건축하라는 비전을 주셨다.

우리는 무릎을 꿇고 하나님 앞에 엎드려 시작해야 한다. 단지 육체적 모양만이 아니라 겸손과 상한 마음을 말하는 것이다. 완전히 무력하여 하나님을 의지하는 것이다. 그것이 능력 있는 기도의 시작이다.

찬양, 숭배, 경배

두 번째는 찬양과 숭배와 경배다. 성경에는 찬양과 숭배와 경배에 관한 많은 구절들이 있다. 이것은 놀라운 구절이다.

> "주여, 내 입술을 열어 주소서 내 입이 주를 찬송하여 전파하리이다"(시 51:15).

느헤미야의 기도는 경배와 숭배와 찬양으로 시작했다. 또한 예수님이 제자들에게 가르치신 기도도 찬양과 숭배와 경배로 시작한다.

"하늘에 계신 우리 아버지, 이름이 거룩히 여김을 받으시오며."

하나님 앞에서 겸손한 것과 그를 예배하는 것은 매우 능력 있는 기도의 요소다. 이사야가 높고 존귀하신 하나님을 보았을 때와 같이, 우리가 높고 존귀하신 주님을 볼 때, 우리 자신을 낮추는 것은 그렇게 어렵지 않다. 그러나 우리 자신을 다른 사람들과 비교할 때, 교만해지는 것은 쉽다. 우리가 온 우주의 창조주이신 거룩하신 하나님 존전에 나아가서 높고 존귀하신 그분을 보고 우리 자신과 비교할 때 우리는 이사야와 같이 된다. 우리는 그 앞에 겸손히 나아가 우리가 부정한 입술과 깨끗하지 못한 마음의 사람임을 알고 깨끗함을 받아야 한다고 느낀다.

고백과 회개

능력 있고 효과적인 기도의 세 번째 요소로 이끄는 것은 고백과 회개라는 요소다. 이 고백과 회개는 우리가 하나님의 존전에 나아갈 때마다, 하나님과의 교제를 재확립하고 하나님과 올바른 방향으로 가도록 도와준다. 우리의 눈이 그에게 초점을 맞추고, 우리의 발이 기꺼이 주님 되신 예수님을 따르도록 도와준다.

무력함과 하나님께 의지함

능력 있는 기도의 네 번째 요소는 하나님께 의지하는 것이다. 요한복음 15장 5절에서 예수님은 이것에 관해 말씀하셨다. "나는 포도나무요 너희는 가지니 저가 내 안에 내가 저 안에 있으면 이 사람은 과실을 많이 맺나니 나를 떠나서는 너희가 아무것도 할 수 없음이라." 이것은 기도의 놀라운 방법이다. "주님, 저는 무력합니다. 주님, 저는 주님께 의지합니다. 주님, 당신이 그것을 하지 않으면 이루어질 수 없습니다." 나는 이런 종류의 기도가 목회사역에 매우 도움이 된다는 것을 발견했다.

목회자들은 자주 위급한 상황에 호출을 받는다. 내가 목회자였을 때, 한밤중에 걸려오는 전화를 아주 싫어했다. 그것이 잘못 걸려온 전화이기를 항상 바라며 기도했다. 어떤 사람은 절망적인 위기에 있었다. 어떤 사람은 죽어가고 있었다. 어떤 사람의 아들은 오토바이 사고로 죽었다. 딸이 가출했다. 남편이 아내를 떠났다. 이런저런 종류의 심각한 위기가 닥쳐왔다. 그리고 그 사람들은 그들의 목회자를 부르고 있었고 와서 도와주기를 간절히 원했다.

나는 매우 자주 내 마음이 깨어지는 것을 발견했다. 나는 무엇을 말해야 할지 몰랐다. 무엇을 해야 할지도 몰랐다. 나는 차를 타고 집으로 올 때나 위기가 발생한 곳은 어디에서든지, 하나님께 부르짖곤 했다. "주여, 저를 도와주소서. 저는 무엇을 말해야 할지 모릅니다. 무엇을 해야 할지도 모릅니다. 주여, 저를 도와주소서." 그때마다 하나님은 항상 놀라운 방법으로 그 기도에 응답하셨다. 사람들은 종종 말한다. "목사님, 어떻게 그런 적절한 말씀을 하십니까?" 그러면 나는 사실을 말한다. "저는 몰랐지만 하나님은 아셨습니다. 저는 그분의 도움을 구했습니다. 그랬더니 그분이 제게 도움을 주셨습니다."

기도는 이렇게 실제적이다. 하나님은 우리가 그분의 뜻대로 실천하는 것을 돕기 원하신다. 그분 없이는 아무것도 할 수 없다는 사실을 깨닫는 것은 놀랍다. 그러나 반대로 바울 사도는 빌립보 교인들에게 다음과 같은 편지를 썼다. "내게 능력 주시는 자 안에서 내가 모든 것을 할 수 있느니라"(빌 4:13). 이것은 하나님의 기이하고 놀라운 약속이다. 우리 혼자서는 그것을 할 수 없지만 그리스도와 함께 할 때, 우리는 부름 받은 어떤 일이라도 다 할 수 있는 것이다.

단순성과 하나님께 열린 마음

빌립보서를 보자. 거기에는 능력 있고 효과적인 기도의 다섯 번째 원칙이 나온다. 나는 그것을 '단순성(simplicity)'이라고 부른다. 하나님께 열린 마음이라고 할 수 있다. 기도는 복잡하지 않다. 기도를 복잡하게 만들려고 한다면 기도를 오용하고 있는 것이다. 기도는 매우 단순하다. 심지어 어린 아이나 정신박약자들도 기도를 이해할 수 있다.

나에겐 정신박약자인 매우 사랑하는 친구 스티브가 있다. 그는 30세의 남성이지만 6-7세 아이 정도의 지능을 가지고 있다. 그러나 그는 능력 있는 기도의 사람이다. 우리는 오랫동안 기도의 파트너였다. 나는 스티브와 함께 기도하는 것을 좋아했다. 그에게는 어린아이와 같은 믿음이 있었다. 그는 하나님의 약속을 믿었으며, 그에겐 어떤 감춰진 것이 없었다. 그는 하나님의 뜻이 이루어지기를 원했고, 하나님은 무엇이든지 다 할 수 있다고 믿었다. 그러자 그 소문이 모든 큰 교회마다 퍼졌다. "당신이 누군가 당

신을 위해 기도해 주기를 원한다면 스티브에게 가라. 그는 위대한 기도의
사람이다."

기도는 단순하고 능력이 있다. 기도는 하나님께 의지하기 때문이다. 빌
립보서 4장 6-7절을 보자.

> "아무것도 염려하지 말고 오직 모든 일에 기도와 간구로 너희 구할 것을
> 감사함으로 하나님께 아뢰라 그리하면 모든 지각에 뛰어난 하나님의 평
> 강이 그리스도 예수 안에서 너희 마음과 생각을 지키시리라"

아무것도 염려하지 말고, 대신에 기도하라. 이것이 하나님을 의지하고
살아가는 놀라운 방법이 아니겠는가? 우리는 걱정할 필요가 없는 대신에
기도할 수 있다. 하나님께 우리의 필요를 말하라. 성경에 "너희 구할 것을
하나님께 아뢰라"고 한 것을 주목해 보라. "너희 해결책을 하나님께 아뢰
라"고 하지 않았다. 우리의 필요한 것들을 하나님께 말씀드리고, 그가 응
답하실 때 감사하는 것을 잊지 말라. 우리가 이 간단한 절차를 따른다면,
모든 지각에 뛰어난 하나님의 평강을 갖게 될 것이다. 그리고 충만한 그의
평강이 우리가 예수 그리스도를 신뢰하고 있을 때 우리 생각을 평안한 쉼
가운데서 지킬 것이다.

그것은 매우 간단하며 매우 능력이 있다. 핵심은 우리가 순진한 어린아
이처럼 하나님께 가는 것이며, 우리의 필요를 나누는 것이며, 그의 응답을
받고 그에게 감사드리는 것이며, 그의 평강을 즐기는 것이다. 그 평강은
우리가 예수 그리스도를 신뢰할 때 모든 지각을 뛰어넘고 조용하고 평안
한 마음을 갖게 되는 것이다.

믿음, 신뢰, 굴복, 복종

능력 있는 기도의 여섯 번째 핵심요소는 신뢰이며 믿음이며 복종이며

굴복이다. 나는 많은 그리스도인들이 지갑에서 손수건을 꺼낼 필요가 있다고 생각한다. 군대가 항복하는 것과 같이 많은 사람들이 하얀 손수건을 들고 하나님께 흔들며 이렇게 말해야 한다. "주여, 저는 포기합니다. 굴복합니다. 다툼을 멈추겠습니다. 싸움을 멈추겠습니다. 나 자신의 욕구들을 갈망하지 않겠습니다. 주여, 저는 당신께 굴복합니다. 당신의 뜻이 이루어지소서. 당신의 나라가 임하옵소서. 저를 통해서 말입니다."

이 얼마나 놀라운 삶의 방법이며, 놀라운 기도의 방법인가! 이것이 바로 예수님이 요한복음 14장 14-15절에서 말씀하신 이유다. 우리가 그의 이름으로 무엇을 구하든지 그가 시행하시리라고 말이다.

교제, 끊임없는 기도와 삶의 형태

능력 있는 기도의 마지막 요소는 성경에서 가장 이해하기 어려운 절들 중 하나다. 그러나 우리가 이해한다면 매우 놀라운 것이다. 그것은 데살로니가전서 5장 17절이다.

"항상 기도하라. 쉬지 말고 기도하라."

"어떻게 기도를 항상 쉬지 말고 할 수 있는가?" 목회자로서 나는 사람들에게서 이런 질문을 여러 번 받았다. "어떻게 모든 시간을 기도하는데 쓸 수 있는가? 내가 쉬지 말고 기도한다면 아침에 출근할 수도 없고, 가족을 부양할 수도 없을 것이다. 난 세일즈맨으로 상품에 관해 사람들에게 하루 종일 이야기해야 하는데 어떻게 끊임없이 기도할 수 있는가? 어떻게 계속 기도할 수 있단 말인가?"

기도에 관한 기본적인 단어로 돌아가야 한다. 기도는 대화다. 그렇다. 그러나 가장 깊은 종류의 대화는 교제다. 기도는 계속적인 하나님과의 교제다. 매일 모든 순간에 하나님과 교제 안에 있는 것이다. 우리들 대부분은 아침에 하나님과의 교제를 하면서 바른 방향으로 가도록 우리 자신을 재의탁한다. 그것이 다음과 같이 바울 사도가 말한 이유다. "나는 매일 죽는다. 나는 매일 나 자신을 죽인다. 그리고 예수님을 따른다."

우리는 그와 교제 안에 있다. 하나님과 교제의 삶을 살며 끊임없이 기도하는 것은 놀랍다. 기도가 우리 삶의 형태의 핵심부분이 되는 것은 놀랍다.

히브리서 13장 15절은 많은 사람들이 암송하는 놀라운 구절이다.

"이러므로 우리가 예수로 말미암아 항상 찬미의 제사를 하나님께 드리자 이는 그 이름을 증거하는 입술의 열매니라."

얼마나 놀라운 삶의 방법인가! 하나님과 교제 안에 살고, 끊임없이 기도하고, 계속 찬미의 제사를 하나님께 드리는 방식으로 사는 사람들은 비판적인 영에 대해 걱정할 필요가 전혀 없다. 이런 방식으로 사는 그리스도인들은 결코 파괴적이지 않다. 우리가 하나님과 교제 안에 있고, 하나님의 임재 안에서 살며, 예수님을 우리 삶의 주인이 되도록 하고, 성령께서 항상 우리의 삶을 통제하고, 성령의 열매가 우리 삶에서 넘쳐나며, 우리가 그리스도 안에 거하고 그리스도께서 우리 안에 거하실 때 많은 열매를 맺으며 우리의 삶은 찬양과 경배와 감사로 넘쳐나게 될 것이다.

이것이 그리스도인들이 함께 모여 예배하는 것이 매우 흥분 되는 이유다. 이런 삶을 사는 사람들이 다른 그리스도인들과 함께 모여 예배드리는 것은 천국을 미리 맛보는 것과 같다. 나는 기독교 예배가 지상에서 경험할 수 있는 천국에 가장 가까운 환경이라고 확신한다.

우리는 공중예배를 위해 교회에서 함께 모인다. 예수님은 그의 재림 때까지 이 예배를 드려야 한다고 말씀하셨다. 우리는 우리의 죄를 용서하기 위해 흘리신 그의 피와 찢으신 그의 몸을 기억해야 한다. 그리고 우리의 심령을 살피는 기회로서 예배를 드려야 한다. 또한 우리가 깨끗이 되었고 용서받았는가를 확인하는 기회로 예배를 드려야 한다.

공중예배는 예배의 가장 고귀한 표현들 중의 하나다. 그러나 우리는 하나님과 교제하기 위하여 공중예배를 기다릴 필요 없이 끊임없이 찬양과 경배의 삶을 살 수 있다. 이 놀라운 특권을 주신 하나님을 찬양하자!

F. 합심기도의 능력

마지막으로 합심기도의 능력이 있다. 나는 대부분의 그리스도인들이 이 원칙을 전혀 이해하지 못하고 있다고 생각한다. 내가 그들을 교회의 기도모임에 초대하면, 보통 똑같이 변명하며 이렇게 말한다. "목사님, 제가 왜 교회 기도모임에 와야 합니까? 저는 집에서 기도할 수 있습니다. 직장에서도 기도할 수 있습니다. 어디서나 기도할 수 있습니다." 그러나 문제는 "그들이 정말 기도하는가?"에 있는 것이다.

두 번째 문제는 개인적인 기도를 위한 어떤 중요한 장소가 있다는 것이다. 한 사람의 효과적이고 강렬한 기도는 중요하다. 그러나 합심기도는 더욱 놀라운 잠재적인 힘이 있다.

"진실로 너희에게 이르노니 무엇이든지 너희가 땅에서 매면 하늘에서도 매일 것이요 무엇이든지 땅에서 풀면 하늘에서도 풀리리라 진실로 다시 너희에게 이르노니 너희 중에 두 사람이 땅에서 합심하여 무엇이든지 구하면 하늘에 계신 내 아버지께서 저희를 위하여 이루게 하시리라 두 세 사람이 내 이름으로 모인 곳에는 나도 그들 중에 있느니라"(마 18:18-20).

"너희에게 이르노니 너희 중에 두 사람이 땅에서 합심하여 무엇이든지 구하면 하늘에 계신 내 아버지께서 저희를 위하여 이루게 하시리라." 이 얼마나 놀라운 약속인가! 하나님은 그리스도인들이 와서 함께 기도하기 원하신다.

함께 기도하는 그리스도인들의 모임에는 매우 능력 있는 무엇인가가 있다. 예수님은 그를 따르는 자들에게 각자의 집에서 기도하도록 보내시지 않고, 한 장소에서 한 마음으로 모이라고 하셨다. 그들은 함께 기도했고 하나님과 교제 안에 있었으며 또한 서로 교제했다. 둘 또는 셋 또는 수

십 명 또는 수백 명 또는 수천 명의 사람들이 기도 안에서 함께 일치하는 것은 매우 능력 있는 기도다. 교회는 그러한 기도모임에서 탄생했다. 역사 전체를 통하여 우리는 그러한 패턴이 계속되는 것을 본다. 성령의 큰 운동이 있었을 때마다, 대부흥의 기간 때마다, 능력 있는 영적 각성이 있었을 때마다 그것은 합심기도 모임의 결과로 생겨난 것이다.

우리는 합심기도를 해야 한다. 나는 아침 일찍 일어나 함께 기도하는 수십만 명의 한국 사람들로부터 매우 많은 복을 받는다. 의심할 여지없이 하나님의 복이 여러 방식으로 한국에 임했다. 나는 계속 하나님의 뜻에 따라서 함께 기도하기를 격려한다.

G. 기도의 실천

이제 마지막 주제다. 우리 삶에서 기도를 실천하는 것이다. 우리 각자가 자신의 마음 안에 성전을 건축하는 것이 중요하다고 생각한다. 그리고 마음을 집중하는 것이 중요하다고 생각한다. 그리고 매우 중요한 이 질문을 하라. "주여, 당신은 기도에 관해 제게 무엇을 가르쳐 주기를 원하십니까?" 왜냐하면 우리가 성령께서 우리에게 기도하는 방법을 더 많이 가르쳐 주신다면, 우리는 훨씬 더 능력 있고 효과적인 기도의 사람이 될 수 있기 때문이다.

다같이 머리 숙여 함께 기도하자.

"우리의 아버지 하나님,
우리는 주님의 제자들의 간청을 기억합니다.
그들이 '주여, 우리에게 기도를 가르쳐 주소서' 라고 말했을 때를
기억합니다.
오 주님, 저는 제가 기도하는 사람들 중에 있음을 인정합니다.
그러나 주님, 우리 중 아무도 만족하지 않습니다.

우리가 더욱 능력 있는 기도를,

더욱 효과적인 기도를 계속 배우도록 하소서.

그리고 우리가 다른 사람들에게 격려가 되어,

그들 또한 기도에서 더욱 능력 있고 효과 있게 하소서.

주님, 우리에게 기도를 가르쳐 주소서.

주님, 우리가 주님의 말씀에 더욱 충실하도록 가르쳐 주소서.

그래서 우리가 하나님 말씀의 영성 훈련의 놀라운 능력과

잠재력을 알게 하소서.

주님, 우리의 삶을 주님께 의탁합니다.

우리의 가족을 주님께 의탁합니다.

우리의 사역을 주님께 의탁합니다.

이 모든 것을 예수님의 이름으로 기도합니다.

아멘.

5 장

코이노니아와 하나 됨

이번 장에서 두 가지 매우 중요한 영성훈련에 관해 살펴보자. 먼저 친교와 코이노니아의 영성훈련이고, 다음으로 영적 일치의 영성훈련이다. 하나님은 우리가 하나님은 물론 다른 사람들과 깊이 교제하면서 살기 원하신다. 즉, 하나님과의 친교와 그리스도 안에 있는 형제자매들과의 친교다. 하나님은 우리가 영적 일치 안에 살기 원하신다.

A. 코이노니아 – 공동체, 교제, 대화

1. 코이노니아란?

코이노니아란 무엇인가? 이것은 매우 중요한 질문이다. 초대 교회 그리스도인들은 코이노니아가 매우 중요하다고 믿었다. 사도행전 2장 42절에서 그들이 코이노니아에 헌신되었음을 보게 된다.

그들은 기도와 하나님의 말씀에 헌신되었다. 의심의 여지없이 이 두 가지는 가장 중요한 영성훈련이다. 그리고 같은 구절에 있는 코이노니아를 살펴보았다. 그러므로 코이노니아 또한 하나님께 매우 중요한 것임에 틀림없다. 초대 그리스도인들이 말씀과 기도와 코이노니아에 헌신되었다면 말이다.

많은 사람들은 그리스도인의 친교를 함께 커피 마시는 것 정도로 생각하고 있다. 그리스도인들이 서로 음식과 음료를 나누는 것은 좋다. 사실상 이 구절은 그들이 또한 함께 떡을 나누는 데 헌신되었음을 말하고 있다. 46절은 집에서 집으로 다니며 떡을 함께 뗴었음을 말하고 있다. 그들은 기쁘고 즐거운 마음과 신실한 마음으로 그렇게 했다.

그러나 코이노니아는 그것과는 확연하게 달랐다. 코이노니아는 삶의 형태에 관해 말한다. 코이노니아는 '공통적으로 되게 하다' 라는 의미의 단어에서 유래되었다. 우리는 교제와 대화에 관해 살펴보았다. 두 단어는 코이노니아와 같은 어근(語根)을 가지고 있다. 코이노니아는 공동체, 교제, 대화를 나타낸다. 문자적으로 그것은 '완전하게 하다' '없어진 것을 채워 넣다' 라는 의미다.

그 단어는 우리가 홀로 살 수 없는 존재로 창조되었음을 말해 준다. 사실 하나님께서 세상을 창조하셨을 때, 각각의 창조의 날에 "좋았더라!" 고 말씀하심으로 그날을 마감하셨다. 그러나 좋지 않았다고 말씀하신 날이 있었다. "사람의 독처하는 것이 좋지 못하니." 하나님은 우리 중 아무도 외딴 섬에서 홀로 살도록 창조하지 않으셨던 것이다. 우리가 그와의 관계 속에서 살고, 다른 사람과의 관계 속에서 살도록 창조하셨다.

우리가 아는 바와 같이, 그것은 교회의 주요 특징들 중의 하나다. 예수 그리스도는 그 몸의 머리고 우리는 그 몸의 지체들이다. 그러나 우리 중 누구도 그 몸의 모든 지체가 될 수 없다. 바울이 고린도전서 12장에서 말한 바와 같이, 손은 발이 아니며, 눈은 귀가 아니다. 하나님은 우리가 서로를 필요로 한다는 것을 확실히 하기 위해 교회를 창조하셨다. 우리 중 어떤 사람은 내가 가지지 않은 은사를 가졌다. 교회가 완전해지려면, 나는 다른 사람들이 가지고 있는 은사들을 필요로 하고, 어떤 이는 하나님께서 내게 주신 은사들을 필요로 한다.

이것이 코이노니아가 매우 중요한 이유다. 코이노니아는 그리스도의 몸을 완전하게 한다. 코이노니아는 우리의 마음과 삶을 예수 그리스도의 지상권(至上權) 아래 복종시킨다. 우리가 가진 것이 모두 손이나 귀라면 이상한 몸이 될 것이다. 하나님은 그 몸의 서로 다른 지체들에게 서로 다른 은사들을 주셨다. 그래서 그 몸이 완전하게 되는 것이다.

초대 그리스도인들이 코이노니아에 헌신했다는 것은 이상한 일이 아니다. 성령께서는 그들에게 코이노니아가 얼마나 중요한지 이해하도록 도와주셨다. 그러나 오늘날 세계의 많은 교회에서 코이노니아의 문제를 발견하게 된다. 많은 그리스도인들은 자신들과 비슷한 사람들과 교제하기를 좋아한다. 그래서 교회에는 많은 분열이 있다. 몸의 지체 중에 발만 있는 교회도 있다. 어떤 사람들은 손만 있는 교회를 원한다. 그것이 그리스도의 교회개념을 파괴한다. 서로 다른 은사를 주신 분은 바로 하나님이시다. 그러므로 은사가 우리를 분열시켜서는 안 된다. 우리는 서로에게 대한 사역에서 그 은사들을 사용해야 한다.

2. 코이노니아의 표현 방법

베드로전서 4장 10-11절에서 본 것처럼, 코이노니아는 하나님이 우리에게 주신 것을 서로 나누는 것이며, 하나님이 주신 모든 은사들을 서로를 위해 사용하는 것이다. 그러면 다음과 같은 질문이 생긴다. "어떻게 코이노니아를 표현합니까? 우리의 삶과 교회에서 하나님이 그의 백성들을 위해 의도하신 방법으로 어떻게 코이노니아를 경험합니까?"

나는 코이노니아를 즐기고 경험할 수 있는 여러 가지 방법들을 제안하려고 한다. 그것들 중 어떤 것은 윌리엄 바클레이 박사로부터 얻어온 것이다.

상호간의 실제적인 나눔

우선, 코이노니아는 상호간의 실제적인 나눔이다.

"이는 마게도냐와 아가야 사람들이 예루살렘 성도 중 가난한 자들을 위하여 기쁘게 얼마를 동정하였음이라"(롬 15:26).

초대 그리스도인들은 서로 나누었다. 마게도냐 교회는 매우 가난해서 충분한 재력이 없었으나 예루살렘에 있는 그리스도인들을 위해 그들의 가진 것을 보냈다. 그들은 도움이 필요한 그리스도인들을 돕기 위하여 가진 것을 나누었다. 사도 바울은 그들이 가난한 중에 나누어 주었다고 했다.

이렇게 말하는 그리스도인들이 간혹 있다. "제가 풍족하면 나누어 주지요." 그러나 하나님과 교제하는 진정한 그리스도인들은 그들이 가진 것은 무엇이나 나누어 준다.

두 렙돈을 하나님께 드린 과부를 기억하라. 다른 사람들은 성전의 헌금함에 와서 많이 드렸지만, 그녀는 돈에 관한 한 거의 가치가 없는 단지 두 렙돈을 드렸다. 그것은 그 당시 사용되는 동전 중 가장 작은 것이었다. 그러나 예수님은 그녀의 헌금에 대하여 매우 의미 있는 평을 하셨다. 주님은 그것이 가장 큰 선물이라고 말씀하셨는데, 다른 사람들은 풍부한 중에 드렸지만 이 과부는 그녀가 가진 모든 것을 드렸기 때문이다. 모든 그리스도인은 줄 수 있고 다른 사람들과 나눌 수 있다.

내가 경험한 가장 놀라운 음식들 중 하나에 관해 말씀드리려고 한다. 나는 미국의 농촌지역에서 자랐다. 나의 아버지는 장로교 목사로 농촌지역에서 조그만 교회들을 위해 봉사하셨다. 나는 남 다코다의 조그만 도시에 있는 대학에 다녔고, 거기서 아내 지니를 만났다.

어느 날 나는 한 가족과의 주일저녁 식사에 초대받았다. 나는 그 가족을 만난 적이 없었다. 그들은 내가 태어나기 전에 내 아버지 교회의 교인이었다. 그들은 나의 부모님과 매우 가까운 사이였는데, 내가 그 지역의 대학에 다니는 아들을 두었다는 소식을 듣고는 나를 초대하였던 것이다. 그들은 매우 늙었고 농사 짓던 것을 그만두고 도시에 살고 있었다. 나는 주일저녁 식사를 하려고 예배가 끝나자마자 바로 그들의 집으로 찾아갔다. 그 당시 나는 식욕이 매우 왕성한 십대 소년이었으므로 풍성한 저녁식사를 기대하고 있었다.

그들은 낡은 집 3층에 살고 있었다. 2층 계단을 올라가서 그 집 꼭대기에 있는 작고 수수한 아파트로 들어갔다. 그들은 매우 친절하고 우호적이었다. 그들은 곧 나를 저녁식사에 초대했다. 나에게 식사기도를 부탁해서 음식을 주신 하나님께 감사기도를 드렸다.

그리고 음식을 돌리기 시작했는데, 나에게 돌린 첫 번째 접시는 고기였다. 접시 위에는 포크찹(돼지고기를 토막으로 썬 것)이 있었다. 식탁에는 네 명이 앉아 있었는데, 그 접시 위에는 단지 두 개의 포크찹만 있었다. 나는 딜레마에 빠졌다. 그래서 포크를 들고 포크찹 하나를 둘로 자르기 시작했다. 포크찹을 둘로 자르면 각자가 반씩은 먹을 수 있으리라 생각했기 때문이다. 그러나 그들은 그렇게 하려는 것을 말리면서 이렇게 말했다. "아닙니다. 당신은 우리의 손님입니다. 우리는 오랫동안 당신이 오시기를 고대했습니다. 우리는 당신이 포크찹 하나를 모두 드시기를 원합니다. 우리에겐 다른 하나가 있지 않습니까." 그들은 매우 인심이 좋았다.

그들은 마게도냐에 있는 그리스도인들과 같았다. 그들은 많은 것을 가지지 않았지만 그들이 가진 것을 나누어 주는 일은 매우 큰 기쁨을 가져다 주었다. 이것은 하나님께서 우리가 실행하기를 원하시는 나눔이며 코이노니아다.

고린도후서 8장 1~4절을 보자.

"형제들아 하나님께서 마게도냐 교회들에게 주신 은혜를 우리가 너희에게 알게 하노니 환난의 많은 시련 가운데서 저희 넘치는 기쁨과 극한 가난이 저희로 풍성한 연보를 넘치도록 하게 하였느니라. 내가 증거하노니 저희가 힘대로 할 뿐아니라 힘에 지나도록 자원하여 이 은혜와 성도 섬기는 일에 참여함에 대하여 우리에게 간절히 구하니."

2절에 나타났듯이 마게도냐 그리스도인들에 관한 성경의 기록에 주목하라. 그들은 심각한 시련을 겪고 있었다. 그러나 그와 동시에 기쁨이 넘쳤다. 바울은 그들이 예루살렘을 위하여 무엇인가를 줄 수 있는 형편이 아니라고 말했다. 그러나 그들은 그렇게 하도록 간절히 요청했다. 4절을 보라. 그들은 성도를 돕는 이 일에 참여하는 특권을 간구했다.

이것은 성도를 돕는 일에 참여하는 기독교 코이노니아의 매우 중요한 부분이다. 그러므로 코이노니아는 다른 그리스도인들과 나누는 것으로 시작한다. 우리가 부자이든지 가난하든지 가진 것을 나누는 것이다.

그리스도의 사역에 동참함

코이노니아의 두 번째 중요한 면이 있다. 그것은 그리스도의 사역에 동참하는 것이다. 우리들이 홀로 그리스도에게 봉사하는 것이 아니라 다른 그리스도인들과 함께 협력하는 것이다. 빌립보서 1장 3~5절을 보자.

"내가 너희를 생각할 때마다 나의 하나님께 감사하며 간구할 때마다 너희 무리를 위하여 기쁨으로 항상 간구함은 첫날부터 이제까지 복음에서 너희가 교제함을 인함이라."

바울은 빌립보 교인들이 그와 함께 복음에 참여했기 때문에 큰 기쁨으로 그들을 위해 기도했다. 이것은 바울의 철학이었고 목회신학이었다. 그는 혼자 사역에 뛰어든 일이 거의 없었다. 바나바와 실라와 디모데와 그 외 다른 사람들과 함께 사역했다. 그러나 그는 또한 지역교회의 협력을 추구했다. 그는 사람들을 훈련시키고 무장시켜 예수 그리스도의 복음을 다른 사람들과 나누도록 했다.

코이노니아는 말한다. "나는 혼자 사역하지 않을 것이다. 하나님의 영광을 위해서 다른 사람들과 사역을 나누어 할 것이다."

성령 안에서의 교제

세 번째 코이노니아의 특징이 있다. 그것은 성령 안에서의 교제다. 코이노니아는 그리스도 안에서 형제자매들과 교제하는 것이지만, 성령은 매우 다른 차원의 코이노니아를 우리와 함께 나누신다. 비그리스도인들은 물론 하나님과 교제하지 않는 그리스도인들도 영적 코이노니아를 경험할 수 없다. 우리의 삶이 성령으로 충만해야 영적 코이노니아를 즐길 수 있다. 고린도후서 13장 13절을 보자. 이 구절은 바울 사도의 놀라운 축복의 말씀이다.

> "우리 주 예수 그리스도의 은혜와 하나님의 사랑과 성령의 교통하심이 너희 무리와 함께 있을지어다."

우리들의 삶의 가장 큰 특권 중 하나는 성령과 교제를 즐기는 일이다. 그것은 우리가 하나님과 깊은 영적 교제는 물론 서로 깊은 교제를 갖도록 해준다. 빌립보서 2장 1절을 보자. 다시 한 번 성령과의 교제에 관해 보게 된다.

"그러므로 그리스도 안에 무슨 권면이나 사랑에 무슨 위로나 성령의 무
슨 교제나 긍휼이나 자비가 있거든."

우리가 성령과 교제를 갖는다면, 그리스도와 연합된다면, 그의 부드러
움과 동정심을 갖는다면, 그때 우리는 한마음이 될 수 있고, 같은 사랑을
가질 수 있고, 영적으로 하나가 되며 목적에서 하나가 된다. 이것이 바로
하나님이 우리에게 원하시는 것이며 진정한 영적 일치다. 우리는 다음에
영적 일치에 관해 살펴볼 것이다. 그러나 영적 일치는 참된 영적 코이노니
아로부터 시작된다.

공통의 믿음과 공유된 믿음

코이노니아의 네 번째 특징이 있다. 이것은 공통의 믿음과 공유된 믿음
이다. 에베소서 3장 9절로 돌아가 보면, 거기서 공유된 믿음에 관해 볼 수
있다.

"영원부터 만물을 창조하신 하나님 속에 감취었던 비밀의 경륜이 어떠
한 것을 드러내게 하려 하심이라."

이것은 그리스도 복음의 비밀이다. 그것은 오랜 세월 동안 감취져 있었
던 우리의 삶에서 사시는 예수 그리스도의 선물이다. 그것은 지난 장의 주
제인 '너희 안의 그리스도, 영광의 소망' 이다. 그리스도를 마음에 모시는
사람들만이 그러한 종류의 믿음을 나눌 수 있다. 그리스도인들 사이에서
만 생길 수 있는 매우 놀라운 종류의 기독교적 믿음의 공유가 있다.

하나님과의 깊은 교제

코이노니아의 다섯 번째 특징이 있다. 그것은 하나님과의 깊은 교제다.

"우리가 보고 들은 바를 너희에게도 전함은 너희로 우리와 사귐이 있게
하려 함이니 우리의 사귐은 아버지와 그 아들 예수 그리스도와 함께 함
이라"(요일 1:3).

예수 그리스도 때문에 우리는 아버지 하나님과 깊은 교제를 나눌 수 있
다. 사실상 예수님은 모든 인간이 하나님과 깊은 교제를 나눌 수 있는 유
일한 길이다. 예수님은 말씀하셨다. "나는 길이요 진리요 생명이니 나로
말미암지 않고는 아버지께로 올 자가 없느니라." 우리로 하여금 아버지
하나님의 존전에 가도록 하는 분은 바로 예수 그리스도다. 우리는 하나님
과 교제하며 살도록 창조되었다. 그러나 죄가 그 대화를 깨뜨렸다. 오직
예수님만이 그 대화를 회복시킬 수 있다.

만일 우리가 하나님과 사귐이 있다 하고 어두운 가운데 행하면 거짓말
을 하고 진리를 행치 아니함이거니와"(요일 1:6).

만일 우리가 하나님과 사귐이 있다고 하며 어두운 가운데 행하거나 죄
가운데 산다면, 거짓말하고 있는 것이다. 하나님은 빛의 하나님이다. 하나
님은 그의 아들을 세상에 보내어 빛을 가져오셨다. 아버지 하나님과 교제
하는 유일한 방법은 예수 그리스도 안에 있는 빛 가운데 사는 것이다.

"저가 빛 가운데 계신 것같이 우리도 빛 가운데 행하면 우리가 서로 사
귐이 있고 그 아들 예수의 피가 우리를 모든 죄에서 깨끗하게 하실 것이
요"(요일 1:7).

코이노니아는 하나님과의 교제다. 그것은 상호간의 코이노니아로 우리
를 이끌어 준다.

예수 그리스도와의 유일한 교제

코이노니아의 여섯 번째 특징이 있다. 우리는 하나님과의 교제만 갖는

것이 아니며, 성령 안에서 교제만 갖는 것도 아니다. 우리는 또한 예수 그리스도와 유일한 교제를 즐긴다. 성부 하나님, 성자 하나님, 성령 하나님과의 교제다.

> "너희를 불러 그의 아들 예수 그리스도 우리 주로 더불어 교제케 하시는 하나님은 미쁘시도다"(고전 1:9).

하나님은 예수 그리스도와 교제하도록 우리를 부르셨다. 예수 그리스도와 교제하며 사는 것은 가장 놀라운 선물들 중의 하나다.

> "우리가 축복하는바 축복의 잔은 그리스도의 피에 참예함이 아니며 우리가 떼는 떡은 그리스도의 몸에 참예함이 아니냐"(고전 10:16)

우리에게는 우리를 위해 찢기신 그리스도의 몸과 교제를 갖는 특권이 있다. 우리가 그리스도와 교제를 즐길 수 있도록 엄청난 대가가 지불되었다. 우리가 성부 하나님, 성자 하나님, 성령 하나님과 교제하도록 매우 엄청난 희생이 치러졌다. 우리가 여전히 그의 대적자였을 때, 그리스도께서 우리를 위해 죽으셨고, 우리 죄를 용서하기 위해 그 피를 흘리셨고, 그의 몸이 찢어짐으로 하나님과의 교제가 다시 회복된 것이다.

이 범주 안에서 우리가 함께 보기를 원하는 마지막 구절이 있다.

> "내가 그리스도와 그 부활의 권능과 그 고난에 참예함을 알려 하여 그의 죽으심을 본받아"(빌 3:10).

이것은 사도 바울이 쓴 가장 능력 있는 구절들 중의 하나다. 바울의 마음의 가장 깊은 욕망을 나타낸다. 이것이 교제의 유일한 차원이다.

대부분의 그리스도인들은 그리스도의 영광과 복에 참여하기를 원한다. 그것은 좋지만 교제에는 훨씬 깊은 뭔가가 있다. 즉 그리스도의 고난의 교제를 즐기는 것이다. 사도 바울은 우리가 그리스도를 위해 고난 받는 특권을 즐거워해야 한다고 했다. 그런 종류의 교제가 우리로 하여금 더욱더 그리스도를 닮도록 도와준다. 우리는 예수 그리스도와의 교제를 즐기도록 초대받았다.

그리스도와 하나님, 그리스도인들을 묶는 끈

코이노니아의 일곱 번째 특징이 있는데, 우리에게 매우 중요한 것이다. 그것은 우리가 보통 코이노니아라고 생각하는 것이며, 코이노니아가 의미하는 것 모두를 요약한 말이다. 그것은 그리스도인들을 서로 묶어주고 그리스도와 하나님께 묶는 끈이다. 다시 한 번 우리에게 그 끈이 있는지 확인해 보자. 얼마나 놀라운 삶의 방식인가! 서로의 교제뿐 아니라 아버지 하나님과의 교제 속에 살며, 성령과 예수 그리스도와 교제 속에 사는 것이다.

내가 어린 소년이었을 때, 할아버지가 유명한 사람을 만난 이야기를 내게 해준 기억이 난다. 그분의 이름은 바로 찰스 린드버그인데, 사상 처음으로 비행기를 타고 대서양을 홀로 횡단한 분이다. 할아버지가 찰스 린드버그를 만난 것은 젊었을 때였다고 한다. 할아버지는 손을 내밀어 그와 악수했는데, 그 후 일주일 동안 손을 씻지 않았다고 한다. 그는 찰스 린드버그를 매우 존경했던 것이다.

아마 우리도 유명한 사람을 만나보았을 것이다. 그러나 하나님은 그보다 훨씬 더 좋은 것을 우리에게 주신다. 우리 주님은 우리와 악수하실 뿐만 아니라 성부 하나님, 성자 하나님, 성령 하나님과 깊은 교제 속에 살도록 우리를 초대하신다. 그는 우리가 '그리스도에 관해 알' 뿐만 아니라 '그리스도를 알도록' 우리를 초대하신다. 그리고 매일 매분, 매년 매일, 그리고 영원히 그와 깊은 교제 속에 살도록 우리를 초대하신다.

3. 목회자에게 코이노니아가 왜 중요한가?

코이노니아가 특히 목회자들과 기독교 지도자들에게 중요한 이유는 무엇인가? 네 가지 중요한 이유를 살펴보자.

첫째, 코이노니아는 더 큰 공동체나 사업에 참여한다는 것을 나타낸다.

우선, 코이노니아는 우리가 더 큰 사역이나 공동체의 한 부분이라는 것을 확실하게 해준다. 코이노니아는 우리가 개개인으로서의 삶만 살아서는 안 된다고 요구한다. 우리는 훨씬 큰 그리스도의 몸의 한 부분이다. 코이노니아는 우리가 그리스도의 전체 몸에 참여하도록 요청한다. 그것은 삶의 놀라운 방법이며 사역의 놀라운 방식이다.

인간적인 차원에서 볼 때, 그리스도인들은 스스로 다르다고 생각하는 경향이 있다. 장로교, 감리교, 침례교, 그리고 다른 개신교 교단들이 있다. 복음주의자들이 있고, 오순절파도 있고, 은사주의자들도 있고, 독립교회도 있다. 그러나 우리가 아는 바와 같이, 기독교는 하나의 교회다. 그는 홀로 머리이시며 우리는 그 몸의 지체들이다.

우리가 천국에 가면, 거기에는 장로교인들은 어느 한 구획으로, 감리교인들은 다른 구획으로 배정되지 않을 것이다. 미국 그리스도인들은 한 구획에, 한국 그리스도인들은 다른 한 구획에, 일본 그리스도인들은 또 다른 한 구획에 배정되지 않을 것이다. 또 우리 모두는 같은 언어를 사용할 것이고 함께 있을 것이며 보좌 주위에 모여서 어린 양되신 주님을 경배할 것이다. 천국에서 우리는 이런 완전한 코이노니아를 즐길 것이다. 그리고 지상에서 예수 그리스도의 교회는 그 코이노니아가 어떠하리라는 것을 미리 맛보게 한다.

목회자는 양떼 되는 교인들이 참된 코이노니아를 즐길 수 있도록 도와주어야 한다. 만약 목회자가 자신을 나누고 모(母) 교회와 다른 그리스도인들을 분리한다면, 코이노니아의 성경적 원리를 어기고 있는 것이다. 성경적 코이노니아는 우리가 다른 교회의 형제자매들과 교제하도록 허락한다는 점에서 놀랍다. 코이노니아는 우리가 그리스도의 더 큰 몸에 참여하도록 한다.

둘째, 코이노니아는 다른 사람들과 동역(同役)하는 것을 의미한다.

이것이 코이노니아가 목회자들과 기독교 지도자들에게 매우 중요한 두 번째 이유가 된다. 코이노니아는 단순히 둥그렇게 앉아 차나 커피를 마시는 것이 아니라 다른 사람들과 함께 사역하는 것이다. 우리는 서로를 필요로 하고 서로 협력해야 한다. 그러므로 코이노니아를 즐길 필요가 있고, 예수 그리스도의 지상명령에 동참하여 팀을 이룰 필요가 있는 것이다.

셋째, 코이노니아는 다른 사람들과 공유(共有)하는 것을 말한다.

코이노니아가 목회자들과 기독교 지도자들에게 매우 중요한 세 번째 이유가 있다. 코이노니아는 그리스도 안에서 다른 형제자매들과 공유하는 것을 말한다.

초대교회에서는 모든 사람이 서로 공유했다. 그리스도인의 삶에서 내 것은 또한 다른 사람의 것이기도 하다. 예수님이 내 삶의 주인이면 내 것은 모두 그의 것이 된다. 우리에게 속한 것이 무엇이든지 우리는 즐겁게 다른 그리스도인들과 나누어야 한다.

넷째, 코이노니아는 다른 사람들과 삶을 나누는 것을 의미한다.

코이노니아는 우리가 서로 삶을 나누도록 허락한다. 우리가 우리의 삶을 예수 그리스도와 나누고 다른 사람들과 나누는 것은 굉장한 특권이다. 우리는 코이노니아를 믿을 뿐만 아니라 즐기고 실행해야 한다.

B. 영적 하나 됨의 중요성

예수님과 하나님이 하나 되듯이

영적 하나 됨이란 그리스도인들에게만 있는 매우 독특한 주제다. 그리스도인들만이 영적 하나 됨을 경험할 수 있다. 영적 하나 됨은 인간의 노력에 의해서 이루어질 수 있는 것이 아니기 때문이다. 코이노니아가 성령에 의해서만 이루어질 수 있는 것과 마찬가지로, 영적 하나 됨도 성령에 의해서만 이루어질 수 있는 것이다.

그리스도인의 코이노니아와 영적 하나 됨은 서로 밀접한 관계가 있다. 코이노니아는 우리와 그리스도, 하나님 아버지, 성령 하나님 그리고 삼위 하나님 상호간의 연합과 교제를 가능케 하는 것이다. 이와 마찬가지로 영적 하나 됨도 성부, 성자, 성령 하나님과 하나 되는 것이며, 삼위 하나님 상호간에 하나 됨을 말하는 것이다.

예수님은 이 땅에서의 삶이 마지막 단계에 접어들었을 때, 우리를 위해 기도하셨다. 예수님은 자신을 위해서 기도하셨고, 제자들과 후세에 올 우리들을 위해서까지 기도하셨다. 주님께서 하나 됨을 위해 이렇게 기도하셨다.

> "내가 비옵는 것은 이 사람들만 위함이 아니요 또 저희 말을 인하여 나를 믿는 사람들도 위함이니 아버지께서 내 안에 내가 아버지 안에 있는 것같이 저희도 다 하나가 되어 우리 안에 있게 하사 세상으로 아버지께서 나를 보내신 것을 믿게 하옵소서 내게 주신 영광을 내가 저희에게 주었사오니 이는 우리가 하나가 된 것같이 저희도 하나가 되게 하려 함이니이다 곧 내가 저희 안에 아버지께서 내 안에 계셔 저희로 온전함을 이루어 하나가 되게 하려 함은 아버지께서 나를 보내신 것과 또 나를 사랑하심 같이 저희도 사랑하신 것을 세상으로 알게 하려 함이로소이다"(요 17:20~23).

이 기도에서 예수님은 우리 모두를 위해 기도하셨다. 21절에서 예수님은 우리가 다 하나가 되기를 기도하셨다. 영적 하나 됨, 즉 우리 모두가 하나 되는 것이 무엇인지에 대한 일련의 말씀들이 여기에 있다.

다음에, 예수님은 자신과 하늘에 계신 아버지와 하나 됨을 예로 드셨다.

그 두 분이 하나이신 것과 같이, 우리가 하나 되기를 기도하셨다. 23절에서 예수님이 사용하신 말씀을 눈여겨보자. 예수님은 우리가 온전함을 이루어 하나가 되게 하도록 기도하셨다. 이것은 매우 중요한 말씀이다. 주님의 생애 중 바로 이때는 최우선순위의 기도를 드렸을 것이다. 왜냐하면 예수님은 세상의 모든 민족들로 제자를 삼고자 그 제자들을 세상에 보내기로 준비하고 있었고, 또한 십자가 위에서 죽음을 눈앞에 두고 있었기 때문이다.

예수님은 아버지 하나님께 우리가 온전함을 이루어 하나가 되도록 기도하셨다. 그리스도인들이 서로 다투지 않고, 충돌하지 않으며, 모두 온전함을 이루어 하나가 되는 것을 상상해 보라. 이 얼마나 멋지게 사는 것인가? 주님은 우리가 바로 그렇게 살도록 기도하셨다.

그리스도의 몸이 나누어지면 주님이 매우 큰 고통을 당하실 것이고, 또 우리가 지상명령을 수행하는 데도 커다란 어려움이 있게 될 것이다.

예수님은 우리가 온전함을 이루어 하나가 되기를 기도하셨다. 이는 아버지께서 아들을 보내신 것을 세상으로 알게 하려 함이었으며, 아버지께서 아들을 사랑하신 것같이 예수 그리스도께서도 저희를 사랑하신다는 것을 알게 하려 함이었다. 이것이 주님께서 우리에게 선포하라고 주신 복음의 메시지다.

우리가 그리스도의 교회 안에서 나누어지면 하나님께 불순종하는 것이요, 그리스도의 지상명령을 완수하는 과정에 큰 해를 초래하는 것이다. 그리스도와 하나 된 가운데 사는 것과 서로 하나 되어 사는 것은 굉장한 일이다. 예수님께서도 이것에 대해 여러 번 말씀하셨다.

"그러나 너희는 랍비라 칭함을 받지 말라 너희 선생은 하나이요 너희는 다 형제니라 땅에 있는 자를 아비라 하지 말라 너희 아버지는 하나이시니 곧 하늘에 계신 자시니라 또한 지도자라 칭함을 받지 말라 너희 지도

자는 하나이니 곧 그리스도니라 너희 중에 큰 자는 너희를 섬기는 자가 되어야 하리라 누구든지 자기를 높이는 자는 낮아지고 누구든지 자기를 낮추는 자는 높아지리라"(마 23:8~12)

예수 그리스도는 우리가 자기를 높이는 자가 되기보다는 낮추고 종이 되기를 원하신다. 예수님은 "누구든지 자기를 높이는 자는 낮아지고 누구든지 자기를 낮추는 자는 높아지리라"고 분명히 말씀하셨다. 이것은 진정한 그리스도인 제자도의 역설 가운데 하나다. 예수님은 "자기 생명을 구하는 자는 잃을 것이요, 자기 생명을 나를 위해, 복음을 위해 잃는 자는 생명을 얻을 것이라"고 말씀하셨다. 이것이 그리스도인의 하나 됨을 이해하는 열쇠 중 하나다.

사람들이 그리스도보다 자기 자신을 더 높일 때 교회 안에 분파가 생기게 된다. 그리스도의 나라보다 자기 개인 왕국을 세우는 데 더 관심을 가지게 될 때도 마찬가지다. 우리의 원수는 우리를 갈라놓기 원한다. 원수의 계략 중 하나는 하나님의 사람들을 갈라놓는 것이다. 그 계략은 에덴동산에서부터 시작되었다.

아담과 하와는 서로 간에 그리고 하나님과 놀라운 하나 됨 속에서 살고 있었다. 우리가 아는 대로, 에덴동산에서는 아담과 하와, 그리고 하나님과 모든 피조물과 완벽한 하나 됨이 있었다. 그런데 아담과 하와가 범죄했을 때 분리가 일어났다. 그들은 곧 서로 다투었고 서로에게 잘못을 돌렸다. 여호와께서 아담에게 왜 그 나무 실과를 먹었느냐고 물으셨을 때, 아담은 하와에게 그 책임을 돌렸다. 그 후 우리도 계속 그렇게 해오고 있다. 세월이 지난 후 아담과 하와의 아들들이 서로 다투었다. 가인과 아벨의 다툼은 살인을 불러일으켰다. 그리고 지금도 인간 역사를 통해 이런 일은 계속 일어나고 있다.

그런데 원수 마귀가 우리 사역을 망치게 하는 또 다른 끔찍한 방법이 있다. 그것은 우리의 가정을 갈라놓으려는 것이다. 미국에서는 목회자들과 아내들이 이혼하고 갈라서는 것이 유행이 되고 있다. 그리스도인 부모와 자녀가 서로 갈라서는 것도 마찬가지다. 하나님은 우리 가정에서 영적 하나 됨이 시작되기 원하신다.

그보다 먼저 에베소서 4장을 보자. 영적으로 하나 됨의 중요성에 대해 말씀하고 있다.

"그러므로 주 안에서 갇힌 내가 너희를 권하노니 너희가 부르심을 입은 부름에 합당하게 행하여 모든 겸손과 온유로 하고 오래 참음으로 사랑 가운데서 서로 용납하고 평안의 매는 줄로 성령의 하나되게 하신 것을 힘써 지키라 몸이 하나이요 성령이 하나이니 이와 같이 너희가 부르심의 한 소망 안에서 부르심을 입었느니라 주도 하나이요 믿음도 하나이요 세례도 하나이요"(엡 4:1-5).

하나 됨은 겸손에서 시작한다고 말씀하고 있다. 우리가 나누어지는 것은 바로 우리 자신의 교만과 욕망과 개인적 추구와 탐욕 때문이다. 이런 모든 죄들이 우리를 갈라놓는다. 그러나 주님은 우리가 겸손하고 온유하며, 오래 참음으로 사랑 가운데서 서로 용납하며, 평안의 매는 줄로 성령의 하나 되게 하신 것을 힘써 지키기 원하신다. 우리의 마음이 하나님과 바른 관계에 있을 때에만 서로 바른 관계를 가질 수 있다. 그러므로 하나님은 하나 되게 하신 것을 힘써 지키라고 말씀하는 것이다.

나는 30여 년 전에 하나님께 헌신하고 나의 삶을 그리스도께 바치기로 했다. 그리스도의 교회 안에서 하나 됨을 이룸에 있어서 내가 할 수 있는 모든 것을 하기 위해, 나와 그리스도인 형제나 자매와의 사이에 결코 담을 만들지 않기로 하나님께 약속하고, 그렇게 할 수 있도록 도우심을 간구했다. 사실 나는 담을 헐기 위해서라면 할 수 있는 모든 일을 하겠다고 약속했다. 그래서 어떤 형제나 자매가 벽돌을 한 장 한 장 올려 담을 쌓으려고 할 때나 담에 또 하나의 벽돌을 얹으려 할 때, 하나님의 도움으로 그것들을 집어내려고 노력했다. 이렇게 사는 것은 참 멋진 삶이며, 바로 하나님께서 명령하신 대로 하는 것이다.

그리스도의 교회가 하나 됨을 이루도록 모든 노력을 다해야 할 것이다. 이는 몸이 하나요 성령이 하나요 소망도 하나요 주도 하나요 믿음도 하나요 세례도 하나요 하나님도 하나이시니 곧 만유 위에 계시고 만유를 통일하시고 만유 가운데 계신 만유의 아버지이시기 때문이다.

부부관계에서 하나 된다는 것

그러므로 하나 됨은 하나님과 하나 됨으로부터 시작된다. 하나님과 하나 되고 하나님 안에서 형제자매와 하나 되는 데 모든 노력을 다해야 한다. 그러한 그리스도인의 하나 됨은 우리 가정에서부터 시작된다. 부부관계에서 시작되는 것이다. 그것은 에덴동산에서 시작되었다. 창세기 2장에서 하나님께서 남편들과 아내들에게 이루라고 하시는 하나 됨에 대해서 살펴보자.

"아담이 가로되 이는 내 뼈 중의 뼈요 살 중의 살이라 이것을 남자에게서 취하였은즉 여자라 칭하리라 하니라 이러므로 남자가 부모를 떠나 그 아내와 연합하여 둘이 한 몸을 이룰지로다"(창 2:23~24).

이것은 기적이며 대단한 일이며 인간적으로 이해하기 어려운 일이다. 하나님의 말씀은 남자가 부모를 떠나고, 여자도 그 부모를 떠나 그 둘이 연합해야 한다는 것이다. 문자적으로 번역하면 그 둘이 한 몸이 된다는 것이다. 그리스도인의 결혼은 영적인 하나 됨의 좋은 예가 된다.

나는 그리스도인의 결혼식을 좋아한다. 목사직을 담당하면서 매우 즐기는 것 중 하나가 바로 결혼식 집례다. 그리스도인 결혼식을 집례하든지 아니면 그냥 참석해서 보면, 바로 우리 눈앞에서 기적이 일어난다. 미국의 결혼식장에서는 보통 신랑과 신랑의 들러리가 식장 한쪽에서 나와 앞에 선다. 그리고 조금 있다가 신부와 그 들러리들이 교회 뒤쪽에서 통로를 따라 앞으로 나온다. 이렇게 앞으로 나아오는 것은 두 명의 다른 사람이 하나님의 임재 앞으로 나아오는 것을 상징한다. 그리고 나서 그리스도인의 결혼예식이 이루어지는 것이다.

식이 끝나면 놀라운 일이 일어난다. 하나님 보시기에 그들은 더 이상 두 명의 다른 사람이 아니라 한 몸이 된 것이다. 이제 그들의 여생 동안 함께 그리스도를 섬기는 것이다. 예수님도 이 결혼의 신비에 대해 말씀하셨다.

> "예수께서 대답하여 가라사대 사람을 지으신 이가 본래 저희를 남자와 여자로 만드시고 말씀하시기를 이러므로 사람이 그 부모를 떠나 아내에게 합하여 그 둘이 한 몸이 될지니라 하신 것을 읽지 못하였느냐 이러한즉 이제 둘이 아니요 한 몸이니 그러므로 하나님이 짝지어 주신 것을 사람이 나누지 못할지니라 하시니"(마 19:4-6).

예수님은 남편과 아내가 합하여 한 몸이 될 것이며 "이러한즉 이제 둘이 아니요 한 몸"이라고 하셨다. 이어서 주님은 이렇게 선언하셨다. "그러므로 하나님이 짝지어 주신 것을 사람이 나누지 못할지니라."

이것은 성부 성자 성령 하나님의 영적인 하나 됨에 대한 기가 막힌 인간적인 예다. 하나님은 삼위일체다. 그리스도인 부부는 하나지만 두 사람으로 나타나는 것이다. 목회의 부르심에 있어서, 남편과 아내가 둘 다 그 부르심을 받는 것이 중요한 이유도 바로 그것 때문이다. 남편이 지고 있는 목회의 짐을 나누어 지지 못하고 남편을 지원하지도 못하는 목회자의 아내는 목회에 대한 남편의 능력을 깎아 먹는 것이다. 남편도 같은 잘못으로 정죄당할 수 있다.

그 한 예로, 최근 어떤 기도 모임에 참석한 내 친구의 이야기를 들어보겠다. 나흘 동안 일정으로 열린 그 기도모임에 백여 명의 목회자들이 참석했다고 한다. 그런데 성령의 감동이 임하여, 그들은 하나님께 그리고 서로에게 죄를 고백했다.

한 목사님이 울음을 터뜨리면서 자기 죄를 고백했다고 한다. "내가 여러분에게 고백할 것이 있습니다. 저에게는 정부가 있었습니다. 그 정부는 아내 외의 다른 여자가 아니라 바로 '나의 일'이었습니다. 나는 전적으로 일과 결혼한 사람이었습니다. 아내와 함께한 시간이 없었습니다. 아이들과도 시간을 함께하지 못했습니다. 이 죄를 여러분과 하나님 앞에 자백합니다."

성경은 자기 가족, 아내와 자식들을 돌보지 않는 자를 믿지 않는 자보다 더 나쁜 사람이라고 하였다. 중요한 점은 우리가 우리의 삶과 목회를 함께 나누어서 하는 것과 목회자 가정의 결혼은 모든 교회에 진정한 영적 하나 됨의 본이 된다는 점이다. 이 중요한 범주 아래 있는 본문을 하나 더 보겠다.

> "이러므로 사람이 부모를 떠나 그 아내와 합하여 그 둘이 한 육체가 될지니"(엡 5: 31).

이 구절은 창세기와 마태복음에서 우리가 나눈 진리를 되풀이하고 있다. 사도 바울은 이에 대한 적용을 이렇게 말한다.

> "이 비밀이 크도다 내가 그리스도와 교회에 대하여 말하노라 그러나 너희도 각각 자기의 아내 사랑하기를 자기같이 하고 아내도 그 남편을 경외하라"(엡 5:32-33).

그리스도인의 결혼은 그리스도와 교회 사이의 하나 됨의 한 예다. 우리가 아내와 가족과 하나 되어 살지 못하면서 교회를 영적으로 하나 되게 인도한다는 것은 불가능한 일이다. 목회자에게 영적 하나 됨은 집에서부터 시작된다. 그 후에 개교회로 연장되는 것이다.

개교회에서 영적 하나 됨

이제 신약 초대교회의 묘사를 보자.

"믿는 무리가 한 마음과 한 뜻이 되어 모든 물건을 서로 통용하고 제 재물을 조금이라도 제 것이라 하는 이가 하나도 없더라"(행 4:32).

이 얼마나 멋진 묘사인가? 믿는 무리가 모두 한 마음과 한 뜻이 되었다. 그런 교회의 교인이 되고 싶지 않은가? 이 그리스도인들은 모든 물건을 서로 통용했다. 그들은 위대한 힘, 곧 성령의 능력을 소유했던 것이다. 그리고 주님은 그들의 사역에 복을 주시고 영화롭게 하셨다.

다음은 영적 하나 됨에 대한 유명한 구절 중 하나다.

"형제가 연합하여 동거함이 어찌 그리 선하고 아름다운고"(시 133:1).

하나님은 우리가 하나 되어 살기 원하신다. 그리고 이것은 우리에게만 아니라 다른 사람들에게도 주신 복이다. 그리스도인들이 연합하여 동거하면 주님과 모든 사람에게 기쁨이 될 것이다. 이것은 선택이 아니라 주님의 명령이다. 주님은 우리에게 그리스도의 몸 안에서 성령의 하나 되게 하신 것을 힘써 지키라고 명령하셨다. 로마서 12장에는 영적 하나 됨에 대해 하신 명령이 또 하나 있다.

"서로 마음을 같이 하며 높은 데 마음을 두지 말고 도리어 낮은 데 처하며 스스로 지혜 있는 체 말라"(롬 12:16).

이는 "서로 마음을 같이 하라. 다른 사람이 어떻게 하든지 그들과 조화를 이루며 살라"는 것이다. 그 앞 절에서 주님은 우리에게 말씀하신다.

"너희를 핍박하는 자를 축복하라 축복하고 저주하지 말라 즐거워하는 자들로 함께 즐거워하고 우는 자들로 함께 울라."

우리가 이렇게 할 때 서로 마음을 같이할 수 있고 서로 하나 되어 살 수 있다. 우리가 그렇게 하나 되어 살려고 하면 높은 데 마음을 두지 말아야 한다고 교훈하고 있다. 우리는 다른 그리스도인들과, 그들이 우리 사회에서 우리보다 낮아 보이든 높아 보이든 관계없이, 기꺼이 함께해야 한다. 천국에는 하류층이니 중산층이니 상류층이니 하는 계급이 없다. 천국에서 우리 모두는 하나다.

그래서 16절에서 하나님의 말씀은 "스스로 지혜 있는 체 말라"고 하신다. 로마서 12장 3절을 보라. "마땅히 생각할 그 이상의 생각을 품지 말라." 하나님은 우리가 스스로 지혜 있는 체하는 자 되지 않기를 원하신다. 또 교만하게 되지 않고 예수님의 마음, 곧 낮고 겸손한 마음을 가지기를 원하신다. 그래야만 우리가 영적 하나 됨을 이룰 수 있고, 한 마음을 품을 수 있으며, 다른 사람과 조화하면서 연합하여 살 수 있는 것이다.

바울은 빌립보서 2장에서 이와 같은 진리를 또 말하고 있다.

> "마음을 같이 하여 같은 사랑을 가지고 뜻을 합하여 한 마음을 품어"
> (빌 2:2).

그리스도와 연합하여 사는 것을 말하고 있다. "성령의 무슨 교제가 있거든 마음을 같이 하여 같은 사랑을 가지고 뜻을 합하며 한 마음을 품어 나의 기쁨을 충만케 하라." 이것이 바로 개교회에서 영적 하나 됨의 의미다. 마음을 같이 하고, 같은 사랑을 가지고, 뜻을 합하며, 한 마음을 품는 것이다. 그리고 3절의 가르침을 유의하자.

> "아무 일에든지 다툼이나 허영으로 하지 말고 오직 겸손한 마음으로 각각 자기보다 남을 낮게 여기고 각각 자기 일을 돌아 볼 뿐더러 또한 각각 다른 사람들의 일을 돌아보아 나의 기쁨을 충만케 하라."

또 바울은 우리에게 완전한 예와 모범을 보여 주는데, 바로 예수님 자신의 모범이다. 우리가 지역 교회에서 하나 되기를 원한다면 예수님의 영과 태도와 겸손함을 가져야만 한다. 우리 삶에 예수님을 주님으로 모실 때부터 성령이 충만하게 된다. 그때 우리 삶은 하나님의 말씀으로 먹이우고 살찌우도록 인도함을 받으며, 기도 가운데 하나님과 서로 교통하게 된다. 그럴 때 우리는 그리스도인의 코이노니아, 관계성, 하나님과의 교제 가운데서 서로가 교통하는 삶을 살게 된다.

이런 일들이 생기면 우리는 오로지 그리스도인의 하나 됨 속에서 살 수 있을 것이다. 우리의 삶이 성령의 통제 하에 있게 될 때, 우리는 성령과 그리스도 안에서 하나가 될 것이다. 이런 하나 됨이 교회에 생기게 될 때 우리가 할 수 있는 일은 한 가지밖에 없다.

주님 앞에 자신을 낮추고 기도하면서 하나님의 얼굴을 구할 필요가 있다. 우리는 하나님의 말씀의 조언을 따를 필요가 있다.

"내 이름으로 일컫는 내 백성이 그 악한 길에서 떠나 겸비하고 기도하여 내 얼굴을 구하면 내가 하늘에서 듣고 그 죄를 사하고 그 땅을 고칠지라"(대하 7:14).

전세계의 교회들이 하나 됨

진정한 영적 하나 됨은 하나님과 하나 됨에서 시작된다. 그 다음은 그리스도인의 가정에서 남편과 아내의 하나 됨이고, 그 다음은 개교회에서의 하나 됨을 기초로 전체 교회의 하나 됨으로 인도한다. 인간적으로 말하면, 그리스도의 세계적인 몸이 하나 된다는 것은 불가능하다. 그러나 실제적인 의미에서 그것은 전혀 불가능한 이야기가 아니다. 로마서 15장 5, 6절을 보면, 하나님의 말씀이 하나 됨에 관하여 무엇이라고 말씀하는지 알 수 있다.

"이제 인내와 안위의 하나님이 너희로 그리스도 예수를 본받아 서로
뜻이 같게 하여 주사 한 마음과 한 입으로 하나님 곧 우리 주 예수
그리스도의 아버지께 영광을 돌리게 하려 하노라."

영적 하나 됨을 주시는 분은 주님이다. 그리고 주님은 우리가 예수 그리
스도를 주로 모실 때, 한 마음과 한 뜻을 가질 때, 우리의 입으로 하나님 아
버지를 영화롭게 할 때만 오신다. 이 얼마나 놀라운 삶인가! 전세계의 교
회들, 모든 족속들, 모든 방언들과 나라들이 하나 되는 것이다. 우리가 예
수 그리스도를 주로 모실 때 하나님께서 우리에게 영적 하나 됨을 주실 것
이다. 주님은 우리 가운데 분열이 없기를 바라신다.

"형제들아 내가 우리 주 예수 그리스도의 이름으로 너희를 권하노니 다
같은 말을 하고 너희 가운데 분쟁이 없이 같은 마음과 같은 뜻으로 온전
히 합하라" (고전 1:10).

우리 주님이 사랑으로 우리가 서로 합하게 하신다. 주님은 우리 가운데
분쟁이 없고 마음과 뜻이 완전히 하나 되기를 바라신다. 그러나 불행하게
도 말다툼과 분쟁이 고린도 교회에 있었다.

어떤 그리스도인들은 바울을, 다른 이들은 아볼로를, 또 다른 무리는 게
바 베드로를 따른다고 하였다. 사도 바울은 "그들은 모두 잘못 되었다. 바
울이나 아볼로나 베드로를 좇지 말고 그리스도를 좇으라. 그가 홀로 교회
의 주인이시니라. 그가 홀로 세상의 구주시니라. 그가 홀로 성령의 은사를
우리에게 주시는 이시니라. 그가 홀로 그리스도의 몸 안에서 완전한 하나
됨을 이루실 수 있는 이시니라"고 하였다. 베드로도 그 주제에 관하여 이
렇게 썼다

"마지막으로 말하노니 너희가 다 마음을 같이 하여 체휼하며 형제를 사
랑하며 불쌍히 여기며 겸손하며" (벧전 3:8).

"너희 모두는 마음을 같이 하라." 베드로는 너희 '일부' 가 마음을 같이 하라고 하지 않았다. 우리 '모두' 는 마음을 같이 하여 체휼하며 서로 형제자매인 것처럼 사랑하며 동정적이고 겸손해야 한다. 우리 주님은 우리가 하나 되어 살기 원하신다.

선택은 우리가 하는 것이다. 이것은 순종이냐 불순종이냐의 문제다. 영적 하나 됨은 우리 모두가 같은 교단에 속하며, 모든 부차적인 일에까지 일치하는 것을 의미하지 않는다. 영적 하나 됨은 예수님을 우리 삶과 사역의 주인으로 인정하고 그의 주재권 아래 사는 것이며, 또한 주님의 말씀의 분명한 가르침에 순종하며 사는 것이다. 그 이유는 영적 하나 됨은 쉽게 얻어지지 않기 때문이다. 우리는 우리를 분열시키기 위하여 할 수 있는 모든 짓을 하는 대적을 가지고 있다. 그것이 바로 이제 언급할 마지막 다섯 번째 요소다.

영적 전투의 승리 방법

우리의 대적에 대한 전투에 관하여 찾아볼 수 있는 구절들은 대단히 많다. 그중에서 구약의 느헤미야서에 나와 있는 성경적 원리들을 살펴보자. 여기에는 영적 하나 됨에 관한 좋은 예와 하나님의 백성들이 함께 일할 때 무엇을 할 수 있는지 보여 주는 좋은 예가 나와 있다. 당시 예루살렘의 성벽을 재건하는 일은 불가능한 과업이었다. 그럼에도 불구하고 여호와 하나님의 인도하심 아래 성취되었다. 그 내용을 간단히 살펴보자.

느헤미야가 포로지에서 살고 있을 때부터 일은 시작된다. 그의 형제와 친구들이 예루살렘을 방문하고 돌아왔을 때, 느헤미야는 고향의 형편이 어떠하냐고 물었다. 그들은 일이 좋지 않게 되어간다고 대답했다. 포로를 면하고 살아남은 자들이 그 지방에 돌아왔으나 깊은 곤경에 처하였다는 것이었다. 그들은 수치 속에서 살고 있었고, 예루살렘의 성벽은 훼파되었으며 성문은 불탔다는 소식이었다. 그 소식을 전하는 자들의 모습은 현대 그리스도인들의 모습과 흡사하다. 그들은 오직 부정적인 면들만 보고 일들이 아주 안 좋게 된다고 말했던 것이다. 정말 심각한 문제가 아닌가?

그러나 느헤미야는 영적이며 기도하는 사람이었다. 그는 불평만 하고 있지 않았다. 그는 울면서 주저앉았다. 그리고 수일 동안 애통하고 금식하면서 하나님 앞에 기도하였다. 느헤미야 1장에는 그의 기도가 들어 있다.

그는 자기 백성 이스라엘의 죄를 고백하였다. 그는 하나님께 가까이 있는 의인인 것처럼 보였지만, 그들의 죄 때문에 하나님의 심판이 임한 줄을 알았다. 그 죄 때문에 이스라엘과 유다가 멸망하고, 예루살렘 성이 훼파당하고, 그가 포로지에 와 있는 것이다. 그래서 그는 자기의 마음을 하나님께 쏟아 놓고 자기의 죄와 그 백성의 죄를 고백하였다. 그리고 하나님께 도움을 간구했던 것이다.

그는 하나님께 해답을 내놓지 않고 단순히 문제를 말씀드렸다. 또한 그는 기록된 하나님의 약속들을 요구하였다. 그가 하나님께 기도하고 교통하는 동안 하나님께서 그에게 한 가지 계획을 주셨다. 그것은 인간적인 기준으로 볼 때는 어리석고 불가능한 계획이었다. 그러나 느헤미야는 하나님과 교제하는 사람이었으므로 하나님의 계획에 순종하여 자기가 살고 있던 안전지대를 기꺼이 떠나려고 하였다.

그는 아닥사스다 왕의 술잔을 맡은 관원이었다. 그는 왕의 궁전에서 안전하였으나 하나님께서는 그를 불러서 예루살렘으로 돌아가라고 하셨다. 왜냐하면 예루살렘의 백성들이 수치를 당하고 있다는 것만 알게 된 것이 아니라, 이스라엘의 하나님이 수치를 당하고 계신다는 것을 알았기 때문이었다.

느헤미야는 예루살렘 성벽이 단지 사람들 때문이 아니라 하나님의 영광을 위하여 복구되기를 원하였다. 그리고 그는 단지 사람들에게 성벽을 쌓는 일만 지시한 것이 아니라 그들을 인도하여 커다란 영적 부흥을 이루고자 했던 것이다. 또한 그는 불가능한 일을 하도록 지도하여 함께 그 성벽을 재건하였던 것이다.

성벽 재건을 묘사하는 부분을 조금 더 살펴보자. 우리가 아는 대로, 성벽의 각 부분을 이스라엘 각 가족이 담당하였다. 어떤 이들은 문을 재건하였다. 느헤미야 혼자서는 성벽을 재건할 수 없었다. 몇몇 가족들로도 성벽을 재건할 수 없었다. 그들 모두가 필요했던 것이다. 그 성벽을 재건하는 데 도왔던 각 가족들이 누구인지 잠깐 예를 들어 살펴보자.

> "때에 제사장 엘리아십이 그 형제 제사장들과 함께 일어나 양문을 건축하여 성별하고 문짝을 달고 또 성벽을 건축하여 함메아 망대에서부터 하나넬 망대까지 성별하였고"(느 3:1).

심지어 대제사장과 다른 제사장들도 성벽을 재건하는데 도왔다. 3절을 보자. "어문은 하스나아의 자손들이 건축하여 그 들보를 얹고 문짝을 달고 자물쇠와 빗장을 갖추었고."

이 장의 전체에 걸쳐서 각각의 가족들과 각각의 백성들, 심지어 레위 지파까지도 성벽을 재건하는 것을 도왔다. 그 성벽을 재건하면서 이스라엘 자손들 사이에 커다란 하나 됨이 이루어진 것 같다.

그런데 성벽 재건을 반대하는 자들 중에는 산발랏과 도비야가 있었다. 그들은 느헤미야와 백성들을 위협하였고 그들의 마음을 약화시켰다. 그러나 느헤미야는 늘 같은 방식으로 대응하였다. 그는 기도의 사람이었으므로 하나님께 도움을 구하였고, 백성들을 독려하여 성벽 재건을 계속하게 하였다. 그는 대적의 계교가 대단히 강하여 성벽 위에 있는 것이 더 이상 안전하지 않을 때에도 여전히 성벽에서 내려오지 않았다.

그 대신 하나님께서는 그에게 아주 놀랍고 단순한 계획을 주셨다. 그는 모든 건축자들에게 병기를 주었다. 그래서 그들은 한 손에는 성벽을 재건하는 도구를 들고, 다른 손에는 무기를 들었다. 그리고 하나의 조그만 시행 체계를 갖추었다. 만일 대적이 그들 중 어느 한 쪽을 치면 그 옆에 나팔

수가 서 있다가 단지 나팔을 불기만 하면 모든 사람들이 그들을 도우러 오는 체계였다.

여기에 우리가 영적 하나 됨에 관하여 배울 교훈이 있다. 우리가 아는 한, 그 나팔은 울린 적이 없었다. 하나님의 백성들이 완전한 하나 됨을 이루게 되자, 그 대적은 패퇴하고 만 것이다. 바로 그것이 교회가 하나 되어야 할 아주 중요한 이유다. 그것은 대적을 패퇴시킨다. 그것은 주님이 우리에게 지으라고 명하신 성벽, 즉 예수 그리스도의 대위임령을 위한 길을 준비한다. 바로 이것(영적 하나 됨)이 세계선교를 위한 길로서 아름답게 준비되어야 하는 이유다.

우리가 아는 대로, 하나님께서 그에게 승리를 주셨다. 느헤미야 6장 15-16절에서 우리는 그 승리에 관하여 쓴 것을 볼 수 있다. 그들은 52일 만에 성벽을 재건하였다. 그리고 모든 대적이 여호와께서 이 일을 이루신 줄 알게 되었다.

우리는 언제 예수 그리스도 아래서 하나 된 교회, 하나님이 하나 되게 하셔서 심지어 대적들조차 주께서 이 일을 이루셨다고 인정하는 그런 능력 있는 교회의 일부가 되겠는가?

"오 주여, 기도하옵기는 우리가 예수 그리스도의 지상명령을 수행하는 사역에서 모여 하나 될 때, 우리에게 영적인 하나 됨을 주시옵소서."

하나님께서 주시는 복이 우리와 함께하기를 바란다.

6장

손님 대접과 관대함

이번 장에서 먼저 그리스도인의 손님 대접에 관한 영적 훈련에 대해서 살펴볼 것이다. 하나님은 은혜의 하나님이시고, 또한 관용의 하나님이다. 그러므로 하나님은 우리 백성들이 그렇게 살기 원하신다.

A. 손님 대접, 복 받는 통로

하나님께서는 아브라함과 언약을 맺고 약속하시기를, 아브라함이 하나님께 순종하면 그에게 복 주시겠다고 하셨다. 그런데 그 복을 받는 사람은 그 한 사람이 아니라 그의 가정이 복을 받고 또한 세계의 모든 나라들이 복을 받게 된다는 약속이었다. 하나님은 우리에게 어떠한 은혜나 복을 부어 주시든지, 그것을 이웃들과 나누기를 원하신다. 거기에는 우리 집과 음식, 하나님이 우리에게 주신 모든 것들이 포함된다. 바로 그것이 손 대접 사역이라는 것이다.

1. 구약에서의 손 대접

앞 장에서 코이노니아의 영적 훈련을 살펴보았다. 그런데 코이노니아의 아주 중요한 부분이 바로 우리의 집과 기독교적 대접을 나누는 것이다. 성경적인 대접 개념은 신약에서 시작된 것이 아니다. 첫 언약 하에서 하나님은 그의 백성들이 객을 환대할 것을 말씀하셨다. 실제로 레위법(제사법)에서 손님 대접에 관하여 언급하고 있다.

객을 환대하다

언약의 백성들은 환대할 것을 배웠고 또한 명령받았다. 레위기 19장을 보면, 하나님께서 그의 백성들에게 환대에 관하여 교훈하신 것을 볼 수 있다.

> "너희 땅의 곡물을 벨 때에 너는 밭 모퉁이까지 다 거두지 말고 너의 떨어진 이삭도 줍지 말며 너의 포도원의 열매도 줍지 말고 가난한 사람과 타국인을 위하여 버려두라 나는 너희 하나님 여호와니라" (레 19:9-10).

하나님은 우리 백성들이 객을 환대할 것을 간절히 바라신다. 하나님은 심지어 추수 때에 들에 남은 것까지도 나눌 것을 그들에게 원하신다. 그래서 객들이 오면 그 남은 것들을 양식으로 먹을 수 있게 되는 것이다.

고아와 과부를 공궤하다

> "제삼년 곧 십일조를 드리는 해에 네 모든 소산의 십일조 다 내기를 마친 후에 그것을 레위인과 객과 고아와 과부에게 주어서 네 성문 안에서 먹어 배부르게 하라 그리할 때에 네 하나님 여호와께서 너와 네 집에 주신 모든 복을 인하여 너는 레위인과 너희 중에 우거하는 객과 함께 즐거워할지니라" (신 26:12-13).

하나님의 백성들은 레위인들과 아비 잃은 자들, 고아와 과부들을 이방인과 객들과 함께 공궤할 의무가 있었다. 그들은 자기들의 나라에 온 사람들을 돌볼 책임이 있었다. 그들을 무시해서는 안 되었다. 그들을 먹이는 것이 하나님의 백성들의 중요한 책임이었던 것이다.

> "또 주린 자에게 네 식물을 나눠 주며 유리하는 빈민을 네 집에 들이며 벗은 자를 보면 입히며 또 네 골육을 피하여 스스로 숨지 아니하는 것이 아니겠느냐 그리하면 네 빛이 아침 같이 비췰 것이며 네 치료가 급속할 것이며 네 의가 네 앞에 행하고 여호와의 영광이 네 뒤에 호위하리니 네가 부를 때에는 나 여호와가 응답하겠고 네가 부르짖을 때에는 말하기를 내가 여기 있다 하리라 만일 네가 너희 중에서 멍에와 손가락질과 허망한 말을 제하여 버리고 주린 자에게 네 심정을 동하며 괴로워하는 자의 마음을 만족게 하면 네 빛이 흑암 중에서 발하여 네 어두움이 낮과 같이 될 것이며 나 여호와가 너를 항상 인도하여 마른 곳에서도 네 영혼을 만족게 하며 네 뼈를 견고케 하리니 너는 물댄 동산 같겠고 물이 끊어지지 아니하는 샘 같을 것이라"(사 58: 7-11).

하나님의 백성들은 자신들의 양식을 배고픈 자들과 함께 나누어야 했고, 여행자들에게 휴식처를 제공해야 했으며, 옷이 없는 자들에게 옷을 공급해야 했다. 그들은 자기 땅에서 객이 된 동족들을 못 본 척하면 안 되었다. 하나님은 자기 백성인 이웃들에게 공급하기 원하신 것이다.

우리가 아는 대로, 그들은 과부와 고아를 돌볼 아주 특별한 책임을 갖고 있었다. 또한 자기 백성과 동족인 객들을 돌봐 주어야 했으며, 또 다른 나라에서 온 이방인들도 공궤해야 했던 것이다. 하나님의 원리 중에는 언제나 환대가 들어 있다는 것은 우리에게 얼마나 중요한 것인가!

2. 복음서에 나타난 손 대접

이제 신약을 살펴보자. 이번 장의 대부분은 신약에 나타난 손 대접 이야기를 다룬다.

엠마오로 가는 두 여행자

누가복음 24장에 놀랍고도 재미있는 이야기가 나온다. 그 일은 예수 그리스도께서 부활하시고 얼마 후에 일어났다. 그것은 예수께서 그의 제자들, 즉 그를 따르는 자들 몇 명에게 나타나신 일 중의 하나다.

"그날에 저희 중 둘이 예루살렘에서 이십오 리 되는 엠마오라 하는 촌으로 가면서 이 모든 된 일을 서로 이야기하더라 저희가 서로 이야기하며 문의할 때에 예수께서 가까이 이르러 저희와 동행하시나 저희의 눈이 가리워져서 그인 줄 알아보지 못하거늘 예수께서 이르시되 너희가 길 가면서 서로 주고받고 하는 이야기가 무엇이냐 하시니 두 사람이 슬픈 빛을 띠고 머물러 서더라 그 한 사람인 글로바라 하는 자가 대답하여 가로되 당신이 예루살렘에 우거하면서 근일 거기서 된 일을 홀로 알지 못하느뇨 가라사대 무슨 일이뇨 가로되 나사렛 예수의 일이니 그는 하나님과 모든 백성 앞에서 말과 일에 능하신 선지자여늘 우리 대제사장들과 관원들이 사형 판결에 넘겨주어 십자가에 못박았느니라 우리는 이 사람이 이스라엘을 구속할 자라고 바랐노라 이뿐 아니라 이 일이 된 지가 사흘째요 또한 우리 중에 어떤 여자들이 우리로 놀라게 하였으니 이는 저희가 새벽에 무덤에 갔다가 그의 시체는 보지 못하고 와서 그가 살으셨다 하는 천사들의 나타남을 보았다 함이라 또 우리와 함께 한 자 중에 두어 사람이 무덤에 가 과연 여자들의 말한 바와 같음을 보았으나 예수는 보지 못하였느니라 하거늘 가라사대 미련하고 선지자들의 말한 모든 것을 마음에 더디 믿는 자들이여 그리스도가 이런 고난을 받고 자기의 영광에 들어가야 할 것이 아니냐 하시고 이에 모세와 및 모든 선지자의 글로 시작하여 모든 성경에 쓴 바 자기에 관한 것을 자세히 설명하시니라 저희의 가는 촌에 가까이 가매 예수는 더 가려 하는 것같이 하시니 저희가 강권하여 가로되 우리와 함께 유하사이다 때가 저물어가고 날이 이미 기울었나이다 하니 이에 저희와 함께 유하러 들어가시니라 저희와 함께 음식 잡수실 때에 떡을 가지사 축사하시고 떼어 저희에게 주시매 저희 눈이 밝아져 그인 줄 알아보더니 예수는 저희에게 보이지 아니하시는지라 저희가 서로 말하되 길에서 우리에게 말씀하시고 우리에게 성경을 풀어 주실 때에 우리 속에서 마음이 뜨겁지 아니하더냐 하고" (눅 24:13-32).

이때는 예수님을 따르던 사람들은 아주 슬프고 낙심한 기간이었다. 그들은 대개 예수님이 메시아 곧 그리스도인 줄로 믿었으므로 많은 사람들이 오직 예수님을 따르기 위하여 대단한 희생들을 했다. 많은 사람들이 집을 떠나고, 직업을 버리고, 심지어 가정을 떠났다. 그들은 그가 메시아 즉 그리스도, 기름부음 받은 자인 줄로 믿었고, 성경의 예언을 성취할 것으로 믿었으며, 가이사와 헤롯을 물리치고 이 땅 위에 하나님의 나라를 세울 것이라고 굳게 믿고 있었다.

그런데 그분이 십자가에 달려 돌아가신 것이다. 그들은 그분이 다른 사람들처럼 죽었다고 생각했다. 그러므로 엠마오로 가던 두 제자는 그날 길에서 부활하신 예수님이 그들을 만났을 때, 매우 슬픈 상태에 있었다. 그들이 엠마오라는 작은 마을에 도착하였을 때는 이미 날이 저물었다. 대개 슬픈 사람들은 혼자 있고 싶어하고 자기와 아주 가까운 사람들만 함께 있고자 하지만, 그때 그들은 슬픔 중에 있었으면서도 아주 놀라운 방식으로 그리스도인 됨을 보여 주었다.

그들은 길에서 만난 손님과 함께 저녁을 들고 그날 밤을 함께 지낼 것을 청하였다. 그들은 그분이 예수님인지 알지 못하였지만, 그에게 강권하여 머물게 하였다. 그들이 식탁에 둘러앉았을 때, 예수께서 축사하시고 떡을 떼서 나누어 주실 때, 그들의 영안이 밝아져 그를 알아보았다.

우리는 그들이 경험하였을 그 벅찬 기쁨을 충분히 이해하거나 알 수는 없지만, 기쁨과 감사가 넘치는 놀라운 시간이었을 것이다. 그들이 그날 저녁 그런 복을 받게 된 것은 객을 환대했던 결과였다. 그들은 다른 사도들이 주님을 뵙기 전에 부활하신 그리스도를 만나 뵙는 놀라운 특권을 누리게 되었던 것이다.

나는 그리스도인이 손 대접을 하면 여러 가지 복을 받는다고 확신한다. 즉 하나님이 우리에게 주신 어떤 것이든지 이웃들과 함께 나눈다면, 그것은 그들뿐 아니라 우리에게도 복이 될 것이라는 점이다.

예수께서 자신을 그날 그들에게 나타내신 방식이 참 재미있지 않은가? 주님은 길을 걸으면서 보이실 수도 있었고, 그리스도에 대해서 물을 때 자신이 누구인지 밝힐 수도 있었다. 그러나 주님은 그들이 음식을 먹으려고 식탁에 앉을 때까지 기다리셨다. 그들은 주님 앞에 떡을 놓았고, 주님은 그 떡을 들어서 쪼개셨다. 또한 주님은 그것을 그들과 함께 다시 나누셨던 것이다. 그것은 훌륭한 대접 장면의 예고가 되었다.

이것은 주님께서 우리가 어떻게 살기 원하시는지 보여 주는 놀라운 장면이다. 단지 우리 자신을 위하여 하나님이 우리에게 주신 것들을 다 써버리는 것이 아니라, 이웃들과 함께 나누는 것이다. 하나님의 은혜 자체를 분배하는 자들이 되는 것이며, 하나님이 주신 것들을 이웃들과 함께 나누는 것이다.

지극히 작은 자에게 한 것이

복음서에는 기독교적인 환대의 또 다른 예가 많이 있지만, 두 가지 예만 들어 보겠다. 마태복음 25장을 보자. 여기 예수님께서 말씀하신 환대에 관한 놀라운 가르치심이 있다.

"그때에 임금이 그 오른편에 있는 자들에게 이르시되 내 아버지께 복 받을 자들이여 나아와 창세로부터 너희를 위하여 예비된 나라를 상속하라 내가 주릴 때에 너희가 먹을 것을 주었고 목마를 때에 마시게 하였고 나그네 되었을 때에 영접하였고 벗었을 때에 옷을 입혔고 병들었을 때에 돌아보았고 옥에 갇혔을 때에 와서 보았느니라"(마 25:34-36).

이것은 아주 엄숙한 예수님의 교훈이다. 주님은 말세에 대해 말씀하시는 중이셨다. "인자가 자기 영광으로 올 때에 하늘의 영광 중에 그의 보좌에 앉을 것이라. 세계의 모든 민족들이 그의 앞에 모일 것이며 그는 그들을 양과 염소를 골라내듯이 나누실 것이라." 어떤 선별 기준을 가지고 어떤 자들에게는 영생을 주고 어떤 자들에게는 멸망을 주는가?

주님은 그의 우편에 있는 자들에게 말씀하실 것이다. "내 아버지께 복 받을 자들이여 나아와 창세로부터 너희를 위하여 예비된 나라를 상속하라. 내가 주릴 때에 너희가 먹을 것을 주었고 목마를 때에 마시게 하였고 나그네 되었을 때에 영접하였고 벗었을 때에 옷을 입혔고 병들었을 때에 돌아보았고 옥에 갇혔을 때에 와서 보았느니라."

그때 의인들이 대답할 것이다. "주여, 우리가 어느 때에 주의 주리신 것을 보고 공궤하였으며 목마르신 것을 보고 마시게 하였나이까? 어느 때에 나그네 되신 것을 보고 영접하였으며 벗으신 것을 보고 옷 입혔나이까?"

그때에 예수께서 이렇게 대답하실 것이다. "내가 진실로 너희에게 이르노니 너희가 여기 내 형제 중에 지극히 작은 자 하나에게 한 것이 곧 내게 한 것이니라."

우리는 이 말씀을 들으면서 대단히 엄숙해져야 한다. 하나님께서 그리스도인의 환대에 대하여 이처럼 높은 가치를 주신다는 것은 대단히 놀라운 일이다. 우리가 예수님의 동정심을 가지고 이웃에게 베풀 때, 그것은 곧 예수님께 하는 것이다.

성경의 다른 곳에서는 냉수 한 그릇을 주의 이름으로 주는 것을 말씀하셨다. 즉 우리가 이웃을 접대하고 환대하는 것은 주님에게 하는 것과 같다는 것이다.

그렇지만 우리가 아는 대로, 이웃에게 접대하고 환대하지 아니한 다른 자들에게는 주의 심판이 임하였다. 주님은 그들에게 이렇게 말씀하신다.

"저주를 받은 자들아 나를 떠나 마귀와 그 사자들을 위하여 예비된 영영한 불에 들어가라."

다시 말씀드리지만 이것은 너무나 엄숙한 가르치심이다. 이것은 그리스도인의 환대는 선택사항이 아니라는 것을 너무나 분명하게 가르쳐 준다. 그리스도인의 환대는 하나님이 우리에게 기대하는 것이며, 예수 그리스도의 제자라면 누구에게나 요구되는 것이다.

앞 장에서 우리는 열린 손과 열린 마음으로 사는 것에 대해서 나누었다. 여기서는 열린 집으로 사는 것에 대해 살펴보자. 즉 우리 삶과 교회의 대문이 필요한 자들에게 열려져야 한다는 것이다. 그것은 우리 주 예수께서 사신 방법이며, 동시에 주님이 주님을 따르는 우리에게 원하시는 삶이다. 이제 누가복음 14장에 있는 다른 구절을 살펴보자.

"또 자기를 청한 자에게 이르시되 네가 점심이나 저녁이나 베풀거든 벗이나 형제나 친척이나 부한 이웃을 청하지 말라 두렵건대 그 사람들이 너를 도로 청하여 네게 갚음이 될까 하라 잔치를 배설하거든 차라리 가난한 자들과 병신들과 저는 자들과 소경들을 청하라 그리하면 저희가 갚을 것이 없는 고로 네게 복이 되리니 이는 의인들의 부활 시에 네가 갚음을 받겠음이니라 하시더라"(눅 14:12-14).

이것 역시 아주 심각한 교훈이다. 보통 자기 친구들을 집으로 초대하여 대접하거나 아니면 우리 가정의 친척들을 집으로 초대하여 음식과 환대를 한다. 우리가 다른 사람의 집에 손님으로 초대되어 가는 것은 아주 대단한 호의다. 요즘 미국에서는 그런 일이 좀처럼 없다. 자기 집을 개방하여 이웃을 초대하는 미국인들은 점점 더 적어지고 있다. 그 대신 보통 대접할 일이 있을 때면, 레스토랑 같은 장소로 우리를 초대한다. 만일 미국을 방문하였을 때 집으로 초대를 받는다면 그것은 정말 대단한 호의라고 생각해야 할 것이다.

우리가 가족이나 친구들을 집으로 초대하는 것은 좋은 것이다. 그러나 예수께서는 우리의 환대가 그 이상이어야만 한다고 말씀하셨다. 예수님은 아무도 자기 집으로 초대하지 않는 사람들에게 우리의 손을 뻗어야 한다고 말씀하셨다. 즉 우리는 상처받고 도움을 필요로 하는 사람들에게 손을 뻗는 일에 참여해야 한다고 하셨다. 주님은 우리가 가난한 자들, 불구자들, 저는 자들과 눈먼 자들을 초대해야 한다고 말씀하시며, 그때 아주 특별한 복을 받는다고 하셨다.

나의 부모님은 아주 경건한 분들이셨는데, 늘 중요한 명절이 되면 집으로 손님들을 초청하곤 했다. 아버님은 목사님이셨기 때문에 친척들과는 그리 가깝게 지내지 못하였다. 그래서 부모님은 언제나 다른 사람들을 저녁 식사에 초대하곤 하였다.

대개의 사람들은 가정과 친한 친구들이 있기 때문에 누구네 집에 초대받을 필요가 없었다. 그러나 교회와 공동체에는 언제나 외롭게 사는 사람들이 있기 마련이다. 그들은 대개 그리 호감이 가는 사람들은 아니며, 많은 경우 아주 불쾌해 보이기도 했다. 그러나 부모님은 그들을 집으로 초대하곤 하였다.

그랬던 모든 것이 복이 되었다. 그 사람들에게도 그 초대가 대단한 복이었지만, 동시에 우리 집에도 대단한 행복을 가져다주었다. 그래서 지금도 나와 아내는 우리 집에서 그와 같은 종류의 사역을 행하려고 애쓰고 있다.

최근까지 나는 로스앤젤레스 지역의 큰 교회에서 목회하였는데, 매주 우리 집으로 많은 손님들이 찾아왔다. 그래서 우리는 매주일 저녁에는 사람들을 초대하자고 결정을 내렸다. 물론 우리는 친구들을 자주 초대하였다. 우리는 다른 사람들의 초대를 받지 못한 사람들에게 팔을 벌리려고 힘썼지만 사실상 그리 쉬운 것은 아니었다.

그러나 우리가 이웃을 향해 팔을 벌리는 것은 대단한 복이다. 예수님께서는 우리가 이웃에게 팔을 벌리면 그것은 곧 예수님에게 팔을 벌리는 것

과 같다고 말씀하셨다. 그것은 아브라함이 부지중에 천사에게 도움을 베
푼 것과 같은 것이다. 우리의 삶을 열어서 사람들을 우리 집으로, 또 우리
교회로 초대할 때에 하나님께서 어떻게 그들을 위로하시는지 잘 알지 못
한다. 그것은 아주 강력한 사랑의 사역이며, 또한 아주 강력한 선교사역이
될 수도 있다.

사람들을 그리스도에게 인도하는 가장 능력 있는 길은 그들을 우리 집
과 우리 삶으로 초대하는 것이다. 특히 우리 사회처럼 바쁘고, 남편과 아
내 모두가 직업을 가진 경우가 많은 사회에서는 더욱 그러하다. 그런 이유
로 환대가 더 어려워진다. 사람들에게 팔을 벌리기 위해서는 특별한 희생
과 사랑과 은혜가 필요하다. 그렇지만 주님은 그런 사역에 매우 풍성하게
복을 주실 것이다.

3. 초대교회에서의 손 대접

사도행전을 보면 초대교회가 손 대접 사역을 했다는 것을 발견할 수 있
다. 사도행전 2장을 보자. 이 구절은 영성훈련을 배울 때 계속해서 보아야
할 구절이다. 왜냐하면 초대 교회의 성도들은 영성 훈련을 나누는데 아주
충실하였기 때문이다.

집에서 떡을 떼며

42절에서 그들이 떡을 떼는 일에 전념했다고 말한다. 한번 생각해 보자.
그들이 전념한 기본적인 요소에는 네 가지가 있었다. 하나님의 말씀을 가
르침과 코이노니아와 기도, 그리고 떡을 떼는 일이었다.

많은 사람들이 묻는다. "그게 도대체 무슨 뜻입니까?" 가장 명백한 대
답은 그들이 모여서 공동 예배를 드렸다는 것이다. 그들은 주님의 식탁에
서 예수님의 초청과 가르침을 받았다. 그리고 주님을 기억했다. 즉 그들이
떡을 뗄 때는 그들을 위하여 찢기신 주님의 몸을 기억했으며, 잔을 마실

때는 그들의 죄를 사하시기 위해 흘리신 예수님의 피를 기억했다. 의심할 여지없이 그들은 공동의 예배를 함께 나누는 데 전념하였던 것이다.

그러나 떡을 떼는 일에는 또 다른 측면이 있었다. 그것은 손님 대접 사역이었다. 어떤 분들은 이렇게 질문할 것이다. "글쎄요, 목사님이 그것을 어떻게 아십니까? 그 말씀이 그것을 의미한다는 것을 어떻게 아십니까?" 그 이유는 본문이 단순하게 45절과 47절에서 계속해서 그것을 말해 주기 때문이다.

"날마다 마음을 같이 하여 성전에 모이기를 힘쓰고 집에서 떡을 떼며 기쁨과 순전한 마음으로 음식을 먹고 하나님을 찬미하며 또 온 백성에게 칭송을 받으니 주께서 구원받는 사람을 날마다 더하게 하시니라."

초대교회의 성도들은 성전 뜰에서 계속 모이는 것이 용이했다. 그것은 전도와 교회 개척의 주요 전략이었다. 바울과 바나바, 실라와 디모데, 초대 교회의 사도들은 늘 한 성에 들어가면 그 지역의 회당으로 찾아가곤 했다. 그곳은 초대교회의 성도, 특히 유대인 그리스도인들에게 아주 중요한 모임 장소가 되었던 것이다.

그러나 그곳만이 초대 교인들이 만난 유일한 장소는 아니었다. 그들은 자기 집에서 모였다. 요즘의 교회를 생각해 보면 쉽게 유추할 수 있다. 교회에서 만나면 예배하고 가르치고 훈련하고 기도하기에 좋다. 그러나 또한 우리의 집에서 만나는 것 역시 대단히 중요한 전략적 장소이다. 즉 46절에 묘사된 것은 그러한 그리스도인의 환대인 것이다.

영어 성경 중 뉴 잉글리쉬 바이블에는 이것이 아주 훌륭하게 번역되어 있다. "또 그들은 집집이 다니면서 꾸밈없는 기쁨으로 떡을 떼었습니다. And they broke bread from house th house with unaffected joy." 이것은 얼마나 놀라운 그리스도인의 환대인가! 그들은 어느 한 집에 가는 것이나 가장 큰 집에 가는 것을 몰랐다. 그들은 집집이 다녔던 것이다.

다른 그리스도인들과 물건을 나눈 것은 몇 명의 그리스도인이 아니라 모든 그리스도인들이었다. 집집이 다니면서 떡을 떼었고 그것이 그들에게 큰 기쁨을 주었다. 그들은 기쁨과 신실함으로 하나님을 찬양하며 모든 사람들의 호의를 즐겼다. 의심할 여지없이 그들은 자기의 그리스도인 친구들뿐 아니라 많은 비그리스도인 친구들을 자기 집으로 초대하였던 것이다.

사실 그것은 예수님께서 하신 일인 것을 우리는 기억할 필요가 있다. 예수님은 집이 없으셨지만 다른 사람들의 집에 공개적으로 초청 받으셨고 죄인들의 집에도 자주 가셨다. 그래서 서기관과 바리새인들 중에서 어떤 사람들은 예수님께 그것을 비난하였다. 주님은 종종 세리들, 죄인들과 함께 잡수셨지만, 그들은 그래서는 안 된다고 생각하였던 것이다. 그들은 스스로 죄인들과 구분하였지만 주님은 죄인들을 사랑하셨고 중요한 시간을 죄인들과 함께 보내셨다. 또 심지어는 그들의 집에 들어가시기도 하셨고 종종 그들과 함께 식사하셨다. 그것은 당시로서는 참 놀랄 수밖에 없는 일이었다.

주님은 우리가 이와 똑같은 일을 하기 원하신다. 오늘날 어떤 그리스도인들이 "저 그리스도인들은 죄인들의 친구이고 죄인들을 사랑한다"는 평판을 얻는다면 얼마나 놀라겠는가? 예수님은 죄를 사랑하신 것이 아니라 죄인들을 사랑하셨던 것이다. 예수님은 결코 죄를 짓지 않으셨고 결코 죄와 타협하지 않으셨다. 주님은 죄에 대한 유일한 해결책을 제시하셨는데, 곧 십자가에서 자기 피를 흘리심으로써 죄를 용서해 주시는 것이었다.

그러므로 우리는 예수님이 이렇게 말씀하실 때 놀라서는 안 된다. "나는 의인들을 구원하러 온 것이 아니라 죄인들을 구원하러 왔노라." 그것은 바로 세례 요한이 예수님을 소개한 말씀이다. "보라, 세상 죄를 지고 가는 하나님의 어린 양이로다." 그것이 바로 주님이 베들레헴에서 탄생하신 밤에 천사들이 선언한 내용이다. "보라, 내가 큰 기쁨의 좋은 소식을 전하 노라. 오늘날 다윗의 동네에 구주가 나셨으니 곧 그리스도 주시니라."

주님은 죄인들을 사랑하고 죄인들을 용서해 주시려고 오셨다. 우리는 주님의 은혜로 구원을 얻은 죄인들이다. 할렐루야! 우리는 기뻐하며 하나 님을 찬양한다.

그러므로 주님이 우리에게 주신 사역은 바로 손 대접 사역에 해당하는 부분이다. 죄인들을 사랑하는 것, 예수 그리스도의 사랑과 은혜를 가지고 그들에게 나아가는 것, 그들을 우리의 집으로 초청하는 것, 하나님의 은혜 를 그들과 함께 나누는 것, 그들과 함께 식사를 나누는 것, 하나님이 우리 에게 주신 것은 무엇이나 나누는 것이다. 그러나 무엇보다도 중요한 것은 그들과 함께 예수님을 나누는 것, 곧 예수 그리스도의 복음을 나누는 것이 다.

초대교회의 성도들은 이웃과 함께 자기들의 집을 나누었다. 먼저 그리 스도 안의 형제자매들과 나누었고, 다음에는 다른 사람들과 나누었던 것 이다. 사실 그것이 47절에 있는 마지막 설명이다. "그러므로 주께서 구원 얻는 자들을 날마다 더하시니라." 이것이 그리스도인의 환대가 이룬 결과 다. 그것은 우리가 우리의 삶을 열고 우리의 집을 열 때 어떤 결과가 있을 것인지를 보여 주는 것이다.

여러 사람이 모여 기도하더라

초대 교회에서 시행되었던 또 다른 종류의 그리스도인의 환대가 있다. 이것은 사도행전 12장에 나와 있다.

> "이에 베드로는 옥에 갇혔고 교회는 그를 위하여 간절히 하나님께 빌더 라 헤롯이 잡아내려고 하는 그 전날 밤에 베드로가 두 군사 틈에서 두 쇠 사슬에 매여 누워 자는데 파수꾼들이 문 밖에서 옥을 지키더니 홀연히 주의 사자가 곁에 서매 옥중에 광채가 조요하며 또 베드로의 옆구리를

처 깨워 가로되 급히 일어나라 하니 쇠사슬이 그 손에서 벗어지더라 천사가 가로되 띠를 띠고 신을 들메라 하거늘 베드로가 그대로 하니 천사가 또 가로되 겉옷을 입고 따라오라 한대 베드로가 나와서 따라갈 새 천사의 하는 것이 참인 줄 알지 못하고 환상을 보는가 하니라 이에 첫째와 둘째 파수를 지나 성으로 통한 쇠문에 이르니 문이 절로 열리는지라 나와 한 거리를 지나매 천사가 곧 떠나더라 이에 베드로가 정신이 나서 가로되 내가 이제야 참으로 주께서 그의 천사를 보내어 나를 헤롯의 손과 유대 백성의 모든 기대에서 벗어나게 하신 줄 알겠노라 하여 깨닫고 마가라 하는 요한의 어머니 마리아의 집에 가니 여러 사람이 모여 기도하더라 베드로가 대문을 두드린대 로데라 하는 계집아이가 영접하러 나왔다가 베드로의 음성인 줄 알고 기뻐하여 문을 미처 열지 못하고 달려 들어가 말하되 베드로가 대문 밖에 섰더라 하니 저희가 말하되 네가 미쳤다 하나 계집아이는 힘써 말하되 참말이라 하니 저희가 말하되 그러면 그의 천사라 하더라 베드로가 문 두드리기를 그치지 아니하니 저희가 문을 열어 베드로를 보고 놀라는지라 베드로가 저희에게 손짓하여 종용하게 하고 주께서 자기를 이끌어 옥에서 나오게 하던 일을 말하고 또 야고보와 형제들에게 이 말을 전하라 하고 떠나 다른 곳으로 가니라"(행 12:5-17).

이것은 그리스도인의 환대의 또 다른 면을 보여 준다. 자기 집을 기도 장소로 제공한 그리스도인들이 있었다. 그 당시 교회는 아주 중대한 위기를 맞고 있었다. 예루살렘 교회의 지도자가 잡혀서 옥에 갇혀 있었다. 그는 며칠 안으로 사형집행을 당하여 죽을 것이 거의 확실했다. 교회는 큰 절망에 빠졌다. 어찌해야 하겠는가?

어떤 용감한 그리스도인들이 자기 집을 다른 그리스도인들에게 개방하였다. 그래서 그들은 그곳에 와서 기도했고 함께 주님을 불렀다. 하나님과 서로에게 한 마음과 한 뜻이 되어 기도했다. 그리고 하나님께서 그들의 기도에 놀랍게 응답하셔서 베드로가 기적적으로 구원을 받았던 것이다.

여기서 그 기도모임을 위하여 자기 집을 개방한 사람들이 누구인지 생각해 본 적이 있는가? 나는 그것이 바로 예수님이 마태복음 25장에서 말씀하신 대접이라고 생각한다. 그 밤에 그 집에는 하나님의 백성들만 있었던 것이 아니라 성령님이 함께 계셨던 것이다.

"두세 사람이 내 이름으로 모인 곳에는 나도 그들 중에 있느니라" 하신 주님의 약속을 이루신 것이다. 우리 집을 기도 모임을 위해 개방하는 것은 놀라운 것이다. 그것은 그리스도인의 환대의 또 다른 면이다.

바울이 브리스길라와 아굴라의 집에 머물다

사도행전에 우리가 거론하고 싶은 세 번째 손 대접의 예가 있다.

"이후에 바울이 아덴을 떠나 고린도에 이르러 아굴라라 하는 본도에서 난 유대인 하나를 만나니 글라우디오가 모든 유대인을 명하여 로마에서 떠나라 한 고로 그가 그 아내 브리스길라와 함께 이달리야로부터 새로 온지라 바울이 그들에게 가매 업이 같으므로 함께 거하여 일을 하니 그 업은 장막을 만드는 것이더라 안식일마다 바울이 회당에서 강론하고 유대인과 헬라인을 권면하니라" (행 18:1-4).

이것은 사도행전에 많이 있는 예 가운데 하나뿐인 예로서, 그리스도인 형제자매들을 자기 집에 손님으로 머물도록 초청한 대접이다. 이것은 손님 대접의 아주 특별한 예다. 즉 브리스길라와 아굴라는 자기 집을 바울 사도에게 개방한 것이다. 그들은 바울의 아주 각별한 친구가 되었을 뿐아니라 사역의 동역자가 되었다. 그리고 주님은 브리스길라와 아굴라를 그 사역에서 능력 있게 사용하셨다.

그 대접은 다시 바울 사도에게 복이 되었으며 그 집의 주인인 브리스가와 아굴라에게도 복이 되었는데 그것이 전부는 아니다. 그 일은 또한 교회에게 커다란 복이 되었다. 그리고 하나님께서는 다른 많은 사람들을 예수 그리스도에게로 인도하는 데 사용하셨다.

4. 오늘날의 손님 대접 사역

이제는 오늘날 그리스도인의 환대사역을 살펴보자. 하나님의 말씀이 우리 자신의 삶과 사역에 적용되도록 하자. 우리는 구약과 신약 모두에서 살펴보았던 환대의 원리와 모범들을 감사하게 여긴다. 그러나 어떻게 하면 이런 원리들을 오늘의 우리 삶과 가정과 교회에 적용할 수 있겠는가?

환대에 관심을 쏟음

로마서 12장을 함께 보면서 그 질문에 대한 대답을 시작해 보자.

"성도들의 쓸 것을 공급하며 손 대접하기를 힘쓰라"(13절).

"성도들의 쓸 것을 공급하며." 이것은 코이노니아와 상당히 비슷하게 들린다. 곧 그리스도인의 환대는 코이노니아에서 나온 것이다. 교제와 자원과 우리의 삶을 서로 나누는 것이다. 그렇지만 도움을 필요로 하는 그리스도인 형제자매들과 나누어야 할 특별한 이유가 있다. 우리는 다음의 문장에 유의해야 한다. "손 대접하기를 힘쓰라!" 이것은 그리스도인들에게 단지 선택사항이 아니라 주님이 우리에게 반드시 행하라고 명령하시는 것이다.

서로 대접하라

베드로전서 4장에서 그리스도인의 환대에 대해 말씀하는 다른 구절을 보자.

"서로 대접하기를 원망 없이 하고"(벧전 4:9).

하나님은 우리의 장점이나 단점을 다 아신다. 또한 우리가 얼마나 바쁜 세상에 사는지, 얼마나 빡빡한 세상에 사는지 다 아신다. 그리고 하나님은 우리 대부분에게 손님 대접이 결코 쉽지 않다는 것을 잘 알고 계신다. 사실 여러 가지 이유로 인해서 손님 대접하기가 결코 쉽지 않다. 그 이유 중에서 우리가 잘 아는 작은 것들 몇 가지만 들어 보겠다.

첫 번째는 우리의 바쁜 일정 때문이다. 우리는 너무나 바쁘고, 언제나 많은 사람들을 만나야 한다. 그래서 우리 대부분은 진지하게, 도대체 언제쯤 상당하게 환대를 할 만한 시간을 낼 것인가 하는 질문을 하게 된다.

오늘날 우리가 사역에서 손 대접하기 힘들어하는 두 번째 이유는 우리가 거의 모든 시간을 사람들과 함께 보내기 때문이다. 그래서 일을 마치면 매우 피곤해질 수 있다. 예수님께서도 시간을 내서서 물러가 하나님 아버지와 혼자서만 계셨다. 그것은 잘못된 것이 아니다. 하나님께서 우리를 창조하실 때 안식을 취하도록 창조하셨다. 안식이란 우리가 홀로 하나님께 물러가서 하나님과만 교제를 나누고 하나님을 묵상하는 것이다. 그래서 영적으로, 육적으로, 또 정신적으로 새로워지는 것이다. 그러므로 목회자들이 이렇게 말하는 것은 참으로 쉽고도 중요하다. "나는 이 주간 내내 매일 사람들과 함께 있었습니다. 나는 가족과 자신과 그리고 하나님과 함께 있을 시간이 필요합니다. 그러므로 우리는 우리 집에 어떤 손님도 모실 수가 없습니다."

그렇게 되면 우리는 앞장에서 다루었던 원리 중의 하나로 되돌아가는 것이다. 물론 우리는 우리의 삶에서 하나님께 드릴 시간을 확보해야 할 필요가 있다. 또한 우리는 우리의 삶에서 우리 가정을 위한 시간을 확보해야 할 필요가 있다. 그러나 나는 지금 또한 우리의 삶에서 손님 접대를 위한 시간을 내야 할 필요가 있다는 것을 강조하는 것이다.

접대를 위한 시간 때문에 우리가 하나님과 함께 할 시간을 침범해서는 안 된다. 그것이 우리 아내와 가정 또는 우리 남편과 가정을 돌볼 시간을 빼앗아도 안 된다. 우리가 기꺼이 손님을 접대하고자 한다면 하나님께서 어떻게든 시간을 주실 것이다.

이것은 제안이 아니라 명령이다. '서로 대접하라!' 내 생각에는 우리 사회에서 그렇게 하려면 대가를 치러야 하고 많은 기도와 치밀한 계획이 필요할 것이다. 그러나 그것은 우리와 이웃에게 커다란 복이 될 것이다.

손님을 대접하라

히브리서 13장을 보자. 손님 대접에 대해서 상당히 많이 가르치시는 것을 볼 수 있다. 이 구절은 따로 떨어진 구절이 아니다. 이것은 성경 전체 구조 속에 짜여 있는 주제다. 그 중에도 이 말씀은 특히 훌륭한 구절이다.

> "형제 사랑하기를 계속하고 손님 대접하기를 잊지 말라 이로써 부지중에 천사들을 대접한 이들이 있었느니라"(히 13:1, 2).

이것은 정말로 놀라운 일이 아닌가! 그런 일을 상상할 수 있는가! 앞으로 우리가 하늘에 갔을 때 부지중에 천사를 대접한 것을 알게 되는 것이다. 그때 우리는 예수께서 말씀하신 것을 알게 될 것이다. "너희가 이웃에게 너희의 마음과 삶과 집을 열었을 때 너희는 알지 못하였지만 그것은 곧 나를 대접한 것이니라." 우리는 하나님께서 이런 사역에 대하여 대단한 열심과 대단한 관심을 가지고 계심을 안다. 그리고 하나님께서는 그들을 아주 특별하게 높이실 것이 분명하다.

나는 우리의 동기가 순전해야 한다고 믿는다. 우리가 하나님께 잘보이기 위해 하는 것이 아니다. 우리는 율법주의자가 되어서 단지 법의 조문만을 지키려는 것이 아니다. 요한복음 14장에서 예수님이 말씀하신 것처럼, 우리는 주님을 사랑하기 때문에 주님께 순종하는 것이다. 또한 그리스도가 우리 삶에 살아 계시고, 성령이 우리를 주장하시기 때문에 순종하는 것이다.

하나님께서는 가난한 자들에게 특별한 사랑을 갖고 계시며, 도움이 필요한 자들에게 아주 특별한 관심을 갖고 계신다. 하나님께서는 그의 백성들이 그런 자들에게 하나님의 사랑과 은혜로 도움을 주었을 때 그들을 높이셨다. 그리스도인의 환대가 얼마나 놀라운 측면을 가졌는가?

목회자들 & 지도자들

또한 하나님의 말씀에는 목회자들과 교회 지도자들이 손님 대접할 것을 특별히 교훈하고 있다.

> "미쁘다 이 말이여 사람이 감독의 직분을 얻으려 하면 선한 일을 사모한다 함이로다 그러므로 감독은 책망할 것이 없으며 한 아내의 남편이 되며 절제하며 근신하며 아담하며 나그네를 대접하며 가르치기를 잘하며"(딤전 3:1-2)

누군가가 목사나 감독이 되기를 원하는 것은 좋은 일이다. 그러나 그런 사람들이 갖추어야 할 아주 특별한 자격들이 있다. 아는 대로, 이 본문은 성경이 그 자격에 대해서 말씀하는 본문들 중의 하나다. 그런 사람은 책망할 것이 없는 사람이어야 하고, 오직 한 아내의 남편인 사람이어야 하고, 관용하고 절제하여야 하며, 존경할 만해야 하며, 또한 나그네를 대접해야 한다.

하나님께서 교회의 지도적인 책임을 맡도록 부르신 사람들은 나그네를 대접할 특별한 책임과 특권을 가진 사람들이다. 대개의 교인들은 목회자의 모범을 보고 배울 것이다. 세계 어디에 있는 교회를 가든지 그 교인들이 대접하기를 잘한다면, 거기에는 반드시 그 교회 목사님이나 사모님이 대접을 잘한다고 확신할 수 있다.

나는 이 교회 저 교회를 다니면서 목회 사역의 대부분을 보내고 있다. 그런 가운데 알게 된 것은 교회마다 상당히 다르다는 것이다. 사랑이 넘치는 교회를 가면 참 은혜롭고, 예수 그리스도의 사랑과 임재를 특별히 느낄 수 있는데, 그런 교회의 목사님이나 사모님은 특별히 사랑이 많은 분들이다. 만일 어느 교회가 대접을 잘한다면, 항상 목사님과 지도자들이 대접을 잘하기 때문이라고 생각하면 된다.

하나님은 우리부터 시작하기 원하신다. 하나님은 우리가 가르치기만 하고 우리 자신이 행하지 않는 위선자가 되기 원치 않으신다. 디도서 1장에도 그것이 기록되어 있다. 여기서 장로의 자격 요건 목록을 보게 된다.

책망할 것이 없고 한 아내의 남편이며 방탕하다 하는 비방이나 불순종하는 일이 없는 믿는 자녀를 둔 자라야 할지라 감독은 하나님의 청지기로서 책망할 것이 없고 제 고집대로 하지 아니하며 급히 분내지 아니하며 술을 즐기지 아니하며 구타하지 아니하며 더러운 이를 탐하지 아니하며 오직 나그네를 대접하며 선을 좋아하며 근신하며 의로우며 거룩하며 절제하며"(6-8절).

7절에 나온 방향을 유의하자. 감독 또는 장로는 하나님의 일을 맡았다. 그는 비난을 받지 않아야 하고, 제 고집대로 하지 않아야 한다. 즉 그는 다른 사람들의 삶을 조종하려고 하지 않아야 한다. 그는 급히 분을 내서도 안 되고, 술을 즐겨서도 안 되고, 구타하거나 불의한 이익을 탐해서도 안 된다. 이런 모든 "해서는 안 된다"는 부정적인 성품들과 대조적으로, 8절에서는 "나그네를 대접하며 선을 좋아하는 사람이 되어야 한다"고 말씀하고 있다.

오랫동안 나는 빌리 그래함 박사와 그의 전도대회를 도와서 일하는 특권을 가졌다. 내가 그래함 박사 밑에서 인도했던 전도집회 중 한 곳에서, 아주 비범한 목사님 한 분을 만났다. 그는 아주 사랑이 많고 친절한 분이었다. 키는 아주 작고 연세가 많으셨고 몸이 상당히 약하셨다. 또 의안을 했기 때문에 한쪽 눈으로만 볼 수 있었고, 머리카락도 별로 없었다. 그렇지만 영적으로 아주 매력 있는 목사님이셨다. 그분은 틀림없이 성령이 충만하고 큰 기쁨을 가진 분이었다.

나는 그분이 아주 성공한 목사님인 줄 알았다. 그분은 그 전도집회의 총무이셨고, 그래서 또 나는 그 목사님이 그 도시에서 아주 중요한 분인 줄 알았다, 그러던 어느 날 그분이 나를 자기 집 저녁식사에 초대하였다. 내 생각엔 그분이 아주 큰 저택에 살면서 나무랄 데 없는 아내와 가정을 가졌을 것이고, 큰 서재에는 두꺼운 책들이 가득할 것이라고 생각했다.

그런데 그분 댁에 도착해 보니 그런 것들이 전혀 아니어서 놀랐다. 아주 작은 조그만 집이었고, 페인트칠을 새로 해야 할 정도의 낡은 집이었다. 내가 문을 두드리자 그분이 문에서 들어오라고 했다. 그분은 아주 기분이 좋으셨다. 주님의 기쁨을 가지신 것이 분명했다. 내가 손님으로 온 것을 아주 복된 것으로 여기고 계셨다.

그분이 "우리 집 사람을 먼저 만나봅시다" 하셨다. 나는 사실 그 목사님의 사모님을 대단히 궁금해 하고 있었다. 그분은 나를 데리고 그 작은 집의 좁은 복도를 내려가서 조그만 침실에 이르렀다. 그 방에 사모님이 누워 계셨다. 내가 보니 반신불수였는데, 수년 동안 그렇게 계셨던 것 같았다. 사모님은 그 집을 나가지도 못하고 자기 몸도 못 돌볼 정도였다. 수년 동안 이 목사님이 사모님을 돌보고, 식사를 전부 준비하고, 집안을 정리하고, 또 교회 일도 보았던 것이다. 그렇게 바쁜 일정 속에서도 그분은 그 전도집회의 총무 일을 훌륭히 감당하고 있었던 것이다.

잠간 동안 사모님을 뵌 후에 우리는 부엌으로 갔다. 저녁을 먹기 위해 앉았는데, 아주 단순한 식탁에 간단한 음식이었다. 그러나 그분은 그 음식을 큰 사랑을 가지고 준비하였고, 또 큰 기쁨을 가지고 있었다. 나는 그때 23세 밖에 안 되었지만 너무나 감동을 받아서 이렇게 물었다.

"목사님, 제가 실례가 되지 않기를 바랍니다만, 목사님이 기뻐하시는 이유를 좀 알고 싶습니다. 목사님은 삶에서 모든 역경들만 부닥치는데 어떻게 댁에서 식사를 하자고 저를 초대할 시간을 내셨습니까?" 그러자 그 목사님은 그리스도의 사랑으로 웃으면서 결코 잊을 수 없는 말씀을 해주셨다.

"내 아내가 처음에 다쳐서 반신불수가 되었을 때는 아주 고통스러웠지요. 나는 하나님께 대하여 매우 화가 났고 내 삶은 비참했었지요. 그리고 점점 더 고통스러워 갔어요. 그런데 어느 날 이런 말씀을 성경에서 읽었어요. '마음의 즐거움은 양약과 같다' (잠 17:22). 그때 나는 내가 화낼 필요가 없다는 것을 알게 되었어요. 나는 고통스러워할 필요가 없었어요. 하나님이 이미 나에게 주님의 기쁨을 약속해 주셨더라구요! 그래서 나는 예수님을 새롭게 모셨어요. '오셔서 내 삶을 채우시고 주님의 기쁨을 주옵소서' 하고 말이지요. 그날 이후로 내 삶은 그 기쁨으로 충만하게 되었답니다."

얼마나 큰 복인가? 손님을 대접하는 것은 우리의 삶이 편할 때와 무관하다. 좋은 집에서 사는 것과도 무관하다. 그 목사님은 이런 것들 중에 하나도 가진 것이 없었지만 그것은 아주 훌륭한 대접이었다. 왜냐하면 목사님은 자신이 가진 것을 예수 그리스도의 사랑과 기쁨을 가지고 나누었기 때문이다. 바로 그것이 그리스도인의 환대라는 것이다. 그리할 때 우리가 복을 받고 다른 이들에게 복이 될 것이다.

나그네를 영접하라

이제 마지막 한 구절만 더 살펴보자. 짧은 성경인 요한삼서를 보자. 요한 사도의 아주 특별한 편지다

"사랑하는 자여 네가 무엇이든지 형제 곧 나그네 된 자들에게 행하는 것이 신실한 일이니 저희가 교회 앞에서 너의 사랑을 증거하였느니라 네가 하나님께 합당하게 저희를 전송하면 가하리로다 이는 저희가 주의

이름을 위하여 나가서 이방인에게 아무 것도 받지 아니함이라 이러므로 우리가 이같은 자들을 영접하는 것이 마땅하니 이는 우리로 진리를 위하여 함께 수고하는 자가 되게 하려 함이니라"(요삼 5-8).

5절에서는 이 교인들에게 아주 특별한 칭찬을 한다. 그들은 나그네들에게 하나님의 사랑을 베풀었기 때문에 칭찬을 들었다. 그들은 알지도 못하는 사람들을 신실하게 도와주었는데, 그 결과 다른 이들이 그들의 사랑에 대하여 이야기하게 되었던 것이다. 그들이 그런 일을 예수님의 이름으로 하였다는 것은 놀라운 일이다. 그러므로 우리는 진리를 위하여 동역하기 위해서는 환대를 보여 주어야 하는 것이다.

손 대접의 사역은 오늘날 목회자의 사역에서 아주 중요한 부분이다. 우리는 다른 이들에게 짐이 되기 원치 않는다. 하나님은 우리가 율법주의란 짐에 눌리는 것을 원치 아니하신다. 하나님은 우리가 손님 대접 사역을 즐기기를 원하신다.

'접대'(entertainment)라는 말이 있다. 접대와 그리스도인의 환대는 굉장한 차이가 있다. 우리가 사람들을 집에서 접대할 때는 보통 그들에게 깊은 인상을 주려고 한다. 그러므로 그들이 우리가 베푼 것으로 인하여 깊은 인상을 받았는가, 받지 않았는가 생각하는 것은 자연스럽다. 그러나 그 생각이 사람들을 아주 긴장하고 불편하게 만든다.

그러나 그리스도인의 환대는 전혀 다르다. 그것은 그리스도의 사랑을 나누는 것이다. 누구에게 깊은 인상을 심어 주는 것이 아니라 단지 하나님이 주신 것들을 다른 이들과 나누는 것이다. 의무감이 아니라 기쁨으로 나누는 것이며, 긴장이 아니라 사랑으로 나누는 것이며, 어떤 율법주의적인 기대가 아니라 은혜로 나누는 것이다. 그러므로 그리스도인의 환대 사역을 즐겨야 한다.

B. 그리스도인의 관용에 대해

이번 장에서 다루고 있는 주제는 서로 밀접한 관계를 가지고 있다. 코이노니아, 영적 하나 됨, 그리스도인의 환대에 대해서 다루었고, 이제 마지막으로 그리스도인의 관용에 대해 살펴보려고 한다.

우리는 모두 하나님의 관용을 받은 사람들이다. 하나님은 우리 모두에게 그렇게 관대하셨다. 우리가 구원받은 것이나, 소멸되지 않은 것이나, 하나님을 섬기도록 부르심을 받은 것은 바로 하나님의 은혜와 관용 때문이다. 또한 하나님께서 우리의 필요를 채워 주시는 것도 바로 그분의 관용 때문이다. 하나님은 우리의 필요 이상으로 주셨다. 우리 주님은 정말 너무나도 은혜롭고 관대하시다.

그런데 자기들의 삶에서 관대하기를 거절하는 그리스도인들이 많이 있다. 예수님의 비유 하나가 생각난다. 주인에게 많은 돈을 빚진 종의 이야기를 기억하실 것이다. 그 돈은 엄청나게 큰 돈이었다. 그래서 그 종은 빚진 자들을 가두는 감옥에 들어가게 되었다. 그는 주인에게 가서 자비를 구했다. 그러자 주인이 그 종을 불쌍히 여겼다고 했다. 헬라어 성경에서 불쌍히 여긴다는 말은 우리의 위장을 상하게 할 정도로 깊은 사랑이라는 말이다. 그것은 예수 그리스도가 가졌던 종류의 사랑이다.

예수님의 비유에서 그 주인은 그런 마음으로 빚진 종을 불쌍히 여겨서 비록 엄청난 액수의 돈을 빚졌지만 그 종을 용서해 주었다. 그 종은 이제 감옥으로 가지 않게 되었다. 그리고 그 빚을 완전히 탕감 받았던 것이다.

그러나 그 후 탕감 받은 종이 친구를 만났다. 그런데 그 친구는 그에게 아주 적은 돈을 빚지고 있었다. 그 종은 친구에게 빚을 갚을 것을 요구했다. 그런데 친구가 갚을 수 없다고 하자 그 종은 친구를 옥에 가두어 버렸다. 주인이 이 소식을 듣고 매우 노했다. 주인의 심판이 은혜를 모르는 종에게 내려졌다.

이 비유는 우리 모두에게 경고가 된다. 이 비유는 용서에 대한 비유다. 즉 주님께서 우리의 죄를 모두 용서해 주셨으니, 우리도 다른 사람을 기꺼이 용서해 주어야 한다는 것이다.

사실 마태복음 6장에서 예수님이 제자들에게 기도를 가르치실 때, 이 원리를 말씀하셨다. 예수님은 우리가 다른 사람들의 죄를 기꺼이 용서하지 않으면, 주님께서도 우리의 죄를 용서하지 않으실 거라고 하셨다. 그런데 많은 그리스도인들이 다른 사람들을 용서하는 데 주저함으로 하나님의 복을 놓치고 있다.

그러나 나는 이 비유가 관대함에 대해서도 말하고 있다고 생각한다. 왜냐하면 주님은 우리에게 관대하셔서 은혜를 우리에게 베풀어 주셨기 때문이다. 하나님은 우리도 다른 사람들에게 그렇게 하기 원하신다. 하나님은 아브라함에게 "내가 너에게 복을 주니 너는 복의 근원이 될지니라" 말씀하셨다. 이것이 바로 하나님께서 우리의 삶에서 바라시는 것이다. 관대함에 대한 기본원리 몇 가지를 살펴보자.

심는 대로 거두는 원리

우선, 심는 대로 거두는 원리가 있다.

> "이것이 곧 적게 심는 자는 적게 거두고 많이 심는 자는 많이 거둔다 하는 말이로다 각각 그 마음에 정한 대로 할 것이요 인색함으로나 억지로 하지 말지니 하나님은 즐겨 내는 자를 사랑하시느니라" (고후 9:6-7).

이것은 매우 중요한 영적인 원리다. 우리는 그리스도인들이라고 하면서도 늘 빈곤하게 사는 사람을 얼마나 많이 보고 있는가? 그런데 그런 그리스도인들은 많은 경우 매우 풍성한 복을 받고 살고 있으나 자신들은 복을 받고 있지 않다고 여긴다. 종종 우리는 목회자로서 그런 사람들의 상담을 요청 받고 상담할 준비가 되어 있어야 한다.

이때 우리가 해야 할 첫 번째 질문은 "당신의 삶 속에서 나누는 생활은 어떠합니까?" 또는 "당신은 얼마나 관대합니까?" 라는 것이다.

말라기 선지자를 통해 하나님께서 우리에게 던지시는 질문을 기억하라. "너희가 하나님의 것을 도적질하려느냐?" 놀라운 질문이다. 그러자 사람들은 반문한다. "우리가 하나님의 것을 도적질하다니요?" 하나님은 다시 말씀하신다. "너희의 십일조와 헌물이 바로 그것이다."

그리스도인들이 하나님께 관대하지 못하면 하나님도 그들에게 관대하실 것을 기대할 수 없다. 하나님은 우리를 보호하시고 건강도 주시며 필요한 모든 것을 베풀어 주신다. 그런데도 많은 그리스도인들이 하나님께 아무것도 돌려 드리려 하지 않는다. 그들은 앞서 본 비유에서 은혜를 모르는 종과 같다.

하나님의 말씀은 분명하다. "적게 심는 자는 적게 거두고 많이 심는 자는 많이 거둔다. 각각 그 마음에 정한 대로 할 것이요 인색함으로나 억지로 하지 말라. 서기관이나 바리새인들처럼 율법적으로 하지 말라. 하나님은 즐겨 내는 자를 사랑하신다."

하나님이 즐겨내는 자를 사랑하시는 것은 놀라운 일인가? 우리는 하나님께 드리는 것부터 주는 삶을 시작해야 한다. 물론 그보다 훨씬 더 나아가야 하지만, 그 시작은 하나님과 해야 한다는 것이다.

많은 그리스도인들이 이렇게 말한다. "우리는 오늘날 십일조를 할 필요가 없어. 십일조는 율법의 일부야. 그러므로 우리에게 그것은 더 이상 필요치 않아." 이렇게 말하는 사람은 모두 한 가지 기본적인 문제를 가지고 있다. 그들은 관대한 사람이 아니며, 즐겨 내는 자들이 아니라는 점이다. 그들은 하나님께 드리지 않으려는 변명만 찾아내려고 하고, 스스로를 위해서만 재물을 사용하는 이기적인 사람들이다.

그들은 자기들의 삶에만 관심이 있다. 그러나 관대한 사람은 자기 얼굴을 하나님께로 돌린다. 관대한 사람은 얼마나 하나님께 드려야 하냐고 묻지 않고, 자신이 가진 모든 것이 하나님으로부터 왔다는 것을 깨닫고 있다. 그래서 그들은 하나님과 다른 사람들에게 매우 관대하므로 자신을 위해 쓸 수 있는 것은 어느 정도인가 질문하는 것이다.

우리는 심는 만큼 거둔다. 그러므로 매우 적은 복을 가진 그리스도인은 대부분 적게 심는 자다. 그 결과 그들은 매우 적게 거둔다. 그와 같은 성경적 원리는 구약 잠언 22장에도 나온다.

> "악을 뿌리는 자는 재앙을 거두리니 그 분노의 기세가 쇠하리라 선한 눈을 가진 자는 복을 받으리니 이는 양식을 가난한 자에게 줌이니라."(잠 22:8-9).

관대한 자(선한 눈을 가진 자)는 복을 받을 것이다. 그는 그의 양식을 가난한 자에게 주기 때문이다. 이것이 하나님과 예수 그리스도의 마음이며, 주님께서 원하시는 방법이며 목회방법이다. 우리가 관대하면 하나님은 복을 주신다.

하나님의 나라와 의를 구하라

산상수훈의 원리로 돌아간다. "하나님의 나라와 그의 의를 구하면 그 나머지는 너희에게 더해질 것이다." 이것이 하나님께서 사용하시는 기가 막힌 원리다.

오래 전 내가 대학에 다닐 때, 매우 재미있는 경험을 한 적이 있다. 그 대학의 학장은 매우 좋은 사람이었지만, 그리스도인은 아니었다. 그는 내가 그리스도인이란 것을 알고 있었지만, 나는 그에게 전도할 기회를 몇 번 놓쳤다. 그러던 어느 날 그가 나를 자기 사무실로 불렀다. 그리고 아주 흥미로운 질문을 했다.

"폴, 십일조가 뭔지 아니?" 나는 안다고 말했다. 그러자 십일조에 대해 말해 달라고 했다. 그래서 나는 십일조에 대한 성경적 원리들을 설명했다. 하나님께 첫 열매를 드리는 것, 우리가 가진 가장 좋은 것의 처음 십분의 일을 드리는 것이라고 했다. 그러자 고맙다며 자기도 십일조를 하고 싶다고 했다.

그가 그리스도인이 아니라는 것을 알고 있었기 때문에 나는 매우 놀랐다. 그래서 공손하게 물어 보았다. "그런데 왜 십일조를 하고 싶게 되었는지 말씀해 주시겠어요?" 그는 이렇게 대답했다. "십일조를 하는 처남이 있기 때문이지. 그런데 그 처남은 매우 부자가 됐어. 그래서 나도 십일조를 배우고 싶었던 거야. 내가 부유하고 잘 살기 위해서 말이야."

하나님은 관대하시지만 그것이 우리의 동기가 되어서는 안 된다. 그리스도인이 아닌 사람도 때로는 이 성경적 원리를 이해할 수 있다. 그들도 많이 심는 사람들의 삶에 하나님께서 복 주시는 것을 볼 수 있다. 그리스도인들이 이 점을 이해하지 못한다는 것은 비극이 아닌가? 많은 그리스도인들의 가장 큰 변명은 자신이 돈이나 자원을 어느 정도만 가지고 있다면 관대해질 것이라는 것이다. 또는 "난 언젠가는 관대해질 거야. 그러나 지금 당장은 그럴 여유가 없어" 하고 생각한다. 그러면 하나님도 그런 사람들에게 복 주시는 것을 보류하신다.

우리 사회에서 큰 문제의 하나는 빚진 사람들의 문제다. 그들은 모든 문제를 유발시키는 신용카드를 가지고 있다. 그리고 많은 경우 그리스도인들도 목사에게 와서 이 문제의 상담을 요청한다. 그들은 어떻게 하면 빚에서 벗어날 수 있을지 알고 싶어한다.

내가 그들에게 가장 먼저 하는 질문 중 하나는 이것이다. "당신은 하나님께 얼마나 드리고 삽니까? 당신이 빚에서 벗어나고 싶을 때 가장 먼저 해야 할 일은 많이 심는 것을 배우는 것입니다. 하나님께 관대하십시오. 그리고 당신 자신에게 관대하지 마십시오. 당신이 살 수 있는 형편이 될 때까지는 물건을 사지 마십시오. 하나님께서 원치 않으시는 것은 사지 않는다는 약속을 하십시오."

그러면 그들은 묻는다. "하나님께서 나더러 그것을 사라고 하시는지 아닌지 어떻게 압니까?" 나는 그들에게 하나님께서 살 수 있는 돈을 공급해 주시면 사라고 충고해 준다. 하나님은 우리의 모든 필요를 채워 주시겠다고 약속하셨다. 당신에게 필요한 것이 있다면, 하나님께서 공급해 주시도록 해보라. 때때로 신용카드로 사는 것이 옳지 않다고만 하는 것은 아니다. 그러나 우리는 책임을 져야 한다. 그리고 우리는 성령의 인도하심에 따라 그렇게 할 필요가 있다. 그리고 우리가 하나님의 복을 받으려 한다면 그분을 최우선순위에 놓아야 한다.

나는 그런 멋진 사람을 오래 전에 만났다. 그 당시 나는 캐나다의 작은 도시에서 전도집회의 책임자로 있었다. 그 전도집회의 회계를 맡은 분은 매우 품위 있는 신사적인 그리스도인이었다. 그들 내외는 연세가 꽤 많은 분들이었는데도 매우 상냥했고 내게 접대도 잘 해 주었다.

그 당시 나는 불행하게도 아내와 가족을 집에 두고 혼자서만 그 도시에 가 있어야 했다. 그래서 약 두 달 동안 가족들과 떨어져 있어야 했기에 매우 외로웠다. 그때 이 분들은 나의 특별한 친구가 되었다.

나는 5주 동안 한 주에 5일 간 저녁에 강의해야 했다. 우리는 그 강좌를 '증인과 같은 그리스도인' 이라고 이름 붙였다. 레이튼 포드 집회에서 상담할 사람들을 준비하는 강좌였다.

첫날 이 신사가 말했다. "목사님을 그 집회에 모셔다 드리고 싶습니다." 그는 매우 바쁜, 성공한 실업인이었다. 나는 이 분이 일주일에 하루 정도 태워 준다는 말로 생각했다. 그러나 그는 나를 매일 밤 태워 주었다. 한 주일에 5일씩 다섯 주 동안 그렇게 했다. 그러면서 다음과 같이 자기 이야기를 해주었다.

"제가 젊었을 때 우리 가정은 아주 가난했습니다. 저희 부부는 차를 구입할 수 없어서 차를 하나 달라고 기도했습니다. 그리고 차를 주시면 그 차를 하나님께 봉헌하기로 작정하고, 하나님의 영광만을 위해서 사용하기로 했습니다."

이 분은 30-40년이 지난 지금도 그때 하나님께 드린 약속을 잊지 않고 있었던 것이다. 그의 차는 크고 아름다웠는데, 그는 그 차가 자기 것이 아니라 하나님의 것이라고 말하면서 하나님을 위해 사용하기 원한다고 했다. 이런 연유로 해서 나의 사역을 참으로 멋있게 도왔다. 우리는 차를 타고 오랫동안 가야 했기 때문에 아주 친한 친구 사이가 되었다.

어느 날 저녁 그는 내가 잊지 못할 이야기를 해주었다. 그는 전 캐나다를 통틀어 가장 성공한 주식 브로커 중의 한 사람이었다. 그는 이렇게 말했다. "제 아내 밖에는 아무도 모르는 사실을 말씀드리죠." 나는 그것이 무엇인지 궁금했다. 그는 "제가 얼마나 많은 주식을 갖고 있는지 아십니까?" 하고 물었다. 모른다고 하자 그는 "하나도 갖고 있지 않습니다"라고 대답하며 다음과 같이 말했다.

"그 이유를 알고 싶으시죠? 주식을 갖는 것이 죄는 아닙니다. 저는 수백, 수천 달러 상당의 주식을 팔아 많은 사람들이 백만장자가 되는 것을 도와주었습니다. 그러나 저는 그중 많은 사람들이 돈 때문에 얼마나 실족하는지 보아왔습니다. 그래서 아내와 저는 부자가 되지 않기로 결심했습니다."

부자가 된다는 것은 특별한 책임을 지게 되는 것이다. 이에 우리는 하나님의 영광을 위해 돈을 쓰는 부유한 그리스도인들로 인해 하나님께 감사를 드리는 바다. 그는 이어서 이렇게 말했다.

"저희는 주식과 차고에 투자하는 대신 선교에 돈을 쓰기로 했습니다. 그래서 몇 년째 젊은 선교사들의 생활비를 지원하는 중입니다. 많은 사람들이 성경학교를 마치도록 지원해 주고 그들이 전세계로 나아가 예수 그리스도의 복음을 전할 수 있도록 도와주었습니다. 이제 저희는 늙었고 돈도 많이 없습니다. 그러나 이렇게 해온 것에 대해 후회하지 않습니다. 하나님 나라의 사역에 투자하게 되어 감사할 따름입니다." 이들은 하나님 나라에 투자했던 후한 사람들이었다.

나는 수년간 이 이야기를 한 적이 없다. 사적인 이야기여서 공공연하게 말하기를 원하지 않았기 때문이다. 그러다 수년 전에 그 사람이 죽어 하늘나라에 갔다는 말을 들었다. 그 이후로 나는, 그 실업인의 이름이나 출신지를 언급하지 않은 채 이 이야기를 해왔다. 그런데 3, 4년 전 어느 날, 서재에서 연구하고 있을 때 전화가 왔다. 바로 그 사람이었다. 그는 나에게 "폴 형제, 내가 죽은 줄 알았다면서요? 내가 살아있고 이렇게 잘 지낸다는 것을 몰랐군요" 하고 말했다. 나는 그에게 이렇게 말했다. "당신의 목소리를 듣게 되어 반갑습니다. 내가 당신의 그 훌륭한 이야기를 다른 사람에게 해서 혹 실례를 범했는지 모르겠군요." 그러나 그는 "아니요. 그렇지 않습니다. 그 이야기를 하셔도 좋습니다" 하고 대답했다. 나는 이 말을 들은 후 더욱 기쁨과 감사함으로 이 사람의 이야기를 하고 있다.

얼마 전에 캐나다에서 큰 연회에 참석해 설교할 기회가 있었다. 연회를 시작하기 전에 한 사람이 와서 인사를 하는데 바로 그 사람이었다. 그는 여전히 잘 지내고 있었다. 그는 여전히 베풀기를 좋아하는 사람이었고, 하나님께서 자기 재물을 선교에 써 주신 데에 대해 여전히 감사하는 사람이었다. 후한 사람들은 복을 받는다는 표본이다.

뿌린 대로 거두는 법칙에 관해 한 구절만 더 보자.

> "하나님은 만홀히 여김을 받지 아니하시나니 사람이 무엇으로 심든지 그대로 거두리라 자기의 육체를 위하여 심는 자는 육체로부터 썩어진 것을 거두고 성령을 위하여 심는 자는 성령으로부터 영생을 거두리라" (갈 6:7-8).

스스로 속이지 말아야 한다. 하나님은 만홀히 여김을 받지 않으신다. 무자비한 종도 자기 주인을 만홀히 여기지는 않았다. 관대하신 하나님은 우리에게 만홀히 여김을 받지 않으신다. 하나님께서는 뿌리고 거두는 법칙을 만드시고 무엇이든 여기서 벗어남이 없도록 하셨다. 스스로 속이지 말라. 하나님은 만홀히 여김을 받지 않으신다. 사람이 무엇을 심든지 심은 대로 거둘 것이다.

자기의 죄악 된 본성을 따라 심는 자나 육적인 것을 바라보고 자기만 위하는 자는 언제나 썩어진 것을 거둘 것이다. 죄는 언제나 죽음과 파멸을 낳는다. 불순종은 언제나 저주와 하나님의 심판을 가져오기 마련이다.

그러나 성령을 따라 심는 자는 성령으로부터 영생을 거둘 것이다. 바울은 뒤이어 9절에서 이 말씀을 적용하고 있다. "그러므로 우리가 선한 일을 하다가 낙심하지 맙시다. 우리가 중간에 그만두지만 않으면 때가 이르러 거두게 될 것입니다." 도중에 그만 두지 말자. 관대함에 대한 영적 훈련이 있으면 하나님의 복을 받게 된다. 이 복이 우리 생전에는 오지 않을지라도, 앞으로 오는 날들에 복을 주신다는 약속을 받았다. 바울이 이 진리를 로마의 그리스도인들과 함께 나눈 것을 보라. 로마서 8장 18절에서 "생각건대 현재의 고난은 장차 우리에게 나타날 영광과 족히 비교할 수 없도다"라고 말하고 있다.

히브리서 11장에서 우리는 하나님을 믿고 섬겼던 위대한 믿음의 선조들을 볼 수 있다. 그들은 자신들의 영적인 삶에서 아낌없이 많이 뿌렸다. 그들의 대부분은 약속도 받지 못하고 죽었고, 약속이 성취되는 것을 보지도 못하고 죽었다. 그러나 하나님께서는 측량할 수 없는 방법으로 그들에게 복을 주셨다.

도중에 그만 두지 말자. 낙심하지도 말자. 하나님을 믿되, 큰 믿음으로 하나님을 믿어야 한다. 그러면 하나님께서 높이실 것이다. 하나님께서 주시는 복과 영광이 우리 앞에 놓여 있다. 아무리 하나님께 드려도 하나님은 더 많이 주시는 분이다. 그런 하나님께서 우리에게 복을 주려 하신다.

이렇게 반문하는 사람이 있을지 모르겠다. "알겠습니다. 그런데 어떻게 해야 후하게 뿌릴 수 있는지요?" 또 이렇게 말하는 사람들도 있을 것이다. "내가 뿌릴 것이 있다면 아낌없이 뿌릴 텐데…." 야고보서 1장은 이 문제에 대해 말하고 있다.

"내 사랑하는 형제들아 속지 말라 각양 좋은 은사와 온전한 선물이 다 위로부터 빛들의 아버지께로서 내려오나니 그는 변함도 없으시고 회전하는 그림자도 없으시니라"(약 1:16-17).

우리가 뿌려야 하는 것을 만들어내지 않아도 된다. 주님께서 우리가 뿌릴 것을 준비해 주시기 때문이다. 주님은 우리에게 적게 주셨을 때도, 우리가 받은 적은 것을 가지고 후하게 쓰기 원하신다. 이것은 달란트 비유에 나오는 한 가지 원리이기도 하다. 주인은 세 종에게 1달란트, 2달란트, 5달란트를 주었다. 주인은 모든 사람이 다 같은 결과를 맺기 원하지 않았다. 주인은 5달란트를 받았던 종에게 더욱 많이 거둘 것을 기대하셨다. 이것이 씨 뿌리는 원칙 가운데 하나다. 우리에게 없는 것을 어떻게 뿌리나 걱정하지 말라. 자기 생활비 전부를 드렸던 과부와 같이 우리에게 있는 것을 아낌없이 사용하자. 예수님께서는 이 여인보다 더 후하게 드린 여인을 보지 못하였다고 말씀하셨다. 이 여인은 가진 것 전부를 드린 것이다.

다같이 고린도후서 9장을 보자. 이 구절은 깊은 가르침이 있다. 8절부터 보자.

"하나님이 능히 모든 은혜를 너희에게 넘치게 하시나니 이는 너희로 모든 일에 항상 모든 것이 넉넉하여 모든 착한 일을 넘치게 하려 하심이라."

여기 나타난 약속이 놀랍지 않은가? 이 구절은 빌립보서 4장 19절과 비슷하게 들린다. '나의 하나님이 그리스도 예수 안에서 영광 가운데 그 풍성한 대로 너희 모든 쓸 것을 채우시리라.' 우리 주님은 우주의 모든 자산을 가지고 계신 분이다. 사람들은 어리석게도 그것이 자기 것이라고 생각하지만, 사실은 얼마 못 살고 죽는 존재들이다. 사람은 갈 때 모든 것을 놓고 가야만 한다.

궁극적으로 재물은 사람에게 속한 것이 아니다. 하나님께서는 순식간

에라도 우리 목숨을 가져가실 수 있다. 주님은 우주의 모든 재물을 가지셨으며, 당신이 원하시는 곳에 이 재물들을 보내신다. 다음 구절은 고린도후서 9장 9절인데, 시편 112편에서 인용한 뜻 깊은 구절이다.

"기록한바 저가 흩어 가난한 자들에게 주었으니 그의 의가 영원토록 있느니라 함과 같으니라."

하나님께서는 당신의 재물을 흩어 가난한 자들에게 주셨다. 하나님의 의는 영원토록 있다. 심는 자에게 씨와 먹을 양식을 주시는 주님께서 우리에게 심을 것을 주사 풍성하게 하시고 의의 열매를 더하게 하실 것이다. 우리는 모든 면에서 부유하게 될 것이다.

여기서 잠깐 주의를 돌려 보자. 어떤 신학은 하나님께서 모든 사람이 부하기를 원한다고 이야기한다. 이른바 건강과 부의 신학이다. 하나님께서 당신의 자녀들이 부유하기를 원하시는 것은 사실이다. 그러나 항상 돈과 재산만 많기를 원하시는 것은 아니다. 이 구절의 배경을 보면 이 점이 더욱 분명해진다. 하나님께서는 당신의 자녀들이 부유해져서 모든 것을 자신들만 위해 쓰기를 원치 않으신다. 그렇게 되면 그들은 더욱 이기적인 인간이 되고 구두쇠처럼 살아갈 것이기 때문이다. 계속해서 11절에서 말하는 바를 보자.

"너희가 모든 일에 부요하여 너그럽게 연보를 함은 저희로 우리로 말미암아 하나님께 감사하게 하는 것이라."

우리는 모든 일에 후한 사람이 될 수 있다. 왜냐하면 하나님께서 우리에게 부요함을 주기 원하시기 때문이다. 우리가 이렇게 후한 사람이 되면 하나님께 감사할 수 있게 된다. 이제 12절을 보자.

"이 봉사의 직무가 성도들의 부족한 것만 보충할 뿐 아니라 사람들의 하나님께 드리는 많은 감사를 인하여 넘쳤느니라."

우리가 후하게 심는 것은 하나님께서 우리에게 주신 것을 가지고 심는 것이다. 받은바 은혜가 많든 적든 우리는 하나님께 받은 바를 아낌없이 사용해야 한다. 적은 것에 신실하면 하나님께서는 더욱 많은 것으로 우리에게 맡기실 것이다. 이 모든 것은 우리 자신의 이익만을 위해서가 아니라 우리가 하나님의 은혜를 다른 사람들에게 전해 주는 통로가 되기 위해서다.

어떻게 하면 풍성하게 거둘까

어떻게 해야 풍성하게 거둘 것인지 예수님은 누가복음 6장에서 여기에 대하여 매우 구체적으로 말씀하고 계신다.

"비판치 말라 그리하면 너희가 비판을 받지 않을 것이요 정죄하지 말라 그리하면 너희가 정죄를 받지 않을 것이요 용서하라 그리하면 너희가 용서를 받을 것이요 주라 그리하면 너희에게 줄 것이니 곧 후히 되어 누르고 흔들어 넘치도록 하여 너희에게 안겨 주리라 너희의 헤아리는 그 헤아림으로 너희도 헤아림을 도로 받을 것이니라" (눅 6:37-38).

이것은 놀라운 진리다. "주라. 그리하면 너희에게 줄 것이니 곧 후히 되어 누르고 흔들어 넘치도록 하여 너희에게 안겨 주리라." 놀랍지 않은가? 이 말씀은 인간들의 경제지식으로 보면 말이 되지 않고, 인간의 생각으로는 어리석은 말이다. 그러나 하나님께서 이렇게 하시는 것이다. 이러한 일은 하나님의 세계에서만 가능하다. 이 말씀은 우리 주 예수 그리스도의 놀라운 가르침이다.

"흩어 구제하여도 더욱 부하게 되는 일이 있나니 과도히 아껴도 가난하게 될 뿐이니라 구제를 좋아하는 자는 풍족하여질 것이요 남을 윤택하게 하는 자는 윤택하여지리라" (잠 11:24-25).

나는 이 구절을 좋아한다. 이 또한 경제적 사고로는 말이 되지 않는다. "흩어 구제하여도 더욱 부하게 되는 일이 있나니 과도히 아껴도 가난하게 될 뿐이니라." 어떤 사람은 손을 펴서 하나님께서 자기에게 주신 것들을 나누며 살아간다. 그러나 어떤 사람은 손을 꽉 쥐고 가진 것을 자신만을 위해서 쌓아둔다. 그러나 꽉 쥔 사람의 손은 아무리 펴 봐도 거기 아무것도 없다. 모든 것을 잃고 가난하게 되는 것이다. 그러나 손을 펴고 사는 사람은 항상 풍성하게 살아간다. 그가 남에게 나눠 줄수록 하나님께서는 그가 더 많이 줄 수 있도록 주신다. 이것을 못 믿겠다는 사람도 있을 것이다.

그러나 이렇게 말씀드리고 싶다. "한번 해보십시오. 하나님께 순종한 다음 무슨 일이 일어나는지 보십시오." 이에 대해 하나님은 말라기 3장에서 아주 흥미 있는 말씀을 하신다.

"나를 시험하여 보라. 풍성히 주고 내가 너희에게 어떻게 하여 주나 보라. 내가 하늘 문을 열고 너희에게 복을 내리지 않나 보라."

하나님께서 하늘 문을 열고 주시는 복을 받아 본 경험이 있는가? 하나님께서 약속하신 이러한 놀라운 경험을 못 해보고 산다면 서글픈 일일 것이다. "구제를 좋아하는 자는 풍족하여질 것이요 남을 윤택하게 하는 자는 윤택하여지리라"(잠 11:25).

다시 한 번 고린도후서 9장을 보자. 이는 매우 놀라운 구절이다. 참으로 깊은 진리가 그 안에 있다. 몇 가지 원칙들을 같이 복습해 보자. 8절에서 우리는 하나님께서 능히 우리에게 모든 것을 넘치게 하시고 모든 착한 일을 넘치게 하신다는 말씀을 읽었다. 10절에서는 하나님께서 우리에게 의의 열매를 더하신다는 말씀을 읽었다. 11절에서 우리는 하나님께서 우리를 모든 일에 부요하게 하신다는 내용을, 12절에서는 하나님께서 능히 당신의 백성의 필요를 채우신다는 말씀을 배웠다.

그러면 어떻게 해야 풍성하게 거둘 수 있는가? 후하게 심어야 한다. 우리는 하나님을 온전히 믿는다. 그러므로 하나님을 시험해 보자. 하나님께 순종해 보자. 그러면 넘치는 삶을 살게 될 것이다.

우리는 오늘날 성령이 충만한 삶, 하나님의 은혜가 넘치는 삶을 살고 있는가? 그렇지 못하다면 아마도 "내가 그런 삶을 살고 있다는 것을 어떻게 알 수 있는가?" 하고 의문을 품게 될 것이다. 하나님의 은혜와 복을 나타내는 데는 여러 가지가 있지만 그중 네 가지만 같이 생각해 보자.

첫째 원칙은 넘치는 사랑이다. 성령의 첫 열매는 사랑이다. 우리는 많은 사람이 외로워하는 세상에 살고 있다. 미국에서 가장 큰 사회문제는 외로움이다. 큰 도시에도 외로운 사람들이 너무 많이 있다. 그들은 자기 주변에 수많은 사람들이 있는데도 매우 외롭게 살고 있다. 이들이 종종 상담하러 오는데 그중 많은 사람들이 그리스도인들이다. 그들은 어떻게 해야 할 줄을 몰랐다.

이에 대한 성경의 답은 아주 간단하다. 우리가 심은 대로 거둔다는 것이다. 누군가가 매우 외롭다면 사랑의 씨를 심지 않았기 때문이다. 대부분의 사람들이 자신은 가만히 앉아 있으면서 다른 사람이 와서 자기를 사랑해 주기를 바란다. 그리고는 아무렇지도 않게 이런 말을 한다. "왜 사람들은 나를 사랑하지 않는 걸까? 왜 나에게 친절하게 하지 않는 걸까? 왜 나를 자기 집으로 초대하지도 않는 걸까?" 이 물음들은 모두 이기적인 물음들이다. 우리가 잘못된 길로 갈 때에나, 우리 자신에게 관심을 두었을 때 묻는 물음들이다.

그러나 주님께 초점을 맞추면 우리의 질문은 이렇게 변하게 된다. "내가 어떻게 해야 다른 사람들을 사랑할 수 있을까? 어떻게 해야 다른 사람들을 나에게 오게 할 수 있을까? 어떻게 해야 다른 사람들에게 나아가 말을 걸고 사귐을 가질 수 있을까?" 예수님께서는 이것이 참된 그리스도인을 알아보는 진정한 방법이라고 말씀하셨다. 요한복음 13장 35절에는 예수님이 "너희가 서로 사랑하면 이로써 모든 사람이 너희가 내 제자인 줄 알리라"고 하신 말씀이 있다. 예수 그리스도께서는 세상을 사랑하기 위하여 오셨다.

예수님께서 우리에게 아낌없는 사랑을 보여 주신 것처럼 우리도 다른 사람들을 사랑하면 외로움이 있을 수 없다. 세상에서 가장 많은 사랑을 받는 사람이 누구겠는가? 다른 사람들을 사랑하는 사람이다. 우리가 다른 사람들을 더 많이 사랑할수록 더 많은 사랑을 받을 것이다. 이것이 놀라운 삶의 길이며, 이것은 하나님의 품성에서 나온 것이다.

사랑에 대한 가장 심오한 정의는 성경에서 찾을 수 있다. 바로 "하나님은 사랑이다"라는 말이다. 우리가 그리스도 안에 거하고 그리스도께서 우리 안에 거하시면, 우리가 영적 열매 곧 성령의 열매를 맺고 사랑을 시작할 수 있다. 사랑의 씨를 아낌없이 뿌려 보자. 이것이 예수님의 지상명령을 완수함에 있어 중요한 첫걸음이다.

하나님께서는 세상을 사랑하셨다. 이것은 복음의 첫 부분이다. 하나님께서는 사람들이 먼저 당신을 사랑하기를 기다리지 않으셨다. 하나님은 우리가 아직 원수 되었을 때에 우리를 사랑하신 것이다. 그러므로 예수님께서는 "네 원수를 사랑하라"는 극단적인 가르침을 주셨다. 예수님께서 그런 말씀을 하신 것을 믿을 수 있겠는가? "원수를 사랑하라. 너희를 모욕하는 자에게 선을 행하라. 너희를 핍박하는 자들을 사랑하라." 이 얼마나 놀라운 관후함인가? 이는 예수 그리스도를 통하여 오는 하나님의 사랑이다. 우리는 조금도 주저함 없이 자유롭게 그리고 아낌없이 이 사랑을 나누어야겠다.

내가 십대였을 때 내 친구가 해준 말이 있는데, 나는 그 말을 잊지 못한다. "그리스도를 위해 다른 사람을 이기는 가장 좋은 방법은 그들을 죽기까지 사랑하는 것이다." 그런데 이것을 좀 다르게 말해 보겠다. "그리스도를 위해 다른 사람을 이기는 가장 좋은 방법은 그들이 살기까지 사랑하는 것이다." 우리도 이렇게 해서 그리스도를 믿게 되었다. 우리를 사랑하신 그리스도의 사랑이 있고, 그리스도의 사랑을 가지고 우리에게 다가와 준 그리스도인들이 있기 때문이다. 하나님께서는 우리도 이러한 사람이 되기 원하신다.

두 번째 원칙은 우리가 후한 사람이 되는 것이다. 우리 삶에서 하나님의 놀랍고 말할 수 없는 은혜가 흘러넘쳐야 한다는 것이다.

> "각각 은사를 받은 대로 하나님의 각양 은혜를 맡은 선한 청지기 같이 서로 봉사하라 만일 누가 말하려면 하나님의 말씀을 하는 것 같이 하고 누가 봉사하려면 하나님의 공급하시는 힘으로 하는 것같이 하라 이는 범사에 예수 그리스도로 말미암아 하나님이 영광을 받으시게 하려 함이니 그에게 영광과 권능이 세세에 무궁토록 있느니라 아멘" (벧전 4:10,11).

우리가 하나님의 각양 은혜를 나누어 주는 사람이 되어야 한다는 것이 기본적인 가르침이다. 우리 스스로의 힘으로는 은혜를 받을 수 없다. 우리의 받는바 모든 은혜는 하나님께로부터 오는 것이다. 이는 하나님의 놀랍고도 신기한 은혜다. 우리가 하나님의 은혜를 다른 사람과 더욱 많이 나눌 때 하나님은 우리에게 더욱 많은 은혜를 주신다.

나는 하나님의 은혜는 떨어지는 법이 없다는 것을 안다. 하나님의 은혜의 창고는 큰 바다, 대양과도 같은 것이다. 우리가 가까운 바다에 나가서 작은 깡통을 가지고 바다를 비우려 한다면, 남은 생애를 다 보내고도 턱없이 모자랄 것이다. 그런데 하나님의 은혜를 묘사하기에는 이 말도 크게 부족하다. 하나님의 은혜를 모든 사람에게 후하게 나누어 주라. 다른 사람의 삶에 이 은혜를 나누어 주라. 하나님께서 우리를 사랑과 은혜와 자비로 대하시는 것처럼 다른 사람들을 대하라. 그들과 우리에게 얼마나 큰 은혜가 되겠는가?

세 번째 원칙은 하나님께서 베풀어 주신 것들을 아낌없이 관후하게 취급해야 한다는 것이다. 고린도후서 9장의 내용들을 상기해 보자. 우리는 하나님께서 의의 열매를 맺게 하신다는 것을 알고 있다. 부요함도 주시고 하나님의 백성들에게 필요한 모든 것들을 채우신다는 것도 알고 있다. 그리하여 우리가 하나님과 사귐을 가질 수 있는 것이다.

하나님께서는 내가 어린아이였을 때 이 원리들을 가르쳐 주셨다. 내가 그리스도인이 된 지 얼마 안 되었을 때, 즉 2차 세계 대전이 끝난 직후의 일이다. 우리는 가난해서 많이 지니고 살지 못했다. 그 당시 나는 무언가 사고 싶었기 때문에 약간의 돈을 저축하고 있었다.

어느 주일날 한 선교사가 우리 교회에 와서, 그리스도를 위해 사람들에게 나아가는 선교사역에 대해 이야기해 주었다. 나는 여린 마음을 가지고 있었는데, 하나님께서 나에게 내가 모아둔 적은 돈에 대해 말씀하셨다. 내가 세상에서 갖고 있는 전 재산이었지만, 어쨌든 하나님께서는 내 마음을 움직이셨다.

당시 우리 집은 교회 옆에 있었는데, 예배가 끝날 즈음 연보를 드리는 시간이 되었을 때, 나는 교회에서 급하게 뛰어나갔다. 아버지는 목사님이셨는데 틀림없이 내가 어디 가는지 궁금하셨을 것이고, 어머니도 교회 오르가니스트 겸 성가대 지휘자이셨으므로 역시 내가 어디로 급히 가는지 궁금하셨을 것이다.

나는 집으로 가서 계단을 뛰어 올라가 동생과 함께 쓰는 침실로 갔다. 거기서 작은 저금통을 찾아내 그동안 모아둔 적은 돈을 손에 들고서 교회로 다시 달려왔다. 연보 쟁반이 지날 때 그 돈을 모두 드렸다. 그때 내 마음을 채웠던 그 기쁨을 나는 아직까지 잊지 못한다. 뭔가 잃어버렸다는 생각이 하나도 들지 않았다. 참으로 기뻤다.

내가 하는 이야기가 무슨 말인지 아는 분이 많을 것이다. 하나님께서 우리에게 희생을 원하실 때, 인간적으로 너무 많이 포기하는 것처럼 보일 때, 하나님께서는 우리에게서 무엇을 빼앗아 가시려는 것이 아니라 도리어 복을 주려 하시는 것이다. 내가 살아오는 동안 희생이 있었을 때마다 변함없이 그것이 복이 되는 경험을 하곤 했다. 그것은 하나님의 은혜였다.

그리스도인들이 자신의 소유물이 있는 것처럼 생각하는 것이나, 하나님 앞에서 무엇인가를 감추려드는 것은 아주 슬픈 일이다. 이런 사람들은 항상 무엇을 얻지 못하고 잃는다. 예수님께서 말씀하신 것처럼 자기 목숨을 얻고자 하는 자는 잃을 것이지만 예수님과 복음을 위하여 자기 목숨을 버리는 자는 얻을 것이다. 하나님께서 우리에게 더 많이 주실 것을 원해서가 아니라, 영원한 하나님 나라에 기여한다는 마음으로 우리의 받은 바를 아낌없이 나누는 것이 얼마나 놀라운 일인가?

마태복음 6장에 나오는 산상수훈에서 예수님은 우리 재산을 이 땅 위에 쌓아두지 말라고 하셨다. 또 다른 곳에서는 우리 마음을 세상에 있는 것들에 두지 말라고 하셨다. 또 예수님은 "너희를 위하여 보물을 하늘에 쌓아두라 거기는 좀이나 동록이 해하지 못하며 도적이 구멍을 뚫지도 못하고 도적질도 못하느니라"(20절)고 하셨다. 하늘에 쌓아둔 재산은 영원할 것이다. 그렇게 할 때 우리는 어리석음에서 벗어나 하나님 나라에 투자하는 것이다.

이제 마지막 네 번째의 특징을 보자. 우리가 아끼지 말아야 할 것이 또 하나 있는데, 그것은 우리 삶 전체다. 우리의 모든 것을 가지고 하나님과 사귀는 것이다. 이것이 그리스도인이 하나님과 사귀는 법이다. 우리 가정과 삶과 마음과 가지고 있는 모든 것을 다하여 하나님과 사귀는 것이다. 베드로전서 4장 9절을 다시 살펴보자. 우리는 다른 사람들을 대할 때 불평 없이 대해야 한다.

나는 참으로 우리들이 넘치는 삶과 복 있는 삶을 누리기 기원한다. 나는 젊었을 때 목회를 하도록 하나님께 부름 받았다. 나는 열두 살 때부터 언젠가는 내가 목회를 하리라는 것을 알고 있었다. 그런데 나에게는 심각한 문제가 하나 있었다. 말을 할 때 심하게 더듬는 증상이었다.

당시 나는 방과 후에는 집에만 틀어박혀 밖에 나가지 않았다. 나가면 다른 아이들이 놀릴 것만 같았다. 고등학교를 마치고 대학에 들어갔을 때 나는 화법을 전공하기로 마음먹었다. 학과장은 내게 차라리 전공을 하지 말라고 권했다. 교회에서는 장로님 한 분이 오셔서 팔로 나를 안고서 이렇게 말해 주었다. "나는 자네가 설교를 못하게 되리라고는 생각지 않으나 설교자보다는 성악가가 되는 편이 좋으리라 생각하네."

그러나 나는 하나님께서 내게 설교하기를 원하신다고 믿었기 때문에, 무엇이든 하나님께서 주신 것은 다시 하나님께 드리기로 결심했다. 하나님께서는 나에게 더듬는 혀를 주셨으므로 이 혀를 사용해서 하나님께 영광을 돌리기로 결심했다. 설교를 많이 해가면서 나는 말을 더듬지 않게 되었다. 그래도 다른 사람들과 이야기할 때는 대개 더듬었지만 일단 강단에 올라가면 하나님께서 나를 자유로이 말할 수 있게 하셨다. 그러던 중 졸업반이 되자 하나님께서는 나로 하여금 내 일생에서 매우 특별한 일을 하게 하셨다. 바로 언어장애가 있는 사람을 돕는 일이 있었다.

이상야릇한 일이다. 나 자신이 장애가 있는데 어떻게 다른 사람을 돕는단 말인가? 그러나 나는 하나님께 도움을 구하는 기도를 드리고 언어장애가 있는 어린아이들을 돕기 시작했다. 그때 나는 그들을 많이 도우면 도울수록 하나님께서는 나를 도우신다는 사실을 알게 되었다. 내가 주면 줄수록 하나님께서는 나에게 더욱 많이 주셨던 것이다.

나는 하나님께 드릴 것이 많지 않았지만 하나님께서 주신 그 적은 것을 드렸다. 그때 하나님께서는 나에게 은혜를 베푸셨다. 나는 요즘도 말을 더듬어 고생을 할 때가 있다. 그래서 지금도 강단에 올라갈 때마다 하나님께 내 혀를 주장하시고 하나님의 영광을 선포하게 해 주시도록 기도를 드린다.

네 번째 원칙은 "우리가 다른 사람을 대접하는 일과 관대함의 훈련을 어떻게 할 수 있는가" 하는 문제다. 세 가지만 간단히 말씀드리겠다. 먼저, 우리는 그리스도의 사랑을 나누기 위해 이 훈련을 해야 한다. 두 번째로, 그리스도의 은혜를 나누는 것이다. 그리스도의 사랑을 나누는 것이 먼저 이고 다음으로 그의 은혜를 나누는 것이다. 세 번째로, 그리스도의 복음을 나누는 것이다.

이제 세 가지의 질문에 한 가지 이상의 답을 글로 써보자.

첫 질문은 "이제부터 우리가 그리스도의 사랑을 다른 사람들에게 풍성하게 나누어줄 수 있는 길은 무엇인가?" 하는 것이다. 적어도 하나의 대답을 써보자.

두 번째의 질문은 "하나님의 은혜를 풍성하게 나눌 수 있는 길은 무엇인가" 하는 것이다. 마찬가지로 하나 이상의 답을 생각하기 바란다.

세 번째로 "그리스도의 복음을 풍성하게 나눌 수 있는 한 가지 이상의 길을 찾아보자"라는 것이다.

우리는 단순히 말씀을 듣는 것이나 기록을 남기거나 많이 기억하기를 원치 않는다. 단지 이를 통해 우리의 마음과 삶이 변하기를 바라는 것이다.

7 장

섬기는 지도자

목회자나 목회자의 아내가 된다는 것은 쉬운 일이 아니다. 그것은 큰 특권이기는 하지만 동시에 엄청난 책임이 따르는 일이다. 교인들은 목회자들에게 큰 기대를 걸고 있다. 그런데 사실은, 어떠한 목회자라도 이 모든 기대를 다 충족시킬 수는 없다. 그래서 이 모든 기대들을 다 충족시키려고 애쓸 필요도 없다고 생각한다. 대신에 하나님께서 우리에게 갖고 계시는 기대에 관심을 두어야 할 것이다.

이번 장에서 살펴보려고 하는 주제는 매우 특별한 것이다. 우리의 생이 끝나면 하나님 앞에 가서 정산을 해야 한다. 우리가 모든 사람을 기쁘게 하지는 못했을 수도 있고, 모든 사람의 기대를 충족하지는 못했을 수도 있다. 그러나 하나님의 기대를 충족해 드리는 것은 매우 중요한 일이다.

우리가 알다시피 하나님은 목자장이시며 우리는 그 밑의 목자들이다. 하나님은 당신의 양무리의 한 부분을 치도록 우리를 부르셨다. 하나님은 이 부분에 대해서 우리에게 책임을 물으신다. 그렇지만 하나님께서는 우리를 홀로 있게 버려두지 않으셨다. 우리의 힘만으로 목회하기를 바라지 않으신다. 우리는 하나님께 속한 모든 자원을 쓸 수 있다. 그리고 지역교회에서 목회자로 일할 때에 영적 훈련들을 사용하기 원하신다.

이번 장에서 섬기는 지도자의 매우 중요한 영적 훈련에 대해 살펴보자.

A. 섬기는 지도자란?

마태복음 20장에서 예수님의 삶과 사역에 대한 매우 놀라운 이야기를 발견할 수 있다. 예수님께서 이 말씀을 통해 우리에게 섬기는 지도자에 대해 매우 중요한 진리를 가르치시고 있다.

제자들은 예수님이 기름부음 받은 그리스도라고 믿었고, 이 땅 위에 하나님의 왕국을 세우실 것으로 믿었다. 그들 대부분은 예수님을 따르기 위해 많은 희생을 치렀고 예수님을 그리스도로 믿었으며, 자신들은 그 나라에서 매우 중요한 인물들이 되리라고 믿고 있었다. 그리스도께서 세상을 다스리기 시작하시면 그리스도와 함께 다스릴 것이라 생각했다. 그래서 그들은 불행하게도 교만한 마음을 품게 되었다.

그 결과 그들은 서로 갈라져서 하늘나라가 이 땅에 임하면 누가 가장 크게 되느냐 하는 문제를 놓고 논쟁하게 되었다. 특별히 예수님의 우편과 좌편에 누가 앉을 것인가를 놓고 서로 다투었다. 우리가 알고 있는 한, 그들은 예수님께 이 문제를 말씀드리지도 않았다. 그들은 자기끼리 이야기하고 논쟁했다. 특히 그들은 예수님께서 듣고 계시다고 생각될 때 그렇게 했다.

야고보와 요한의 제안

그러던 어느 날 그들 중 두 제자가 기가 막힌 아이디어를 가지고 예수님께 나아왔다. 그들은 세베대의 아들 야고보와 요한이었다. 이들은 예수님의 단순한 제자들이 아니라, 제자들 중에서도 핵심 멤버에 속해 있었다. 사도가 된 12명의 제자들 중에도 예수님은 베드로, 야고보, 요한을 불러 세 명으로 된 핵심 서클을 만드셨다. 그러므로 인간적인 기준으로 볼 때 야고보와 요한은 이미 중요한 인물이었다. 그러나 이들은 거기에 만족하지 못했다. 그들은 자신들이 하늘나라에서 가장 위대한 인물이 되고 싶어했다. 그래서 그들은 자신들의 어머니께 말씀드려서 어머니로 하여금 예수님께 부탁하도록 하였던 것이다.

그래서 그들의 어머니가 예수님께 나아와 이렇게 말씀드렸다. "예수님, 주님의 제자들 중에서 내 아들들은 가장 뛰어난 제자들입니다. 주의 나라가 이 땅에 임할 때 내 아들 하나는 주의 오른편에, 다른 하나는 주의 왼편에 확실히 앉도록 해 주십시오. 내 아들 둘은 가장 뛰어난 제자들이고 그 두 자리는 가장 중요한 자리들이기 때문입니다." 그리고 아마 이렇게 말했을 것이다. "이것은 주님께 드리는 아주 작은 요청입니다. 주님께서 결단해 주시기 바랍니다." 여기서 결단이란 주님의 오른편과 왼편에 누가 앉을지를 정하는 것이다. 이 어머니는 매우 현명한 어머니여서 자신이 결정하려 하지 않았다.

그런데 매우 흥미롭게도 성경은 예수님께서 이 어머니에게 대답하지 않으셨다고 말해 주고 있다. 예수님은 이 어머니가 왜 나아왔는지, 야고보와 요한이 어머니에게 이것을 부탁했다는 것도 이미 알고 계셨다. 그래서 대답하지 않으신 것이다.

예수님은 직접 제자들을 보고 말씀하셨다. "너희가 구하는 것을 너희가 알지 못하는도다." 그리고 흥미로운 질문을 하셨다. "내가 마시는 잔을 너희가 마실 수 있느냐?" 그들은 즉시 할 수 있다고 대답했다. 그러나 그들은 십자가에 대해 전혀 알지 못했고, 죽음이나 희생에 대해 듣는 것조차 원치 않았다. 그들은 영광과 권력의 잔과, 하나님 나라에서 보좌에 앉으신 예수님의 바로 옆에 앉을 생각만 했다. 그러나 예수님은 죽음의 잔과 죄사함을 위하여 자신의 피, 즉 십자가의 죽음과 희생의 삶을 말씀하신 것이다.

그들이 할 수 있다고 대답했을 때 예수님께서 말씀하셨다. "너희가 참으로 내 잔을 마시리라." 이는 그들이 앞으로 겪을 고난에 대한 예언의 말씀이다. 그러나 예수님의 좌우편에 앉는 일은 예수님이 정하실 바 아니며, 하나님 아버지께서 예비하신 사람이 거기 앉으리라고 말씀하고 있다. 예수님의 보좌 옆에 누가 앉을지 결정권은 하나님께 달려 있다.

"열 제자가 듣고 그 두 형제에 대하여 분히 여기거늘"(마 20:24).

다른 열 명의 제자들이 이 말을 들었을 때 두 형제에 대해 매우 화가 났다. 나는 두 형제들이 뭔가 잘못한다고 생각해서 다른 제자들이 화를 냈다고 생각하지 않는다. 그 두 형제들이 기발한 아이디어를 가져와서 화가 난 것이다. 그들은 두 형제들이 영광의 자리를 확보한 것이 아닌가 생각하여 두려워했던 것이다. 나머지 열 제자들은 자신들이 영광의 자리에서 배제되었다고 생각해서 화를 낸 것이다. 이러한 상황에서 예수님이 그들을 부르셨고, 그들에게 하나님 나라의 지도자론에 대한 매우 중요한 진리를 말씀하셨다.

모든 제자를 부르시고 예수님이 말씀하셨다. "이방인의 집권자들이 저희를 주관하고 그 대인들이 저희에게 권세를 부리는 줄 너희가 안다." 다스리는 사람들에게는 이것이 자연스러운 일이고, 지도자들의 정상적인 방법이다. 이방인의 지도자는 오늘날 세계의 수많은 지도자들처럼 다스린다. 그들은 세상에서의 비즈니스 지도자들처럼 권력과 권위의 자리에서 다스리고, 남을 주관하기를 좋아한다. 또한 자신들의 목적과 목표를 위해 남을 이용하기를 좋아하며, 남에게 권세를 부리기를 좋아하며, 자신들은 중요하고 남들은 덜 중요하다는 점을 부각시키기를 좋아한다. 제자들도 이러한 마음을 가졌다. 야고보와 요한도 지도자론에 대해 이런 생각을 갖고 있었다.

이방인의 지도력 스타일은 가장 힘이 세고 남 위에 군림하는 것이다. 이 방인의 지도자는 예수님께 나아갈 때 약삭빠르게 처신했던 야고보나 요한처럼 영리한 사람이다.

첫째가 되려면 종이 되어라

그러나 예수님은 이렇게 말씀하신다. "이방인의 다스리는 바는 이와 같다. 그러나 나의 왕국에서는 그렇지 않다." 마태복음 20장 26절에서 말 하는 바를 잘 보기 바란다. "너희 중에는 그렇지 않다. 너희 중에 크고자 하는 자는 섬기는 자가 되고 첫째가 되고자 하는 자는 종이 되어야 하리라." 이것은 이해하기 매우 어려운 가르침이다. 제자들로서도 이해하기가 극히 어려웠음에 틀림없었다. 그들은 지도력에 대해서 이방인의 생각을 가지고 있었다. 예수님께서 배반당하시던 그날 밤에도 제자들은 하늘나라에서 누가 큰가에 대해 논쟁을 하고 있었다.

예수님과의 마지막 만찬을 위해 식탁에 모였을 때에도 그들은 여전히 이 문제로 다투고 있었다. 실로 너무나 논쟁에 열중하여 예수님을 잘 모셔야 하는 것도 잊어버렸던 것이다. 우리가 죄에 빠지면 이렇게 된다. 죄는 우리를 이기적인 존재로 만들어, 우리가 어디 있을지라도 예수님을 잊어버리게 할 것이다.

그런데 이 자리에서 마지막 만찬의 밤에 예수께서 식탁에서 일어나셔서 겉옷을 벗으시고 수건을 허리에 두르신 후 대야에 물을 받으셨다. 그리고는 제자들 한 사람 한 사람에게 다가가셔서 그들의 발을 씻기셨다. 상상이나 할 수 있는 일인가? 이 분은 하나님의 아들이시며, 우주의 창조자요, 언젠가는 다시 오셔서 만왕의 왕으로서 만주의 주로서 다스릴 분이시다. 그런데 제자들이 누가 크냐 하는 문제로 다투고 있을 때, 겸손하게도 그들의 발을 씻기신 것이다. 제자들이 예수님의 발을 씻겨드려야 했다.

이것은 우리가 오늘날 교회에서 배워야 할 중요한 교훈이다. 목회를 하면서도 예수님보다는 자기 자신만 생각하는 이들이 너무도 많다. 그들은 자기들의 명성과 자신들이 중요하게 여기는 일과 크고 비중 있는 교회를 만들어 가는 데에만 관심이 있다. 또한 남이 자기를 어떻게 생각하느냐와 명성을 얻고 널리 알려지는 데 관심이 있다. 그러나 예수님처럼 섬기지는 않는다. 예수님은 섬기는 지도자의 모범이셨다. 예수님은 이렇게 말씀하셨다. "이방인들처럼 다스리지 말라. 하나님 나라에서 크고자 하거든 종이 되어라."

나는 그 말씀을 완전히 이해하지는 못하지만 그것을 믿는다. 우리가 하늘나라에 가게 되면 가장 위대한 사람들은 위대한 종이었던 사람들일 것이다. 목회하지 않은 사람들이거나 교회사 책에 그 이름이 쓰여지지 않은 사람들일 수도 있다. 그러나 예수님과 다른 사람들을 섬기는 데 신실했던 사람들일 것이다. 어떤 제자들이 하나님 나라에서 가장 큰 사람들인가? 잘 모르겠지만 이 사실은 분명히 알 수 있다. 가장 위대한 종이 되었던 사람일 것이다. 왜냐하면 가장 위대한 종이 되는 것은 예수님처럼 되는 것이기 때문이다. 그것이 바로 예수님께서 당신의 일을 하는 지도자들에게 원하시는 바다. 이 말은 실로 어려운 말이다. "누구든지 너희 중에 첫째가 되고자 하는 자는 종이 되어야 하리라."

그러나 예수님께서 27절에서 두 번째로 하시는 말씀은 더욱 어렵고 파격적이다. "누구든지 첫째가 되고자 하는 자는 너희의 노예가 되어야 하리라." 대부분의 사회에서 종은 약간의 권리가 있다. 자신의 지위와 직업을 싫어한다면 그 자리를 떠날 수 있고 다른 자리를 찾을 수도 있다. 고용주가 불친절하면 자리를 사임하고 나와 친절하고 공정한 고용주를 찾을 수도 있다. 살고 있는 곳이 마음에 들지 않으면 떠나 다른 곳에서 일거리를 찾을 수도 있다. 이렇게 자신의 거취를 결정할 약간의 권리가 있다.

그러나 노예는 그렇지 않다. 노예는 어떠한 권리나 힘이나 선택권이 없다. 전적으로 자기 주인의 권위 아래 있는 사람이다. 이 말로부터 헬라어인 '퀴리오스'란 말을 사용하게 되는데, 요즘 우리말로 번역하면 '주'다. 이것이 바로 예수 그리스도의 참된 제자들을 묘사하는 말이다. 예수 그리스도의 참된 제자는 예수 그리스도의 주권 하에 살아간다. 그들은 그들 삶에 있어서 모든 선택권을 포기해야 한다. 바울이 말했듯이 우리의 삶은 더 이상 우리의 것이 아니다. 우리는 철저하게 우리를 위해 죽으셨다 다시 사신 그리스도를 위해 살아가야 한다.

인간적인 생각으로 하면 우리는 목회를 선택하지 않았을 것이다. 돈을 많이 벌 수 있거나 매력이 있어서 이 일을 택한 것이 아니다. 예수 그리스도께 순종하며 응답하는 것이다. 나의 경우도 그렇다. 지금 하고 있는 일은 내가 하고 싶어 선택한 일은 아니다. 예전에 교회를 목회하던 그 일이야말로 내가 하고 싶어 한 일이었다. 나는 그 교회의 목회자 되기를 원했다. 그리고 원하던 그 교회와 원하던 바로 그 지역에 있게 되었다. 사랑하던 아이들과 가족들, 친구들도 우리 있는 근처에 있었다. 우리는 매우 편안했다.

내가 예수 그리스도의 종이라면, 그분은 나에게 물으셨을 수도 있다. "다른 사역을 해보지 않겠느냐?" 그러면 나는 주께, 매우 공손하고 부드럽긴 하지만, 아마도 이렇게 대답했을 것이다. "고맙습니다, 주님. 저를 다른 곳으로 불러 주시니 참 감사합니다. 그러나 저는 지금 있는 곳이 좋습니다. 여기가 편합니다. 아내도 이곳을 좋아하고 아이들도 여기에 우리가 머무는 것을 좋아합니다. 우리가 주님의 종이지만 선택의 자유가 있으니 여기 그냥 있도록 하죠. 불러주셔서 감사합니다만 사양하겠습니다."

그러나 이것은 나의 일방적인 생각이다. 예수 그리스도께 우리 삶을 드린 이상, 그분을 우리 삶의 주님으로 모시고 따르기로 결심한 이상, 우리는 하고 싶은 것을 마음대로 할 권리나 자유가 없다. 마치 노예처럼, 하나님께서 원하시는 것을 하기로 우리 자신을 드린 것이다. 우리는 자원해서 희생도 해야 한다. 나는 주님께서 우리가 당신의 뜻을 행하기로 마음을 열었는지 즐겨 시험하신다는 사실을 알게 되었다. 그 일례로서 나의 목회 중에 있었던 좀 우스운 이야기를 들 수 있다.

여러 해를 거치면서 주님께서 나를 새로운 목회지로 보내실 때마다 사례가 전보다 좋은 곳으로 부르신 적이 없었다. 항상 사례를 적게 받는 곳으로 옮기셔서, 목회지를 옮길 때마다 수입은 줄어들었다. 주님께서 나에게 이렇게 말씀하시는 것 같았다. "너희 동기를 시험하고 싶다. 너희가 너희들의 유익에만 관심이 있는지, 나의 유익에 관심이 있는지 알고 싶다." 그러나 물론 주님께서는 나에게 큰 사랑으로 대해 주셨고 우리들의 필요보다 늘 더 채워주셨다.

그러나 예수님을 주님으로 믿고 따른다면, 우리는 그분의 섬기는 종일 뿐 아니라 자원하는 노예임을 명심해야 한다. 종과 노예를 지칭하는 헬라어는 '둘로스' 다. 신약을 번역하는 사람들 중에는 이 말을 종으로 번역하지 않고 '자원하는 노예' 라고 번역하는 이들도 있다. 스스로 노예 되기를 자청하는 사람이라는 뜻이다. 예수님께서 야고보와 요한, 그리고 나머지 제자들에게 바로 이것을 말씀하셨다고 생각한다. "너희가 나의 나라에서 크고자 하면 먼저 자원하는 종이 되어라. 자원하는 종뿐만이 아니라 자원하는 노예가 되어라. 권리도 가진 것도 없이, 모든 것을 나에게 가져와라. 너의 모든 것과 너의 삶과 너의 모든 사업은 내 것이 될 것이다." 바로 이것이 주님께서 제자들로 하여금 하도록 부르신 것이다. 우리를 불러 하라고 하시는 것이다.

B. 예수님, 섬기는 지도자 모델

이제 28절을 보자. 여기서 예수님은 자신에 대해서 말씀하신다. 복음서에서 예수님이 스스로 말씀하실 때에는 늘 겸손하게 말씀하시는데, 여기서는 스스로를 '인자'라고 하셨다. 이 인자가 섬김을 받으려 오신 것이 아니라 섬기려 오셨고 자신의 목숨을 많은 사람을 위한 대속물로 주셨다. 섬기는 지도자를 알기 위해서는 예수님을 보아야 한다.

"섬기는 지도자의 모델이 누구냐?"고 자문해 볼 수 있다. 예수님은 섬기는 지도자에 대해 가르치기만 하시지 않고, 또 섬기는 지도자가 되라고 명령만 하시지 않고, 바로 자신이 섬기는 지도자가 되셨다. 예수님은 섬기는 지도자의 완벽한 모델이다. "섬기는 지도자가 누구와 같아 보이느냐?"고 묻는다면 우리는 "바로 예수님과 같아 보인다"고 대답할 수 있다. "섬기는 지도자는 어떻게 지도하느냐?"고 묻는다면 "섬기는 지도자는 예수님처럼 지도한다"고 대답할 수 있다. 예수님은 최고의 섬기는 지도자이셨다.

예수님은 섬김을 받으러 이 땅에 오시지 않았다. 예수님의 지상생활 중 다른 사람들에게 "나를 섬기라"고 하신 적이 있는가? 또 다른 사람들이 자신을 섬겨주기를 바라신 적이 있는가? 예수님을 섬기는 것이 옳고 정당함에도, 나는 예수님이 그런 것을 기대하지 않으셨다고 생각한다. 오히려 그분은 자신의 목숨을 다른 사람을 위해 주셨다. 우리들의 생명을 다른 사람들을 위해 준다는 것은 놀라운 특권이다.

그러나 예수님께서 다른 사람들을 섬기기 위해 자신의 목숨을 단순히 주신 것은 아니다. 예수님은 스스로의 죄를 위해 돌아가신 것이 아니라 예수님을 믿는 모든 사람들에게 구원의 길을 열어 주시기 위해 돌아가신 것이다. 예수님의 섬김은 엄청나게 큰 대가를 요구했다. 예수님이 십자가에 달리셨을 때 세상의 모든 죄를 짊어지신 것이다. 십자가는 로마정부가 고통을 주기 위해 고안한 그들이 생각해낼 수 있는 가장 고통스러운 기구였다. 거기 달렸을 때의 고통은 이루 말할 수 없는 것이다.

그런데 예수님은 육체의 고통만 겪으신 것이 아니다. 우리가 이해 못하는 고통도 당하셨다. 그분은 세상의 모든 죄를 짊어지셨던 것이다. 종이 되는 것은 쉬운 일이 아니며 영광스러운 일도 아니며, 또한 어떠한 세상적인 보상도 없다. 예수님께서 십자가에 달리실 때 사람들은 예수님께 감사하거나 찬송하거나 예배하지 않았다. 대신에 그들은 예수님을 조롱하고 저주했다. 그들은 "네가 만일 하나님의 아들이면 십자가에서 내려오라"고 했으며, "남을 구원할 수 있으면 너 자신을 구원하라"고 조롱하며 말했다.

우리가 종으로서 항상 칭찬받는 것은 아니다. 많은 사람들이 우리의 종 됨을 알아주거나 보상해줄 것을 기대하지 말아야 한다. 그러나 예수님께서는 알아주실 것이다. 하나님 나라에서 가장 큰 사람은 섬기는 사람이다. 예수님께서 섬김을 받으러 오시지 않고 섬기러 오셨으며, 자신의 목숨을 많은 사람을 위한 대속물로 주신 것처럼, 하늘나라에서 가장 큰 사람은 자신들의 삶과 죽음에서 섬기는 자들이다. 성경에는 예수님 생애의 이러한 면을 나타내주는 놀라운 구절이 있다.

참된 종은 자신에 대해 말을 많이 하지 않고, 주의를 집중시키지도 않는다. "나를 보라. 나는 종이다"라고 쓰여진 깃발을 쳐들고 자신의 종 됨을 광고하지 않는다. 예수님은 매우 겸손하셨고, 자신의 종 됨을 말씀하지 않으셨다. 그러나 성령께서 사도 바울을 감동시키셔서 예수님의 종 되심을 편지로 쓰게 만드셨다.

빌립보서 2장에는 예수 그리스도를 섬기는 지도자로 묘사하는 매우 놀라운 구절이 있다. 이는 잘 알려진 구절로 초기 교회에 찬송이 되었는데, 초대 교회 성도들이 말씀으로, 찬송으로 서로 자주 나누었던 구절이다. 이 구절은 우리에게 종 되신 예수님의 삶과 사역을 말해준다. 이 구절을 함께 살펴보자.

"너희 안에 이 마음을 품으라 곧 그리스도 예수의 마음이니 그는 근본 하나님의 본체시나 하나님과 동등됨을 취할 것으로 여기지 아니하시고 오히려 자기를 비어 종의 형체를 가져 사람들과 같이 되었고 사람의 모양으로 나타나셨으매 자기를 낮추시고 죽기까지 복종하셨으니 곧 십자가에 죽으심이라 이러므로 하나님이 그를 지극히 높여 모든 이름 위에 뛰어난 이름을 주사 하늘에 있는 자들과 땅에 있는 자들과 땅 아래 있는 자들로 모든 무릎을 예수의 이름에 꿇게 하시고 모든 입으로 예수 그리스도를 주라 시인하여 하나님 아버지께 영광을 돌리게 하셨느니라"(빌 2:5-11).

이 구절은 섬기는 지도자에 대한 예수 모델의 전거로 설명할 수 있다. 여기서 예수 그리스도께서 섬기신 모델의 일곱 가지 특징을 살펴보겠다.

섬기는 지도자의 일곱 가지 특징

첫 번째 특징은 우리의 태도가 예수 그리스도의 태도와 같아야 한다는 것이다. 바른 태도를 갖지 않고서는 섬기는 지도자가 될 수 없다. 태도는 동기에서 시작한다. 하나님께서는 우리가 '무엇을 하는가' 뿐만 아니라 '왜 하는가'에도 관심을 가지고 계신다. 성경에서 이 사실을 확인할 수 있다.

위대한 사랑장인 고린도전서 13장을 통해 우리의 태도나 동기가 얼마나 중요한지 살펴보자. 고린도전서 13장은 영적 은사에 대한 위대한 논변 가운데 자리하고 있다. 바울은 고린도전서 12장에서 영적 은사의 기능에 대해 중요한 가르침을 준다. 14장까지 계속 이어가고 있는데, 이 가르침의 중간에서 바울은 우리에게 사랑에 대해 말한다. 여기서 바울은 특별히 동기나 태도에 대해 말하고 있다.

"내가 사람의 방언과 천사의 말을 할지라도 사랑이 없으면 소리나는 구리와 울리는 꽹과리가 되고"(고전 13:1).

이 구절은 하나님의 말씀을 선포하고 가르치는 자에게 매우 중요한 말씀이다. 설교 잘 하고 가르치기 잘 하는 목회자는 그러한 은사에 대해 교만하지 않도록 주의해야 한다. 은사는 하나님께로부터 온 것이며 하나님의 영광을 위해 사용되어야 한다. 베드로전서 4장 10절에 있는 것처럼, 이 은사들은 다른 사람들을 섬기는 데 쓰여야 한다. 하나님께서는 스스로를 드러내고 자신의 이익을 위해 사용하도록 은사들을 주지 않으셨다.

미국에는 말 잘하는 재능이 있는 사람을 묘사하는 어구가 있다. '황금의 음성을 가진 연사'라는 말이다. 본문에서 그런 사람은 사람의 방언과 천사의 말을 한다고 묘사된다. 이러한 은사들을 우리도 가질 수 있다. 또 스스로를 돋보이게 하고 남에게 깊은 인상을 심어 줄 수 있다. 그러나 사랑으로 말하지 않는다면 그 말은 하나님 보시기에 시끄러운 소음일 뿐이다. 그리스도의 태도와 사랑 없이 설교하는 것은 소리 나는 구리와 울리는 꽹과리에 지나지 않는 것이다.

바울은 이어서 다른 은사들에 대해서도 이야기한다. "내가 예언하는 능이 있어 모든 비밀과 모든 지식을 알고 또 산을 옮길만한 모든 믿음이 있을지라도."

이 은사는 아주 대단하다. 모든 비밀을 아는 예언의 은사! 다니엘이 가졌던, 왕의 꿈을 해몽하는 영적 은사다. 그리고 두뇌가 아주 우수해서 IQ가 높고 모든 것을 암기할 수 있는 은사다. 내게는 이러한 친구 목회자가 있다. 그는 성경을 거의 다 외웠다. 그는 머리가 좋아서 거의 모든 것을 암기할 수 있다. 만일 우리에게 그런 은사가 있어서 성경을 장, 절, 각 단어에 이르기까지 알고, 모든 신학 책을 섭렵하여 세계에서 가장 뛰어난 기독교 지도자라 하자. 또한 작은 겨자씨만한 믿음이 아니라 태산 같은 큰 믿음의 은사가 있어 산에게 여기에서 저리로 옮기라 명령을 하면 그리 된다고 하자. 이 얼마나 대단한 일인가?

그러나 이런 일도 하나님께는 별것 아니다. 이런 은사들은 하나님께로부터 오는 것이다. 그분은 말씀하신다. "너에게 이런 특이한 은사가 있어도, 그리스도의 자세가 없고 그리스도의 사랑으로 쓰지 않으면 아무 유익이 없다." 아무 유익이 없다는 것이다.

또 내가 가진 것을 가난한 자들에게 준다면 얼마나 적극적인 자비인가? 지구 다른 곳에서 굶어 죽는 아이들을 보고 모든 것을 팔아 그들에게 식량 살 돈을 아낌없이 준다고 하자. 모든 것을 가난한 자들에게 주고, 후에는 누구도 줄 수 없는 자기 몸을 준다고 하자. 그러나 그리스도나 위대한 사회적 대의를 위해 몸을 불사르게 내어 주어도 그리스도의 사랑과 자세로 하지 않으면 아무 소용이 없다는 것이다.

사람들은 외모를 본다. 외모나 설교를 통해 영향을 받는다. 좋은 두뇌와 자비심에 감동할 수도 있다. 또 순교자가 될 수도 있으며, 믿음의 위인이 될 수도 있다. 그러나 잘못된 태도로 했다면 하나님은 중요하게 보시지 않는다. 우리 자세를 점검해보자. 시편 기자는 이렇게 기도했다. "하나님이여, 나를 감찰하사 내 마음을 아소서. 나를 시험하시고 내 생각들을 아소서. 내 속에 무슨 악한 길이 있나 보시고 영생으로 인도하소서."

섬기는 지도자는 예수님의 태도에서 시작한다. 우리는 예수님의 태도와 같아야 한다. 이제 남은 구절들은 우리가 어떻게 그러한 태도로 살아야 하는가를 말해 준다. 섬기는 예수님의 태도는 목회에 어떻게 나타나야 하는가? 빌립보서 2장을 보자.

섬기는 지도자의 모델에서 두 번째 특징을 볼 수 있다. 6절과 7절에서 예수님은 하나님과 본체시나 동등 됨을 취할 것으로 여기지 않으시고 자기를 비워 종의 형체를 가지셨다고 했다. 이것은 이해하기 어렵다.

요한복음 1장에서 우리는 예수님이 세상의 창조자 되심을 본다. 만물이 그로 말미암아 지은 바 되고 지은 것이 하나도 그가 없이는 된 것이 없다고 했다. 골로새서 1, 2장은 예수 그리스도께서 세상이 시작되기 전에 계셨다고 말해 준다. 그런데 그것이 전부가 아니다. 여기서는 한걸음 더 나가 예수님께서 모든 창조물의 목적이라고 말해 준다. 모든 것은 예수님을 통해서 만들어졌고, 예수님을 위해서 만들어졌다는 것이다. 그 뿐 아니라 이 구절은 예수님이 모든 창조물을 유지하는 분이라고 말한다. 이는 과학자들에게서 답이 나오지 않는 부분이다. 분자들이나 원자들이나 우주는 어떻게 유지되는가? 예수님께서 하신다는 것이다.

이 구절은 또한 예수 그리스도께서 처음, 즉 알파이실 뿐 아니라 오메가로서 만물의 마지막이라고 말해 준다. 이 구절은 예수 그리스도께서 만물의 주가 되실 날이 오고 있다고 알려 준다. 실제로는 예수께서 이미 모든 창조물과 모든 역사의 주님이다. 그러나 이제 사탄이 결정적으로 영원한 패배를 맛보고 불못에 던지우는 날이 올 것이다. 예수 그리스도께서 만왕의 왕으로 만주의 주로 다스리실 것이다. 성경은 이러한 예수 그리스도에 대하여 말해준다. 이 예수는 착한 사람, 위대한 종교 지도자, 섬기는 지도자만이 아니라 하나님의 본체다. 예수님은 하나님으로서 자신을 '무'로 만드신 것이다.

여기에 좋은 번역은 '예수께서 자신을 비우셨다' 는 것이다. 예수님께서는 우리 중 누구도 이해 못할 방법으로 세상에 오셔서 인간으로 나셨다. 그분은 우리가 받는 유혹과 도전을 받으셨다. 성경은 우리가 유혹 받는 모든 면에서 예수님도 유혹 받으셨다고 말해 준다. 예수님은 배고픔과 목마름과 고통과 슬픔을 맛보셨다. 예수님은 친구라고 부르신 나사로가 죽었을 때 무덤 문 앞에서 사람들이 보는 중에 우셨다. 예수 그리스도는 하나님의 영광을 떠나 자신을 스스로 비우셨다. 그분은 철저히 '무'가 되셨다. 하나님께서 이 세상에 오셔서 33년간 계셨으나, 대부분의 사람들은 그분이 거기 계신 줄도 몰랐다.

2,000년이 지난 오늘날도 대부분의 세상 사람들은 예수님을 믿지 않고 있다. 그분은 자신을 비우고 '무'가 되셨다. 그분은 책을 쓰지 않았고, 세계를 여행하지 않았으며, 좁은 지역에서 일하셨다. 그분은 로마제국이 점령한 나라에서 사셨다. 그분은 로마 황제를 만나거나 왕과 통치자들 사이에서 다니지도 않으셨다. 철저히 자신을 비우시고 '무'가 되셨던 것이다.

우리도 예수님을 위해 '무'가 되기 원하는 마음이 있는가? 하나님께서는 우리의 삶과 사역에서 우리를 다루실 때 주로 이런 관점에서 다루신다. 주님은 나도 그렇게 다루셨다.

수년 전 나는 매우 힘든 목회지로 부임하게 되었다. 주님은 나에게 매우 힘든 결정을 하게 하셨다. 큰 희생을 해야 하는 결정이었다. 나는 그분께 순종하고 따랐다. 그럼에도 상황은 점점 어렵게 되어갔다. 내 곁에 친구들도 많이 있었으나 나를 비난하는 사람들도 많았다. "너희는 하나님의 일을 하고 있지 않다. 만일 하나님의 일을 한다면 하나님께서 복을 주실 것이다"라고 말하는 이들도 꽤 있었다. 나는 봉급이나 어떠한 수입도 없었는데, 아내와 세 아이들을 부양해야 했으므로 매우 어려웠다. 그러나 하나님께서는 놀라운 방법으로 우리 필요를 채워주셨으며, 그분의 은혜로 나는 신실함을 지키고 최선을 다해 그분께 순종할 수 있었다.

그러던 어느 날, 나는 매우 큰 위기를 맞게 되었다. 사는 날 동안 그날을 잊지 못할 것이다. 내가 그토록 하나님께 순종하려 애쓰는 순간에도 일은 잘 풀리지 않는 듯이 보였다. 다른 사람들은 하나님을 무시하는 데도 복을 받는 것 같고, 우리는 하나님 앞에서 신앙을 지키려 하지만 그렇게 복을 받지 못하는 것처럼 보인다. 나는 능력과 이해의 한계에 왔을 때 하나님께 부르짖었다.

"오 주님, 왜 우리가 주님 앞에서 신실하게 살려고 이렇게 애쓰는데 무시하십니까? 주님, 너무 힘이 들고 굴욕적입니다. 이제 죽고 싶습니다. 주님, 제 생명을 거두어 주십시오."

이때 주님은 나에게 매우 분명하게, 사랑과 부드러움으로 말씀하셨다. 내가 생명을 거두어 달라고 기도했을 때, 주님은 "내 아들아, 나는 벌써 그렇게 했다" 하고 말씀하셨다. 나는 그 말씀을 지금까지 잊지 못한다. 그때 나는 이미 모든 삶을 포기하고 주님의 자원하는 노예가 되었음을 인정했다. 주님이 나에게 복 주시기로 결정하시든, 안 하시든 나는 그분의 종일 뿐이다.

그 밤에 나는 주님께 헌신하고 이런 말씀을 드렸다. "주님, 제가 실패하기를 원하신다면 주님의 영광을 위하여 실패자가 되도록 도와주옵소서." 주님께서 내 마음을 깨뜨리셨다. 나는 흐느껴 울었고, 나의 마음과 삶을 다시 한 번 주님께 온전히 드렸다. 나는 그때 스스로를 비우고 '무'가 되기로 결심하였다.

바울은 이렇게 말한다. "나는 날마다 죽노라." 하나님께서는 우리가 계속적으로 비워서 '무'가 되기 원하신다. 그리하여 우리는 모든 것을 가지신 분을 섬길 수 있는 것이다. 이것이 섬기는 지도자의 두 번째 특징이다. 우리는 예수님이 하신 것처럼 우리를 스스로 비워서 '무'가 되어야 한다. 유명해지고 파워를 갖는 일에 신경 쓰지 말고 겸손한 지도자로 예수님을 섬기는 데 신경을 써야 한다.

빌립보서 2장 7절은 예수 모델의 세 번째 특징을 보여 준다.
"오히려 자기를 비어 종의 형체를 가져."
예수님께서는 종이 되는 일에 대해 말씀만 하신 것이 아니라, 스스로 종이셨고 종의 형체를 가지셨다. 이것은 종의 모습만 흉내 내는 것과는 좀 다른 것이다. 어떤 사람들은 종의 행태를 흉내 내지만 그 마음은 그렇지 않다.

아이들과의 관계에서 그런 경험이 있을 것이다. 아이들이 뭔가 잘못했으면 "잘못했습니다" 하고 내게 와서 잘못을 빌기를 바라는데, 아이들은 그렇게 하지 않는다. 그러면 아이들을 저희들 방으로 보내어 가두어 둔다. 그리고 "잘못했습니다"라고 할 때에야 다시 문을 열어서 나와 놀 수 있게 한다. 그런데 아이들이 나올 때 많은 경우에, 삐쭉거리고 심지어는 성깔을 내면서 "잘못했어요"라고 큰소리로 말한다. 그러면 그 아이가 뉘우치는 감정이 없다는 것을 안다. 반성하는 기색이 없고 따라서 우리가 용서해 줄 마음이 없으면 아이들의 그러한 태도는 받아들일 수 없는 것이다. 진심으로 "잘못했습니다"라고 해야 용서 받을 것이다.

종의 본성을 갖는 것도 마찬가지다. 종처럼 행동하려는 크리스천들이 있다. 아이들처럼 그들은 "나는 종이다"라고 말하기도 한다. 그러나 그들은 종의 본성을 갖지 않았고, 종의 태도를 갖지 않았다. 그러므로 그들에게는 기쁨이나 만족감이 없고 분노가 있다. 그들은 종인 척하고, 종처럼 행동하려 애쓰지만 종의 본성으로 변하기까지는 예수 그리스도의 참 종이 되지 못할 것이다. 예수님께서 그렇게 하셨다. 예수님께서 스스로 종의 형체를 가지셨다.

섬기는 지도자의 네 번째 특징이 있다. 7절과 8절이 그것을 보여준다. "사람들과 같이 되었고 사람의 모양으로 나타나셨으매."

이 구절은 우리에게 어려운 구절은 아니다. 이 구절에는 실천적인 교훈이 있다. 우리는 인간적이고 겸손한 사람이 되도록 주의를 기울여야 한다. 미국에는 이 문제와 관련해 큰 문제에 빠진 목회자들도 있다. 큰 교회를 목회하거나 잘 팔리는 책을 쓰거나 라디오나 TV를 통해 유명해지면 많은 사람들이 자신이 인간 이상인 것처럼 행세하고 작은 하나님처럼 행세한다. 자신들은 남보다 낫다고 여기고 남들이 자기들을 존경해주기를 바란다. 남과 같이 있기를 싫어하고 남으로부터 자기를 구별하고자 한다. 자신들에게 말을 걸게 허락해 주고는 큰 은혜를 베푼 것처럼 생각한다.

이것은 분명한 위선이다. 예수님은 인간이셨고 사람들과 접촉하시는 분이셨다. 이와 관련해서 제자들은 문제가 있었다. 그들은 예수님을 유명인사로 모시려 해서 종종 사람들을 예수님과 차단했다. 그들은 어린아이들까지도 예수님으로부터 떨어지게 했다. 그러나 예수님은 그들을 꾸짖어 말씀하시기를 "어린아이들을 내게 오게 하라. 하나님의 나라가 그들의 것이니라"라고 하셨다. 우리가 겸손한 인간으로 남아 모든 사람과 만나는 것이 중요하다. 높은 사람들만이 아니라 낮은 위치의 사람들에게도 그렇게 해야 한다.

예수님은 맹인, 절름발이, 가난한 사람들, 나아가 문둥병자까지 만나 주셨다. 대부분의 사람들은 문둥병자의 옆에도 가지 않지만 예수님은 사랑으로 그들에게 다가가서서 고치시고 그들과 말씀하셨다. 예수님은 사람의 모습을 가지고 계셨다. 영원한 하나님이신 예수님께서 그렇게 하셨는데 우리가 안 해서야 되겠는가?

이제 섬기는 지도자의 다섯 번째 특징을 살펴보자.
"자기를 낮추시고 죽기까지 복종하셨으니"(8절)
예수님께서 스스로 겸손해지셨다는 것은 성경에서 반복해 강조하는 내용이다. 어떤 사람들은 "주님, 우리를 겸손하게 하소서"라고 기도한다. 그러나 이것은 매우 위험한 기도다. 성경은 그렇게 기도하라고 하지 않는다. 우리가 스스로 겸손해야 된다고 계속해서 강조하고 있다. 하나님께서 의지의 자유를 주셨으므로 우리는 교만하든지 겸손하든지 선택할 수 있다. 성경은 하나님께서 교만한 자를 대적하시나 겸손한 자에게는 은혜를 베푸신다고 분명히 선언하고 있다. 주님은 우리가 하나님 앞에서 겸손하기를 원하신다. 그것은 우리에게 주어진 선택이다. 하나님께서 우리에게 주신 선택이다. 예수님의 태도는 겸손한 태도다.

어떤 분은 이렇게 묻는다. "어떻게 해야 우리가 스스로 겸손할 수 있습니까?" 겸손해지는 가장 좋은 방법은 하나님의 임재 앞에 나와 하나님을 예배하고 경배하고 존숭하며 찬양하는 것이다. 이사야 6장에서 이사야가 높이 들린 주님을 대면한 것과도 같다. 그리스도인이라면 하나님의 임재 앞에 왔을 때 겸손해지지 않을 수가 없다. 그분 앞에서 우리 삶을 볼 때 겸손하게 된다. 하나님 앞에서 겸손하자. 예수님께서도 그렇게 하셨다.

여섯 번째 특징도 8절에 나와 있다. 예수님은 겸손하셨을 뿐만 아니라 십자가에서 죽기까지 순종하셨다. 하나님께 순종하는 것이 얼마나 중요한가? 이제 순종의 영역으로 들어와서 다시 간단하게 재확인해 보자. 우리가 자신들만을 보고 있지는 않은지, 우리의 소원과 복지에만 관심이 있는 것은 아닌지, 아니면 믿음으로 우리가 스스로를 부인하고 십자가를 지고 예수를 따르는지 살펴야 한다.

크리스천의 삶은 순종의 삶이며 믿음의 삶이다. 신구약을 통틀어 이것이 하나님의 종들이 가졌던 관심사다. 히브리서 11장에는 하나님을 섬기고 하나님을 즐거워했던 위대한 사람들의 이름이 많이 나오는데, 그들은 믿음과 순종으로 하나님을 섬겼던 것이다. 나는 그것이 성경적 믿음이라고 본다. 그것은 적극적 순종이다. 주님께서는 선택권을 주셨다. 우리는 순종하거나 불순종할 선택권을 가지고 있다. 우리는 그분을 믿는 믿음 안에서 이렇게 말한다. "주님, 제가 순종하고 주님을 따르겠습니다. 주님 뜻대로 행하겠습니다."

순종하다 보면 죽음에까지 이를 수도 있다. 예수 그리스도께서는 순종하시는 중에 십자가의 죽음까지 맛보셨다. 예수님은 이렇게 기도하셨다. "아버지, 가능하면 이 잔을 내게서 옮겨주십시오. 그러나 내 뜻대로가 아니라 아버지의 뜻대로 하시기 원합니다." 그 순간은 예수님께서 아버지께 순종할지 불순종할지 결단하는 순간이었고, 십자가를 피할지 십자가로 나아갈지를 결단하는 순간이었다. 그리고 십자가로 가셨다. 예수님을 믿는 온 세상 사람과 역사상 모든 사람들을 위해 돌아가셨던 것이다. 예수 그리스도의 참된 종은 죽기까지 순종하는 사람이다.

이제 일곱 번째 특징이다.
"그러므로 하나님이 그를 지극히 높여"(9절).
섬기는 지도자는 스스로를 높이지 않는다. 높아지고 싶고, 올라가고 싶고, 존경받고 싶거든 예수님께서 그렇게 해주시도록 하자. 우리는 예수님만 구해야 한다.

예수님은 이 문제를 비유로 말씀하셨다. 두 사람이 성전에 기도하러 올라갔다. 한 사람은 바리새인이요, 다른 한 사람은 세리였다. 바리새인은 서서 이렇게 기도했다. "하나님, 제가 다른 사람과 같지 않음을 감사드립니다. 토색하는 자들과 저기 있는 세리와도 같지 않음을 감사드립니다." 그리고 하나님께 자신이 얼마나 착하며 중요한 사람인지 말씀드렸다. "저는 일주일에 두 번 금식하며 모든 소유물의 십일조를 드립니다."

그러나 주님은 저만치 서서 하나님 앞에 감히 서지도 못하는 세리에 대해 말씀하셨다. 세리는 가슴을 치며 하나님께 부르짖었다. "하나님, 불쌍히 여기소서. 저는 죄인입니다. 구원해주소서." 이제 예수님께서 결론을 내리신다. "내가 너희에게 말한다. 이 사람, 즉 세리가 저 사람보다 의롭다 함을 받고 자기 집으로 내려갔다."

자기를 높이는 자는 낮아지고 겸손한 자는 높아질 것이다. 하나님의 나라에서는 이렇게 된다. 스스로를 높이는 자들은 하나님의 눈앞에서 높아지지 않을 것이다. 예수님께서는 겸손하셔서 죽기까지 복종하셨다. 그러므로 하나님께서 예수님을 지극히 높이셨다. 모든 이름 위에 뛰어난 이름을 주사 하늘에 있는 자들과 땅에 있는 자들과 땅 아래 있는 자들로 모든 무릎을 예수의 이름에 꿇게 하셨다. 이제 모든 입이 예수 그리스도를 구주로 고백하는 날이 올 것이다.

이제 '하나님의 영광을 위하여'라는 짧은 구절에 주목하자. 섬기는 지도자 예수 모델의 마지막 특징이다. 하나님께 영광을 돌리는 것이다. 하나님께서는 스스로 겸손한 태도를 취하는 사람들을 통하여 영광을 받으신다. 예수님의 태도를 배우기 원하는 사람들, 스스로를 비워 '무'로 만드는 사람들, 종의 본성을 갖는 사람들, 인간적이고 겸손한 사람들, 스스로 낮추는 사람들, 모든 일에 하나님께 순종하여 죽음까지 감수하는 사람들, 하나님께서는 이러한 사람들을 높여 주신다. 이들이야말로 하나님의 나라에서 큰 사람들이며 하나님 아버지께 영광을 돌려드리는 사람들이다. 우리 모두가 이렇게 되기를 기도드린다.

C. 섬기는 지도자의 성경적 모델

우리는 섬기는 지도자에 대한 예수 모델에 대해 살펴보았다. 이제 베드로전서 5장을 보자. 베드로는 이 진리를 예수님에게서 배웠다. 성경, 특히 복음서를 볼 때, 우리는 베드로가 섬기는 지도자는 아니었음을 알 수 있다. 그러나 섬기는 지도자로서 그의 역할은 오순절에 놀라운 방법으로 시작되었다. 그때 베드로는 더 이상 자기 힘으로 살거나 사역하지 않게 되었다. 그는 성령의 힘으로 사역했다. 단순히 그리스도께서 자기 안에 사시고 자기를 통하여 역사하시도록 했다. 성령의 인격과 능력 안에서, 그리스도로 하여금 우리를 통제하시도록 해드리는 것은 예수님의 태도를 갖는 데 필수적이다.

베드로는 매우 분명하고도 강력하게 섬기는 지도자에 대해 언급하고 있다. 성경에서 예수님의 가르침을 제외하면, 베드로전서 5장만큼 구체적으로 섬기는 지도자에 대해 말한 곳은 없다. 베드로전서 5장 1-4절에 나타난 섬기는 지도자의 6가지 특징을 살펴보자.

> "너희 중 장로들에게 권하노니 나는 함께 장로된 자요 그리스도의 고난의 증인이요 나타날 영광에 참예할 자로라 너희 중에 있는 하나님의 양 무리를 치되 부득이함으로 하지 말고 오직 하나님의 뜻을 좇아 자원함으로 하며 더러운 이를 위하여 하지 말고 오직 즐거운 뜻으로 하며 맡기운 자들에게 주장하는 자세를 하지 말고 오직 양무리의 본이 되라 그리하면 목자장이 나타나실 때에 시들지 아니하는 영광의 면류관을 얻으리라."

섬기는 지도자는 겸손하다

여기서 찾을 수 있는 첫 번째 원칙은, 섬기는 지도자는 겸손하다는 것이다. 본문에서 "섬기는 지도자가 겸손하다는 말이 어디 있습니까?" 하고 묻는 이도 있을 것이다. 이 말은 분명히 드러나 있지는 않지만, 1절에 예시되어 있다. 이 구절이 나온 배경을 한 번 알아보자. 베드로는 당시 교회에서는 매우 중요한 인물이었다. 그는 예루살렘 교회의 감독이 되었다. 그 당시 베드로보다 중요한 사람은 없다고 할 수 있다. 로마 가톨릭은 교황에 대한 교리를 여기에 기초해서 세우고 있다. 그들은 베드로가 예루살렘의 감독이었으므로 초대 교황이라고 믿고 있는 것이다.

베드로는 예수님과 가까이 있었던 제자였으므로 큰 명성을 누렸다. 그에게 있어서 교회의 지도자가 되는 일은 참으로 중요한 일이었다. 그런데 그가 교회의 다른 지도자들에게 편지한 것을 보면, 그는 교회에서 매우 중요한 사람이었지만 각국에 흩어져 박해받고 있는 사람들에게 편지를 쓰고 있는 것이다.

그런데 그는 동료 장로로서 글을 쓰고 있다. 놀라운 겸손이 아닌가? 그는 매우 힘 있는 교회 지도자로 자처할 수도 있었고, 이방인의 집권자들같이 편지를 써 보낼 수도 있었고, 흩어진 교회들 위에 법령을 공포할 수도 있었다. 그런데 그는 동료 장로로서 편지하고 있는 것이다.

물론 그는 이 장의 뒷부분에서 겸손에 대해 말하고 있기도 하다. 5절을 보자. "젊은 자들아 이와 같이 늙은 자들에게 순복하라." 그리고 이어서 중요한 말을 하고 있다. "서로 다른 사람을 대하여 겸손으로 옷 입으라." 그리고 그는 잠언 3장 34절을 인용한다. "하나님이 교만한 자들을 대적하시되 겸손한 자들에게는 은혜를 베푸시느니라 그러므로 하나님의 능하신 손아래서 겸손하라 때가 되면 너희를 높이시리라"

우리는 겸손으로 옷 입어야 한다. 하나님의 능하신 손아래서 겸손해야 한다. 우리가 빌립보서에 나타난 모델을 보아도 예수님께서는 하나님의 손아래서 겸손하셨다. 부드럽고 완곡하게 말하지만, 동시에 분명하게 중요한 말을 하고자 한다.

우리가 하나님 앞에서 자원해서 겸손하지 않으면 섬기는 지도자의 원리를 더 배울 필요가 없다. 하나님은 우리가 먼저 겸손하게 되지 않으면 우리 삶과 사역에 복을 주시지 않을 것이다. 예수님의 지상 사역은 겸손한 태도와 행동으로 시작되었다. 이것이 참된 기독교 지도자들이 갖는 첫 번째 특징이다. 섬기는 지도자는 겸손하다. 그들은 겸손으로 옷 입기 원하며 하나님 앞에서 날마다 끊임없이 자신들을 낮춘다.

하나님의 양떼를 돌본다

섬기는 지도자의 두 번째 원칙은 하나님의 양떼를 돌본다는 것이다.
"너희 중에 있는 하나님의 양무리를 치되" (벧전 5:2).
매우 간단한 원칙이지만 또한 매우 중요한 원칙이기도 하다. 많은 목회자들이 이 원칙을 무시한다. 그러나 우리가 이것을 이해하는 것은 매우 중요한 일이고, 실천하는 것은 더욱 중요하다.

하나님의 양무리를 돌보자. 이 양무리는 우리의 양이 아니라 하나님의 양떼다. 교회는 우리 교회가 아니라 언제나 하나님의 교회다. 예수 그리스도만이 교회의 주가 되신다. 4절에서도 보겠지만 그분은 목자장이다. 우리는 단지 그분의 양을 치는 일시적인 목자로서 특권을 받았을 뿐이다.

섬기는 지도자는 양떼가 자기 것이 아니라 주님의 것임을 안다. 하나님은 우리에게 양떼를 돌볼 책임을 주셨다. 우리는 하나님께 대하여 양떼를 칠 책임이 있다. 이는 주인으로부터 달란트를 받은 종들의 경우와도 같다. 모든 사람은 자기가 받은 달란트로 무엇을 했느냐에 대해 하나님께 책임이 있다. 누가 1달란트, 2달란트, 혹은 5달란트를 받았다는 사실은 우리의 알 바가 아니다. 주시는 것은 하나님의 소관이다. 그러나 종들은 하나님께 받은 바에 대해 하나님께 책임이 있다. 우리를 현재 섬기는 각양 교회로 부르신 분은 하나님이시다. 우리는 하나님께서 맡기신 바에 대해 책임이 있는 것이다.

에스겔 34장은 섬기는 지도자에 대해 알 수 있는 매우 중요한 말씀이다. 어떻게 양무리를 쳐야 하는가에 대해 매우 중요한 내용을 보여 주고 있다.

"여호와의 말씀이 내게 임하여 가라사대 인자야 너는 이스라엘 목자들을 쳐서 예언하라 그들 곧 목자들에게 예언하여 이르기를 주 여호와의 말씀에 자기만 먹이는 이스라엘 목자들은 화 있을진저 목자들이 양의 무리를 먹이는 것이 마땅치 아니하냐 너희가 살진 양을 잡아 그 기름을 먹으며 그 털을 입되 양의 무리는 먹이지 아니하는도다 너희가 그 연약한 자를 강하게 아니하며 병든 자를 고치지 아니하며 상한 자를 싸매어 주지 아니하며 쫓긴 자를 돌아오게 아니하며 잃어버린 자를 찾지 아니하고 다만 강포로 그것들을 다스렸도다 목자가 없으므로 그것들이 흩어지며 흩어져서 모든 들짐승의 밥이 되었도다 내 양의 무리가 모든 산과 높은 멧부리에마다 유리되었고 내 양의 무리가 온 지면에 흩어졌으되 찾고 찾는 자가 없었도다" (겔 34:1-6).

이 예언은 이스라엘 역사에서 매우 어려운 시기에 주어졌다. 하나님의 말씀이 에스겔에게 임했다. 이 예언은 특히 하나님의 양무리를 영적으로 돌보는 일에 대한 것이다. 우주의 통치자이신 하나님의 말씀은 이렇다. "자기만 먹이는 이스라엘 목자들은 화 있을진저, 목자들이 양의 무리를 먹이는 것이 마땅치 아니하냐?"

당시에 목자들의 죄는 우선 양을 돌보지 않고 자신들을 돌보았다는 것이다. 그런데 하나님은 그들에게 양들을 돌볼 책임을 부여하셨기에, 이제 그들에게 책임을 묻고 있는 것이다.

하나님은 이렇게 말씀하신다. "너희가 살진 양을 잡아 그 기름을 먹으며 그 털을 입되 양의 무리는 먹이지 아니하는도다. 너희가 그 연약한 자를 강하게 아니하며 병든 자를 고치지 아니하며 상한 자를 싸매어 주지 아니하며 쫓긴 자를 돌아오게 아니하며 잃어버린 자를 찾지 아니하고 다만 강포로 그것들을 다스렸도다. 목자가 없으므로 그것들이 흩어지며 흩어져서 모든 들짐승들의 밥이 되었도다.”

이것은 목자인 우리에게 아주 중요한 경고다. 하나님의 양을 치는 것은 큰 특권이지만 동시에 두려운 책임이기도 하다. 우리는 하나님께 책임이 있으며 하나님은 우리에게 책임을 물으실 것이다. 우리는 자신만 돌보아서는 안 된다. 우리는 선한 목자와 같이 되어야 한다. 선한 목자이신 예수님은 양들을 사랑하여 자신의 목숨을 양들을 위해 주셨다.

> “그러므로 목자들아 여호와의 말씀을 들을지어다 주 여호와의 말씀에 내가 나의 삶을 두고 맹세하노라 내 양의 무리가 노략거리가 되고 모든 들짐승의 밥이 된 것은 목자가 없음이라 내 목자들이 내 양을 찾지 아니하고 자기만 먹이고 내 양의 무리를 먹이지 아니하였도다 그러므로 너희 목자들아 여호와의 말씀을 들을지어다 주 여호와의 말씀에 내가 목자들을 대적하여 내 양의 무리를 그들의 손에서 찾으리니 목자들이 양을 먹이지 못할 뿐 아니라 그들이 다시는 자기를 먹이지 못할지라 내가 내 양을 그들의 입에서 건져내어 다시는 그 식물이 되지 않게 하리라” (겔 34:7-10).

하나님의 심판이 하나님의 양들을 돌보지 않는 목자들에게 임할 것을 말해 주고 있다. 이 시대에 우리는 어떤 목자인가? 여기 에스겔 34장에 나타난 유형의 목자인가, 아니면 하나님께서 원하시는 대로 하나님의 양무리를 먹이는 목자인가? 우리는 모두 하나님 앞에서 우리가 양떼를 돌보면서 어떠한 모양의 사역을 하고 있는지, 주님이 점검하시도록 해야 한다. 주님은 우리 마음과 목회를 감찰하신다. 그리고 우리가 목양할 때 어느 정도나 신실한지 알고 계신다.

자원함으로 양무리를 돌본다

베드로전서 5장에서 섬기는 지도자의 세 번째 특징을 찾아볼 수 있다.

> "너희 중에 있는 하나님의 양무리를 치되 부득이함으로 하지 말고 오직 하나님의 뜻을 좇아 자원함으로 하며 더러운 이를 위하여 하지 말고 오직 즐거운 뜻으로 하며" (벧전 5:2)

양무리를 치되 마지못해 하는 것이 아니고 자원하는 마음으로 하는 것이다. 이것이 세 번째 원칙이다. 우리가 예수님의 태도를 가졌든 못 가졌든 하나님께서 우리에게 원하시는 것을 자원해서 해야 한다. 우리는 하나님께서 목양을 하도록 부르셨기 때문에 하나님의 양을 돌본다. 또한 우리가 자신의 일보다 하나님의 일을 하기로 자신을 드렸기 때문에 하나님의 일을 한다. 우리는 이미 주님께 이렇게 말씀드렸다. "주님, 제가 하겠습니다."

하나님은 우리가 이 일을 자원해서 하는지 아닌지 알고 계시고, 또한 우리가 자원하는 마음으로 하기를 참으로 원하고 계신다. 예수님은 하나님 아버지께서 강요하셨기 때문에 십자가를 지신 것이 아니라 몸소 자원해서 지셨던 것이다. 예수님께서 수많은 천사들을 불러 자신을 구원하게 할 수 있었으나 그렇게 하지 않으셨다. 예수님은 성부 하나님께 속한 모든 것을 자신을 위해 쓰실 수도 있었다.

그분은 세상에 오실 때도 자원해서 오셨고, 자원해서 종의 삶을 사셨다. 또한 자원해서 십자가를 지셨으며, 십자가의 고난도 스스로 택하셨다. 예수님은 순전히 자원하심으로 우리 죄를 위하여 자신의 피를 흘리시고 죽으셨던 것이다.

이제 중요한 질문을 한다. "당신은 왜 목회를 하고 있는가? 자원해서인가? 스스로 겸손케 했기 때문인가? 삶을 온전히 주님께 드렸기 때문인가?"

서구 교회의 비극적인 사실 하나는 목회를 다른 직업과 같이 보는 사람이 많다는 것이다. 그들은 교사나 변호사나 의사를 택하는 것처럼 목회를 선택한다. 그리스도인이 그래서는 안 될 것이다.

모든 그리스도인은 하나님으로부터 자기 직업을 받았다. 그리스도인이면 의사나 배관공이나 주부나 어떤 직업이든지 자신이 그 일에 부름 받았다는 소명의식이 있어야 한다. 마찬가지로 목회자는 하나님께서 자기를 목회자로 부르셨다는 소명의식이 있어야 한다.

하나님께서 우리를 부르셨을 때 부르심을 거절할 수 있으며 자원하는 마음으로 하나님의 부르심에 순종할 수도 있다. 섬기는 지도자가 관리자나 목자로 일하는 것은 의무감 때문이 아니라 자원하기 때문이다. 이것은 섬기는 지도자에게 매우 중요한 부분이다.

섬기기를 열망한다

섬기는 지도자는 섬기기를 열망한다는 이 말에 주목하라. 관리자로 섬기되 의무감 때문이 아니라 자원하기 때문이며, 하나님께서 원하시기 때문이다. 하나님은 자원하기를 바라신다.

"더러운 이를 위하여 하지 말고." 돈을 좋아하는 마음으로 목회하는 사람을 아는가? 대다수는 그런 사람은 모른다고 할 것이다. 왜냐하면 다른 일을 하면 더 많은 돈을 벌 수 있기 때문이다. 그러나 우리가 "더러운 이를 위하여 하지 말고"라는 구절에서 우리가 살펴보아야 할 더 좋은 번역이 있다.

나는 베드로전후서에 대한 주석을 쓸 수 있는 귀한 기회를 갖게 되어, 그때 이 구절을 좀 더 깊게 연구하고 헬라어 전문가들도 많이 만나 보았다. 많은 번역 중에 더 나은 번역은 "사사로운 이익을 좇지 말라"는 것이다. 즉 돈만이 아니라 다른 종류의 사사로운 이익도 포함하는 것이다. 예를 들면 우리가 에스겔 34장에서 읽은 것과 같은 것들이다. 여기서 하나님은 이스라엘의 영적 목자들이 주로 자기들의 사사로운 이익을 위해 목회하는 데 대해서 책망하신다.

우리는 목회하면서 많은 희생을 한다. 그러나 우리의 사사로운 이익도 그 종류가 많다. 그것은 권력이나 권위가 될 수 있고, 자신이 많은 사람에게 알려지는 데서 오는 자고하는 마음이나 양떼를 맡은 데서 오는 이익, 또는 그들의 삶을 통제하고 이런 저런 것들을 시킬 수 있는 데서 오는 이익 등이다. 이런 것들은 모두 목회에서 정도를 벗어나는 것들이다.

우리는 사사로운 이익을 따라 목회를 해서는 안 된다. 목회를 하는 주요 동기가 우리의 유익이 아니라 하나님께서 에스겔을 통해 일하신 것처럼 우리를 통해 하시는 목회가 되어야 한다.

그것은 목자의 이익이 아니라 목자가 양에게 줄 수 있는 이익이다. 그러므로 베드로는 "섬기기를 열망하라"는 이례적인 단어를 쓰고 있다. 섬기는 지도자는 자원해서 섬기려 할 뿐 아니라, 섬기기를 열망해야 한다. 이 말은 대단히 중요한 말이다. 나는 30년 이상 목회해 왔지만 섬기는 것이 쉽지 않다는 것을 안다.

나는 열심과 즐거움으로 섬기기를 열망하는 두 부류의 사람들을 보았다. 한 부류는 정신적 장애인들이다. 그들에게는 더 나은 길을 아는 법이 없다. 나는 극소수의 이러한 사람들을 보아왔는데 이들도 섬기기를 원할 수는 있다. 섬기기를 열망하는 또 다른 부류의 사람들은 기독교인들이다. 그리스도의 주권 아래 살고 자신들의 마음과 삶 속에 그리스도의 영을 모시고 사는 사람들이다.

예수님께서 우리 삶을 이끌지 아니하시면 어느 누구도 섬기기를 열망할 수 없다. 사람은 다 섬김 받기를 더 좋아한다. 그러나 주님께서는 섬기기를 원하셨다. 우리 주 예수께서는 섬김을 받으려 하지 않고 섬기려 이 땅에 오셔서 자신의 목숨을 많은 사람의 대속물로 주셨다. 우리가 섬기기를 열망한다면 하나님 앞에서 겸손해야 하고, 예수님의 태도와 영을 갖기를 구해야 하고, 또한 예수님과 같은 동기를 가져야 한다.

"주님, 저희들이 예수님을 닮도록 도와주소서." 주님만이 우리로 하여금 섬기기를 열망하는 사람으로 만드실 수 있다.

나는 수년 간 어떻게 섬기는 자가 되고 목사가 될 수 있는가 하는 주제를 연구해 왔다. 그리고 그것은 태도에서 시작한다는 결론에 도달하였다. 이것은 우리와 예수님과의 현재 관계에 매우 밀접히 연결되어 있다. 우리가 지금 예수님을 삶과 사역의 주님으로 모신다면, 성령 충만을 얻게 될 것이다. 어떠한 목사, 목회자가 섬기기를 열망한다면, 나는 이에 대해서 한 가지 사실을 확언할 수 있다. 그 사람은 자신이 삶과 사역에 결정권을 갖지 않으며, 성령의 결정권 아래 있다는 것이다.

섬기려는 열망이 식을 때를 만나도 해결책은 간단하다. 우리가 다시 한 번 주님 앞에, 주님의 주권 앞에 우리 스스로를 낮추면 되는 것이다. 주님께서 자신의 뜻을 우리 삶 속에 이루시도록 모시는 것이다. 그렇게 할 때에만 섬기려는 열망이 생기고, 큰 기쁨과 만족과 복을 얻게 되며, 섬기려는 다른 사람들에게 즐거움과 복을 줄 수 있을 것이다.

양무리의 본이 된다

섬기는 지도자의 다섯 번째 원칙이 또한 베드로전서 5장 3절에 나와 있다.

"맡기운 자들에게 주장하는 자세를 하지 말고 오직 양무리의 본이 되라."

베드로는 마태복음 20장에 나오는 예수님의 가르침을 거의 직접적으로 인용하고 있다. 이 가르침은 예수님께서 그날에 베드로와 야고보와 요한과 다른 제자들에게 주신 것이다. "이방인과 같이 주관하지 말라. 일반 사람들같이 주관하지 말라. 그들은 남을 지배하기를 좋아한다." 이제 예수님께서 말씀하신다. "남들을 주장하지 말라. 너희에게 맡기운 자들을 주장하지 말라. 영적인 목자로서 주의 양떼를 주장하려 해서는 안 된다. 대신에 양무리의 본이 되어라."

아이들은 주로 본을 보고 배운다. 어른도 마찬가지다. 사람들에게 무엇무엇을 하라고 하는 것만으로는 대개 충분치 않다. 하는 법을 보여 주어야 하고, 실례를 제공해 주어야 한다. 지시만 해서는 안 되고 시연을 해주어야 한다. 우리가 모델을 갖고 따를 수 있는 모범을 갖고 있어야 한다.

내가 어렸을 때, 아버지는 내게 고기 잡는 법을 가르쳐 주셨다. 나는 배울 때 집에서 의자에 앉아 배우지 않았다. 아버지는 말로만 가르치지 않으셨다. 당시에 우리는 시골의 작은 마을에 살고 있었는데, 그 마을을 가로지르는 작은 샛강이 있었다. 아버지는 그 작은 강으로 나를 데려가서서 미끼를 낚시바늘에 끼는 법부터 가르쳐 주셨다. 낚싯줄을 던지는 법과, 줄은 어디에 던져야 하는지, 하루 중 대개 어느 때 고기가 미끼를 가장 잘 무는지, 낚싯줄은 어떻게 당기는지, 그리고 고기는 어떻게 올리는지에 대해서 다 가르쳐 주셨다.

양들에게는 본이 중요하다. 우리가 만나는 유혹을 이야기해 보자. 강단 위에서 교인들에게 이러저러한 일을 하라고 말하고, 교인들이 그렇게 할 것을 기대한다. 교인들에게 어떻게 살라고 말하는 것만으로는 충분치 못하다. 목회자가 본을 보여야 한다. 예수님이 제자들의 본이 되신 것처럼 그들에게 본이 되어야 한다. 예수님의 제자들은 예수님이 말씀으로 가르치신 것만이 아니라 행동에서 배웠다.

좋은 목자는 양들과 시간을 함께 해야 한다. 양은 강단의 설교자가 하는 설교를 듣기만 해서는 안 되며, 그가 어떻게 사는가를 관찰할 수 있어야 한다. 성도들이 섬기는 지도자가 되고 그 마음을 가지려면 우리가 저들에게 본을 보여주어야 한다. 어떻게 해야 하는지 말만 하는 것이 아니라 직접 시범을 보여야 한다. 섬기는 지도자는 양들에게 본이 되는 사람이다.

목자장에게 상급을 받는다

이제 마지막 여섯 번째 원칙이다. 섬기는 지도자는 목자장에게 상급을 받을 것이다. 목자장이 나타나시면 우리는 시들지 않는 영광의 면류관을 받을 것이다. 이미 살펴본 바와 같이 우리는 목자장께 책임을 지고 있다. 우리가 예수님의 종으로서 또 각 개교회의 섬기는 지도자로서 신실하면 하늘에 계신 목자장께서 우리를 내려다보실 것이다

그리고 이 목자장은 우리를 도우시고 힘을 주셔서 우리가 마땅히 되어야 하는 바로 그러한 사람이 되게 하신다. 우리가 기도하고 그분의 도움을 구하면 우리의 기도에 응답하실 것이다. 또한 우리를 인도하시고 통찰력을 주시며 올바른 태도를 주실 것이다. 그분은 우리에게 예수의 영을 주시고 영적인 힘을 주셔서 쉽게 할 수 없는 일들도 할 수 있게 하신다.

우리의 생이 끝나면 우리가 얼마나 큰 교회에서 일했는가, 우리가 얼마나 신학적 교육을 받았는가 하는 것은 문제가 되지 않는다. 중요한 것은 우리가 하나님의 양을 치는 섬기는 지도자로서 얼마나 신실하게, 효과적으로 양을 돌보았느냐 하는 것이다.

목자장께서 우리 앞에 나타나실 날이 온다. 그리고 주님의 목자와 섬기는 지도자로서 신실하게 일했던 사람들에게 주님은 상을 주실 것이다. 바로 예수님께서 마태복음 20장에서 말씀하신 부류의 지도자들이다.

이때가 되면 우리는 영광의 면류관을 받을 것이다. 이것은 언젠가 없어져 버릴 유한한 종이 조각이 아니다. 이 면류관은 영원한 상급이고 시들지 않는 영광의 면류관이다. 이것은 바울이 빌립보서에서 뒤에 있는 것들을 잊어버리고 앞에 있는 것들을 좇아간다고 할 때 언급한 면류관이다.

성경이 말하는 바는 분명하다. 우리의 목표가 일시적 상급이나, 남들에게 깊은 인상을 심어주는 것이나, 양떼를 만족시키는 것이 되어서는 안 된다. 그것은 양무리에 속한 사람들이 종종 하나님의 원하시는 바와는 다른 것들을 원하기 때문이다.

목자장이 나타나실 때 그분은 우리의 사역이 진정 무엇을 위한 것인지 판단하실 것이다. 그분은 우리가 무엇을 했는지 아실 뿐 아니라 왜 했는지

도 아신다. 하나님은 우리 삶과 사역을 감찰하시고 우리가 받을 상을 아신다. 섬기는 지도자는 목자장께서 주시는 상을 받을 것이다.

이제 이상의 6가지 원칙들을 다시 한 번 살펴보자.

1. 섬기는 지도자는 겸손하다.
2. 섬기는 지도자는 하나님의 양떼를 돌본다.
3. 섬기는 지도자는 자원해서 종이 된다.
4. 섬기는 지도자는 섬기려는 열정이 있다.
5. 섬기는 지도자는 양무리의 모범이 된다.
6. 섬기는 지도자는 목자장에게 상급을 받는다.

D. 예수님을 닮아가라

섬기는 지도자에 대하여 신약성경에서 찾을 수 있는 또 다른 모델이 있다. 그것은 매우 간단해서 많은 사람들이 중요하게 생각하지 않는다. 그러나 나는 그것이 섬기는 지도자의 대단히 중요한 모델이라고 생각한다. 이것은 하나님께서 분명히 우리에게 주신 것인데, 고린도전서 11장에서 찾아볼 수 있다. 이 구절은 종종 교회에서 성찬식을 할 때 언급된다.

1절은 섬기는 지도자의 모델을 보여 준다.

"내가 그리스도를 본받는 자 된 것같이 너희는 나를 본받는 자 되라."

나는 신학교에서 이 구절을 처음 공부할 때를 기억한다. 나와 같은 반에는 이 말을 한 바울이 교만하다고 생각한 학생이 있었다. 심리학을 전공한 학생이었는데, 그는 바울이 이때 자기중심적이고 과대망상증이 있는 것으로 보아 편집증에 걸려 있었다고 생각했다.

그러나 이렇게 생각하는 사람들은 바울이 말한 것을 제대로 이해하지 못한 것이다. 바울은 자기중심적이거나 편집증에 걸린 사람이 아니라 섬기는 지도자에 대해 매우 실제적인 모델을 이야기하고 있는 것이다. 그는 자신을 따르라고 말한다. 헬라어로부터 더 좋은 번역을 해보면 "나를 모방하라 (Imitate me)"는 것이다.

"내가 그리스도를 모방하는 것 같이 너희는 나를 모방하라." "내가 그리스도를 따르는 것 같이 너희는 나를 따르라." 이것은 주님께서 우리에게 주신 성경적인 모델이다. 우리가 알아야 하고 따라야만 하는 매우 중요한 모델이다.

이번 장의 내용은 모두 이 구절의 가르침과 연결된다고 생각한다. 예를 들면 하나님의 양떼에게는 목자장이 계시다는 가르침이다. 또 우리가 그 목자장 밑에 있으며 우리는 오직 하나님의 양떼를 돌볼 뿐이라는 가르침이다.

사도 바울이 실제로 자기를 따르라고 한 것은 아니다. 그가 말하고 있는 대상은 바로 우리 작은 목자들이다. "나는 그리스도를 따르려고 애쓰고 있다. 그러므로 나를 따르라. 내가 너를 그리스도께 인도하겠다. 아니면 다른 방법을 통해도 좋다. 우리 함께 그리스도를 따르자. 나는 내 예정표 대로 이끄는 지도자가 아니다. 나는 그리스도를 위해 지도자가 되었으며 사람들을 그리스도께 이끈다."

너무도 많은 목회자들이 이 부분에서 실패한다. 사람들에게 자기를 따르라고 하는 것은 너무도 자연스럽기 때문이다. 우리가 저들에게 바라는 것을 하라는 것은 아주 자연스럽고, 또 사람들을 하나의 틀 속에 밀어 넣는 것은 아주 쉬운 일이다. 교회에서 프로그램을 세우고 사람들로 하여금 따르기를 바라는 것은 매우 쉬운 일이다. 그러나 이 구절은 우리가 하는 모든 것은 하나님을 따르도록 하는 것이라고 말해 준다. 우리는 다시 한 번 예수 그리스도께 초점을 맞추고 예수님을 우리의 주님으로 모셔야 한다. 그리고 양떼로 하여금 예수님을 주님으로 따르도록 초청하고 준비할 수 있도록 해야 한다. 이것은 우리가 부딪히는 큰 문제다.

이른바 제자훈련 하는 많은 프로그램들이 있다. 이것들은 사람들로 하여금 그리스도의 제자가 되도록 도와주는 것이다. 그런데 대부분의 것들이 딱딱하다. 어떤 것들은 거의 군대 훈련과 흡사하다. 그런데 애석한 일은 이 훈련을 통해 예수님의 제자를 만들지 않고, 프로그램 자체의 제자를 만들거나 그 프로그램을 인도하는 지도자의 제자를 만든다. 지도자를 맹목적으로 따르는 어릿광대를 만드는 것이다.

이 세상에는 더 이상의 '나'가 필요하지 않다. 나 하나면 충분하다. 나의 가장 큰 소원은 예수님을 더욱 닮는 것이다. 내가 예수님의 은혜와 예수님을 아는 지식에서 더 자라갈수록 더 예수님을 닮을 것이다.

우리는 사람들을 우리처럼 만들 필요가 없다. 사람들이 그리스도와 같이 되도록 도와주어야 한다. 이제 이 장 전체의 기반이 되는 모델, 에베소서 4장 13절을 본문으로 영적 훈련에 대해 공부했던 모델로 돌아가자. 우리는 사람들로 하여금 그리스도 안에서 자라도록 도와주어야 한다. 그래서 더욱 그리스도를 닮아가는 것이다. 그리스도의 장성한 분량만이 기준이 되어야 한다. 이것이야말로 바울의 "내가 그리스도를 모방하는 자 된 것같이 너희는 나를 모방하는 자 되라"고 한 말이 목표하는 구절이다.

우리는 사도 바울을 닮지 않고 예수 그리스도를 더욱 닮을 것이다. 이제 이 부분에서 마지막 부분으로 넘어가자. 이것은 이제까지의 총합이다. 우리가 어떻게 섬기는 지도자가 될 수 있는지 몇 가지 원칙을 살펴보겠다.

E. 섬기는 지도자가 되려면

나는 수많은 목사들과 교회 지도자들이 섬기는 지도자가 되기를 원한다는 사실을 알게 되었다. 대부분의 사람이 이렇게 말할 것이다. '나는 그러한 지도자가 되고 싶다. 예수 그리스도께서 원하시는 지도자가 되고 싶다. 그런데 어떻게 해야 그렇게 될 수 있는가? 어떻게 해야 기본적인 원칙들을 내 삶에 적용할 수 있는가?'

바로 이 문제가 우리가 살펴보려는 내용이다. 우리가 취할 수 있는 몇 가지 단계들을 알아보겠다.

종이 되는 것은 자연스럽지 않다

첫째로 섬기는 지도자가 되는 일은 자연스러운 일이 아니라는 점을 알아야 한다.

종이 되는 것은 자연스럽지 않다. 그러므로 어떤 나라 어떤 사람들도 어렸을 때부터 섬기는 지도자가 되도록 가르치거나 배우지 않았다. 그러므로 섬기는 지도자가 되는 것은 자연스럽게 되는 일이 절대 아니다. 어떤 나라 어떤 사람이든지 섬기는 것이 아닌, 섬김을 받는 것이 오히려 자연스럽다. 이것은 인류역사에 등장하는 모든 사람들에게 들어맞는 사실이다. 단, 한 사람이 예외인데, 그분은 바로 예수님이다.

만물의 주인이신 예수 그리스도께서 섬기는 종이 되는 것은 전혀 부자연스러운 일이다. 그것은 초자연적인 일이라고 해야 되겠다. 나는 우리의 삶에 이러한 일이 일어나게 하려면 예수님을 우리 삶에 모셔 들이는 것 밖에는 다른 방법이 없다고 믿고 있다. 우리가 초자연적으로 성령의 지배를 받아야 하는 것이다.

예수 그리스도께서 임재하실 때에만 섬기는 지도자가 될 수 있음을 알아야 한다. 예수 그리스도의 주권 아래서 살 때에만 섬기는 지도자가 될 자격과 가능성이 있다. 섬기는 지도자가 되는 일은 초자연적인 일이며, 오직 성령의 초자연적인 사역으로만 가능하다. 우리는 그렇게 되기 위해서 예수님을 닮아야 한다. 그리고 예수님을 우리의 삶 가운데 우리 마음을 지배하시도록 모셔 들일 때에만 예수님을 닮을 수 있다.

예수님의 태도를 가져야 시작할 수 있다

두 번째 원칙은 우리가 예수님의 태도를 가져야만 시작할 수 있다. 이 사실을 분명히 알아야 한다. 성경은 여기에 대해 아주 분명히 말하고 있다.

빌립보서 2장에서 살펴본 대로 우리가 예수님께서 가지셨던 그 태도를 갖도록 하자. 그러나 다시 말하지만 우리가 그렇게 할 수는 없다. 그런 태도를 조작해 가질 수는 없는 것이다. 우리의 의지를 따라 "나는 예수님의 태도를 갖도록 하겠다"고 말할 수 없는 것이다. 그러나 그렇게 되도록 허용해야만 한다. 그렇게 하기 위한 오직 한 길은, 할레스비 박사가 말한 대로 '예수님을 우리 삶에 모셔 들이는 것'이다. 예수님으로 우리의 삶을 주관하시도록 모셔 들여 예수님께서 우리의 태도를 예수님의 태도로 바꾸시도록 하는 것이다.

대부분의 사람들은 얼마동안 좋은 태도를 보인다. 이것은 아주 자연스러운 일이다. 또한 대부분의 사람들이 어떤 때는 나쁜 태도를 보인다. 개중에는 항상 나쁜 태도를 갖고 있는 사람도 있다. 세상에는 이처럼 부정적이고 비판적인 태도를 가진 사람들이 있으며 안타깝게도 많은 수의 그리스도인들이 그러한 태도를 가지고 있다. 우리도 사역하는 동안 마찬가지의 기회를 갖는다. 우리는 나쁜 태도나 비판적 태도나 불평하는 태도 등 각양 나쁜 태도를 가질 수도 있고, 예수님의 태도를 가질 수도 있다. 선택은 우리에게 달려 있다.

하나님께서 우리에게 예수님의 태도를 가지라고 말씀하실 때는 우리가 그 태도를 가질 수 있는 길도 예비해 주신다. 이것을 구하는 것은 우리의 몫이다.

우리는 자원해서 자신을 비워야 한다

먼저 섬기는 지도자가 되는 것이 자연스러운 것이 아니라는 점을 알아야 한다. 다음으로 우리의 태도부터 시작해야 한다. 그리고 세 번째로 우리는 스스로를 비워야 하는데, 자원해서 비워야 한다. 우리의 의지를 꺾고 우리 자신을 '무'로 만들어야 한다. 우리 자신이 원하는 바, 우리가 세운 계획과 목표를 버리고, 하나님의 생각과 계획과 목표를 구해야 한다. 이것은 우리가 살아가며 목회하는 데 있어 놀라운 길이 된다.

수년 전 하나님께서 나로 하여금 매우 놀라운 헌신을 하게 하셨다. 오늘날의 나는 내 힘으로 된 것이 아니라 하나님의 은혜로 말미암아 진리에 눈을 뜨게 되었다. 내가 드린 헌신은 단순한 것이다.

"주님, 앞으로는 저 스스로 높아지는 일은 하지 않겠습니다. 다른 목회지를 찾거나 다른 직업을 찾지도 않겠습니다. 인간적인 영향력이나 교활한 책략에 의지하지 않고, 교회 안에서 이른바 정치에는 끼어들지 않겠습니다. 주님, 주께서 원하시는 곳에서 섬기기 원합니다. 주께서 다른 곳으로 저를 옮기시면 그건 분명히 주께서 하셨기 때문에 그리 된 것입니다."

나는 하나님의 나라에서는 강등이란 없다고 생각한다. 예를 들어 큰 교회에서 목회하고 있는데, 무슨 이유가 있어 하나님께서 작은 교회로 부르신다고 하자. 또는 서울 같은 대도시에서 부러움을 살 만한 목회를 하는데 하나님께서 멀리 떨어진 작은 선교지로 보내신다고 생각해 보자. 그것은 사역에서 뒤로 물러서는 것이 아니라 앞으로 나아가는 것이다.

하나님께서 어디로 부르시든지 그것은 앞으로 나아가는 것이며 올라가는 것이다. 세상이 그것을 크다고 하든 작다고 하든, 세상이 그것을 부러워할 만한 것으로 보든 피하고 싶은 것으로 보든, 이런 것들은 우리가 하나님의 뜻을 행하려 하는 한 문제가 되지 않는다.

하나님께서 우리에게 맡기시는 것은 무엇이나 중요한 것이다. 우리는 자원해서 스스로를 비워야 하고, 스스로를 무로 만들어야 한다. 자원해서 우리의 명성을 버려야 한다. 우리 자신에 대해서는 죽고 하나님께 대하여는 살아야 한다.

오래 전 내가 고등학교에 있을 때, 다섯 명의 젊은 선교사들이 에콰도르에서 살해당한 사건이 발생했다. 전도가 유망한 이 젊은이들은 외부세계와는 한번도 접해 보지 않은 인디언 부족들에게 복음을 가지고 나아갔다. 이들은 인디언들과 접촉하기 위해서 여러 달 동안 공부하고 기도하며 준비했다. 그러나 성공하기는커녕, 그들은 모두 에콰도르에 있는 작은 강을 따라 난 정글 속 물가에서 살해당했다. 그들 중에는 결혼해서 아내와 자식들이 있는 이들도 있었다. 며칠이 지나 그들의 아내와 자식들이 미국으로 돌아왔다. 신문과 라디오, TV 방송국의 기자들이 그들을 둘러싸고 수많은 질문을 해댔다.

그런데 기자 하나가 젊은 미망인이 상처 받을 만한 미숙한 질문을 했다. "에콰도르의 야만인들이 당신 남편을 죽이다니 끔찍하지 않습니까?" 이는 분명히 매우 고통스러운 질문이었다. 그러나 질문을 받은 젊은 미망인은 그리스도인만이 가질 수 있는 웃음을 보이며 다음과 같은 놀라운 대답을 했다.

"당신은 이해할 수 없습니다. 내 남편은 에콰도르의 정글 속 물가에서 죽은 것이 아닙니다. 사실은 수년 전 미시간 주립대 기숙사에서 무릎을 꿇고 기도하면서 자신의 삶을 온전히 그리스도께 바쳤을 때 이미 죽은 것입니다. 내 남편은 그때 이렇게 말했습니다. '나는 내 의지와 내 계획과 내 뜻에 대해서는 죽었다. 이제 앞으로는 그리스도께 온전히 순종할 것이다.'"

이것은 자발적으로 자신을 비운다고 할 때의 바른 뜻이다. 우리 자신을 무로 만든다는 말의 바른 뜻이다. 예수님은 이 진리를 비유로 말씀하셨다. 요한복음 12장 24절에서 "내가 진실로 진실로 너희에게 이르노니 한 알의 밀이 땅에 떨어져 죽지 아니하면 한 알 그대로 있고 죽으면 많은 열매를 맺느니라" 하신 것이다.

이것은 섬기는 지도자가 됨에 있어 매우 중요한 요소다. 밀알과 같이 우리가 자신에 대해 죽고, 예수 그리스도로 하여금 우리 안에서 우리를 통하여 부활하시게 하는 것이다. 그러면 예수님은 아름다운 나무로서 열매를 맺으실 것이다. 예수님은 포도나무시요 우리는 그 가지다. 우리는 자원해서 우리 자신을 비워야 한다.

종의 본성을 입어야 한다

우리가 취해야 하는 네 번째의 단계는 종의 본성을 입어야 한다는 것이다. 빌립보서 2장 7절에서 예수님이 종의 형체를 가지셨다는 내용이 있고, 베드로전서 5장에서는 우리도 자원해서 이렇게 해야 된다고 말한다. 우리는 자원해서 할 뿐만 아니라 그렇게 하기를 열망해야 한다. 선택권은 우리에게 있다. 우리는 능히 종의 형체를 취할 수 있는 것이다.

나는 예수님으로 하여금 우리 삶을 주관하시도록 할 때에만 이렇게 될 수 있다고 믿는다. 자신에 대하여는 죽고 하나님께 대하여는 살 때, 바울처럼 "이제는 내가 아니요 오직 그리스도께서 내 안에 사신 것이라"고 말할 수 있을 때, 우리는 종의 형체를 가질 수 있다. 여기서 다섯 번째 단계로 연결해 들어갈 수 있다.

죽기까지 그리스도께 순종해야 한다

다섯째의 단계는, 빌립보서 2장 8절에 쓰인바 예수께서 죽기까지 복종하신 것처럼, 죽기까지 그리스도께 전적으로 순종해야 한다는 것이다. 서구 교회에서 부르는 찬송이 있다. '주님이 이끌면 따르겠습니다.' 이것이 바로 하나님께서 우리를 이끄시는 곳이면 어디나 따라가겠다는 말이다.

이러한 태도는 아브라함에게서 시작된다. 하나님께서는 그를 알지 못하는 땅으로 부르셨고 그에게 위대한 약속을 주셨다. 아브라함은 순종함으로 하나님을 기쁘시게 해드렸다. 나는 이것이 섬기는 지도자가 됨에 있어서 가장 어려운 것에 속한다고 생각한다. 이것은 그리스도의 제자가 됨에 있어서나 개교회를 목회함에 있어서 가장 어려운 일이기도 하다.

우리는 종종 하나님이 우리를 시험하신다는 것을 알고 있다. 하나님께서 인간을 시험하시는 가장 놀라운 예는 성경 전체를 통틀어 아브라함이 백세에 얻은 독자 이삭을 바친 것에서 찾아 볼 수 있다. 하나님은 아브라함이 실제로 그 아들 바치기를 바라시지는 않았다. 아브라함이 참으로 온전히 순종하는지 시험해 보신 것이다. 우리도 우리 삶과 사역에서 간혹 그런 경험을 한다. 그 이유는 우리가 온전히 순종하기까지 하나님께서 원하시는 참된 섬기는 지도자가 될 수도 없고 하나님을 섬길 수도 없기 때문이다.

하나님께 무엇이나 다 바치려는 것은 예수님의 지상사역 중 매우 중요한 단계였고, 우리 삶과 사역에도 매우 중요한 요소가 될 것이다.

그리스도를 드러내는 본이 되어야 한다

여섯 번째의 단계는 그리스도를 드러내는 본이 되어야 한다는 것이다. 우리는 사람들을 그리스도에게 이끌어가야 하고, 예수님이 우리에게 본을 보여 주신 것처럼 본이 되어야 한다. 베드로전서 5장 4절은 우리에게 그리스도께서 우리에게 맡기신 양무리의 본이 되라고 가르치고 있다.

우리는 사람들에게 무엇을 할 것인지 말해 줄 뿐만 아니라 가야 할 길도 지목해 주어야 한다. 또한 길을 가리켜 줄 뿐만 아니라, 그리스도를 따르는 길로 그들을 이끌어가야 한다. 우리는 그들에게 다음과 같이 진실하게 말할 수 있어야 한다. "내가 그리스도를 따르듯이 나를 따르시오. 내 삶의 목표, 삶의 초점, 사역의 초점은 그리스도를 따르는 것입니다."

그리고 교인들에게 이렇게 말할 수도 있을 것이다. "나를 따르면 안전합니다. 나는 당신을 그리스도께 인도할 것입니다." 우리는 그리스도를 나타내는 본이 되어 그리스도께 그들을 이끌어가야 한다.

하나님의 영광을 위하여 섬기는 지도자가 되라

마지막 일곱 번째 특징이 있다. 하나님의 영광을 위하여 섬기는 지도자가 되어야 한다는 것이다. 먹든지 마시든지 무엇을 하든지 하나님의 영광을 위해 하는 것이다. 나는 전세계 교회들이 무엇을 필요로 하는지 다 알지 못하지만, 가장 필요로 하는 것이 무엇인지는 말할 수 있다. 바로 예수님께서 원하시는 교회 지도자가 나오는 것이다. 예수님은 우리가 섬기는 지도자가 되기를 원하신다. 우리의 큰 소망은 예수님이 이끄신 것처럼 이끄는 것이다. 이것은 바로 섬기는 지도자가 되는 것이다.

이제 결론을 맺는다. 우리가 알아야 할 사실은 우리는 섬기는 지도자로서 하나님께서 원하시는 분량에는 이르지 못한 사람들이라는 점이다. 더욱 섬기는 지도자가 되려는 과정 중에 있을 뿐이다. 그러나 우리는 남을 판단하지 않도록 주의해야 한다. 우리에게 필요한 것은 서로를 위한 기도다.

우리는 다른 사람들이 강하게 되도록 도와주어야 한다. 그리하여 우리는 예수님께서 원하시는 섬기는 지도자가 되는 법을 함께 배울 수 있다. 우리 중에 아무도 그 자리에 이른 사람은 없다. 바울은 빌립보 교회에 편지하면서 "이루어야 할 것을 온전히 이룬 사람은 없다"고 했다. 우리는 이루어 가는 도상에 있을 뿐이다.

우리가 예수님을 더욱 닮을 수 있도록 함께 기도하자. 우리가 사역하는 교회의 성도들을 잘 인도함으로 말미암아 저들이 예수님을 더욱 닮을 수 있도록 기도하자. 그리고 주님께서 우리와 함께 이 일을 시작하시도록 기도하자.

8장

단순한 삶과 만족한 삶

영적 훈련에는 적어도 25개 이상의 세목들이 있다. 우리는 그중 몇 개만 살펴보았다. 이번 장의 두 개의 제목은 매우 중요하다. 첫째는 단순한 삶이고, 두 번째는 만족한 삶이다. 양자는 서로 밀접하게 연결되어 있다. '단순한 생활'이란 오늘날 복잡한 세상에서는 좀 이해하기 힘든 말이라고 할 수 있다. 또한 우리가 속한 문화에서는 어느 누구도 자연스럽게 그런 생활을 하기는 어렵다. 이제 하나님 말씀을 보고 단순한 삶을 살펴보자.

A. 예수님과 단순한 삶

마구간에서 태어나신 예수님

우선 예수님의 삶을 간단하게 살펴보자. 예수님은 우리에게 단순한 삶의 모범을 보여 주셨다. 누가복음에 나오는 예수님의 탄생에 대한 자세한 설명을 상기하자. 누가복음 2장은 크리스마스 시즌에 함께 읽는 아름다운 기사인데, 예수님의 탄생이 간소했음을 말해주는 구절이기도 하다.

> "요셉도 다윗의 집 족속인 고로 갈릴리 나사렛 동네에서 유대를 향하여 베들레헴이라 하는 다윗의 동네로 그 정혼한 마리아와 함께 호적하러 올라가니 마리아가 이미 잉태되었더라 거기 있을 그 때에 해산할 날이 차서 맏아들을 낳아 강보로 싸서 구유에 뉘었으니 이는 사관에 있을 곳이 없음이러라" (눅 2:4-7).

예수 그리스도는 모든 창조물과 온 우주의 주님이시며, 만왕의 왕이다. 그러나 그분은 왕궁에 나지 않으시고 초라한 마구간에서 나셨다. 그곳에서 어머니 마리아가 머물 수 있는 여관도 없었으므로 그분의 나신 곳은 마구간이었다. 그분의 첫 번째 요람은 구유였다. 마리아는 새로 난 아이를 구유에 뉘였다. 아기 예수를 제일 처음 본 것은 아마도 농가에서 키우는 가축들과 천사들이 초청해 온 목자들일 것이다. 예수님의 탄생은 남에게 무언가를 과시하는 탄생이 아니었다. 매우 단순한 탄생이었다.

예수님의 어린 시절

그런데 하나님의 아들이 한 아기의 모습으로 세상에 오셨는데도, 세상에서는 이것을 아는 사람이 별로 없었다는 것이다. 예수님이 탄생하실 때의 환경은 매우 조촐했다. 또 예수님의 어린 시절의 가정환경도 마찬가지였다. 육신의 아버지는 목수였으므로 분명히 예수님은 목공소에서 아버지와 같이 어린 시절을 보내셨을 것이다. 매우 단출한 가정환경이었을 것이다.

성경은 예수님의 어린 시절에 대해 자세한 설명을 하고 있지 않다. 그러나 예수님이 자라나신 나사렛이란 동네에 대해서는 말해 주고 있다. 요한

복음 1장에서 나다나엘이 나사렛에 대해 말하는 내용을 상기해 보면, 당시 상황을 알 수 있다.

> "이튿날 예수께서 갈릴리로 나가려 하시다가 빌립을 만나 이르시되 나를 좇으라 하시니 빌립은 안드레와 베드로와 한 동네 벳새다 사람이라 빌립이 나다나엘을 찾아 이르되 모세가 율법에 기록하였고 여러 선지자가 기록한 그이를 우리가 만났으니 요셉의 아들 나사렛 예수니라 나다나엘이 가로되 나사렛에서 무슨 선한 것이 날 수 있느냐 빌립이 가로되 와 보라 하니라 예수께서 나다나엘이 자기에게 오는 것을 보시고 그를 가리켜 가라사대 보라 이는 참 이스라엘 사람이라 그 속에 간사한 것이 없도다 나다나엘이 가로되 어떻게 나를 아시나이까 예수께서 대답하여 가라사대 빌립이 너를 부르기 전에 네가 무화과나무 아래 있을 때에 보았노라 나다나엘이 대답하되 랍비여 당신은 하나님의 아들이시요 당신은 이스라엘의 임금이로소이다" (요 1:43-49).

예수님을 따르게 된 빌립은 곧 자기 친구 나다나엘에게 가서 말했다. "모세가 율법에 기록하였고 여러 선지자가 기록한 그이를 우리가 만났으니 요셉의 아들 나사렛 예수니라." 이에 나다나엘의 첫 반응이 매우 재미있다. "나사렛에서 무슨 선한 것이 날 수 있느냐?" 이로 미루어볼 때 나사렛은 별로 평판이 안 좋은 동네였다. 분명히 나사렛은 가난하고 작은 동네였다. 그런데 하나님께서는 독생자 예수님을 이러한 환경에서 자라도록 하셨던 것이다. 예수님은 매우 단순한 환경에서 태어나셨고, 단순한 환경에서 성장기를 보내셨음을 알 수 있다.

예수님의 검소한 일상생활

예수님은 3년 간의 공생애 기간도 매우 단순한 환경에서 사셨다. 마태복음 8장 20절에서 예수님은 이렇게 말씀하고 있다. "여우도 굴이 있고 공

중의 나는 새도 거처가 있으되 오직 인자는 머리 둘 곳이 없다." 우리가 아는 한, 예수님은 공생애 기간 중 집을 갖지 않으셨고, 주무실 잠자리조차 없으셨다.

예수님은 거처만이 아니라, 그 입으신 옷도 검소하였다. 예수님께서 십자가에 달리셨을 때 입고 계신 옷이 전부였다. 수형자의 옷과 소지품을 갖는 것은 그 당시 로마 군인들의 습관이었다. 그런데 예수님의 경우, 그들은 나누어 가질 것이 별로 없어서 통으로 짠 예수님의 속옷을 가질 사람을 정하기 위해 제비를 뽑았던 것이다.

분명히 예수님의 지상생활은 세상적인 기준으로 볼 때는 별 볼일이 없었다. 그분은 가난한 가정에 태어나셨고, 가난한 가정에서 사셨고, 소문이 좋지 않은 작은 마을에서 자라셨다. 또 어른이 되어 공생애에 들어가셨을 때도 거처하실 집을 갖지 않으셨다. 지상에서의 삶을 마감하실 때에도, 예수님께는 당시 입고 계시던 간단한 옷 이외의 다른 소유물은 없으셨다. 인간의 기준으로 보면 예수님은 실패자이지만 하나님의 기준에 따르면 그렇지 않다.

예수님 사역의 초점은

예수님은 사역도 간단한 초점을 갖고 계셨다. 앞장에서 요한복음 4장 34절에 나타난 예수님 말씀에 대해 언급했지만, 예수님의 양식, 목적, 삶의 초점은 간단하다. 그것은 아버지께서 맡기신 일을 완수하는 것, 즉 예수님을 보내신 분의 뜻을 행하는 것이다. 우리는 예수님의 삶만이 아니라 예수님 사역의 초점도 단순했음을 알 수 있다.

B. 단순한 삶에 대한 성경의 가르침

예수 그리스도는 단순하게 사셨다. 우리에게 이러한 질문이 있을 수 있다. "우리도 그렇게 살아야 합니까? 자신만의 침상도 갖지 말아야 합니까? 입을 옷 한 벌만 갖추고 있어야 합니까?" 나는 그것이 성경이 말하는 단순한 삶이라고 생각하지 않는다. 그러나 분명히 성경은 단순한 삶이란 무엇인지, 또 어떻게 단순한 삶을 살 수 있고, 하나님께 영광 돌리며 즐겁게 살 수 있는지 도움이 될 만한 지침을 주고 있다. 성경에서 말하는 단순한 삶에 대한 적어도 여섯 가지의 특징을 이야기해 보자.

어린아이처럼 되라

우선 어린아이와 같아야 한다는 것이다.

"그때에 제자들이 예수께 나아와 가로되 천국에서는 누가 크니이까 예수께서 한 어린아이를 불러 저희 가운데 세우시고 가라사대 진실로 너희에게 이르노니 너희가 돌이켜 어린아이들과 같이 되지 아니하면 결단코 천국에 들어가지 못하리라 그러므로 누구든지 이 어린아이와 같이 자기를 낮추는 그이가 천국에서 큰 자니라"(마 18:1-4).

우리가 앞에서 나누었던 기본적인 질문을 가지고 제자들이 다시 예수님께 나아왔다. "하늘나라에서는 누가 가장 큰 사람입니까?" 틀림없이 그들은 '네가 제일 크다' 하는 대답을 듣고 싶었을 것이므로, 예수님의 대답에 다들 크게 놀랐을 것이다. 예수님께서는 한 어린아이를 불러 옆에 세우시고 말씀하셨다. "진실로 너희에게 이르노니 너희가 돌이켜 어린아이들과 같이 되지 아니하면 결단코 하늘나라에 들어가지 못하리라 그러므로 누구든지 자기를 낮추는 그이가 천국에서 큰 자니라."

예수님께서는 우리가 단순하기를 원한다고 말씀하신다. 예수님은 겸손하고 어린아이와 같기를 바라신다. 어린아이들은 정직하며 숨기는 것이 없고 깨끗하다. 서로에게 자기를 강조하려 들지 않고, 위선도 없고, 말 따로 행위 따로 하지도 않는다.

나는 세계 각 곳에서 설교할 특권이 많았다. 그중에서도 개발도상국에서 예배를 드리고 그곳 교회의 지도자들을 사귀는 것도 특별한 즐거움의 하나다. 수년 전 나는 태국에서 열리는 국제회의에 강연할 기회가 있었다. 나는 파리에서 날아왔는데 비행기가 연착해서 예정보다 늦게 그곳에 도착했다. 회의가 열리는 호텔로 가려면 몇 시간을 가야 했다.

내가 그곳에서 교통편을 알아보고 있는데, 방금 아프리카에서 도착한 한 사람을 만나게 되었다. 그의 이름은 윌리암으로 아프리카의 한 개발도상국에서 온 기독교인이었다. 전에는 한 번도 자기 나라 밖으로 나가보지 못한 사람이다. 그런 사람이 공항에서 당황하는 모습이 상상이 되는가? 그는 어디로 가야 하는지 무엇을 해야 하는지 정말 몰랐다. 결국 내가 "윌리암, 나와 함께 갑시다. 함께 가면 회의에 갈 수 있을 거요" 하고 제의해서 문제를 해결할 수 있었다.

공항 측은 우리가 가려는 호텔로 가는 버스에 우리를 태워 주었다. 윌리암과 나는 같이 앉아 서로를 소개했다. 우리는 곧 도시를 벗어나 시골길을 달리고 있었다. 눈에 보이는 논밭과 건물들은 갈수록 허름해져 갔다. 그리고 금세, 그야말로 초라한 농가가 나타났다.

아시겠지만 태국에는 비가 많이 내린다. 많은 양의 쌀을 재배하는데 논이 물에 잠기므로 집들은 땅에 박은 장대 위에 상당히 떨어진 높은 곳에 지어져 있었다. 이 허름한 집들은 골이 진 쇠막대로 만들어져 있었고 단순히 네 개의 벽과 지붕이 있을 뿐 창문도 없었으며, 단지 출입할 작은 문이 있을 뿐이었다.

이러한 집들을 바라보면서 윌리암에게 물었다. "윌리암, 이 집들이 당신 나라에 세워진 집들만 합니까?" 그러자 그는 정색하며 말했다. "아뇨, 우리는 이렇게 좋은 집은 없습니다. 이런 집은 돈이 많이 드는데 우리는 돈이 없거든요. 이런 집을 가질 능력이 없습니다. 우리는 지푸라기와 나뭇가지, 소똥 등으로 집을 지을 뿐 이런 큰 집은 갖지 못합니다."

단순함이란 매우 상대적인 용어다. 나에게 그 집은 매우 허름해 보였다. 그러나 아프리카에서 온 형제가 볼 때, 그 집은 매우 좋은 집이었다. 그는 살아오면서 그와 비슷한 것도 보지 못했던 것이다.

우리가 제3세계의 동료 그리스도인들로부터 배우는 훌륭한 점 중의 하나는 영적인 생활이다. 영적인 삶은 매우 단순한 것이다. 제3세계의 그리스도인들은 예수 그리스도께 대한 매우 단순한 믿음을 가지고 있다.

우리 시대에 아프리카에 있는 위대한 기독교 지도자 가운데 페스토 카빈가리(Festo Cavingary)가 있다. 그는 우간다의 성공회 주교였는데, 내가 만난 사람들 중에 가장 영력이 강한 사람이었다. 그런데 그가 하나님께 대하여 갖는 이해는 단순하다. 그는 뛰어난 두뇌를 가졌으나 영적인 진리를 아주 단순하게 표현한다. 그가 영적인 진리에 대해 이야기하면 어린아이도 알아듣는다.

수년 전 그는 유럽의 한 신학 모임에 연사로 초빙되었다. 하나님께서 그가 설교할 때 크게 역사하셨다. 그는 기독교계에서 세계적인 명성을 얻었다. 몇 주일이 지나 페스토는 나에게 그 회합에 대해 이야기해 주었다. 그 모임에서 3일이 지나자 지도자들이 와서 그에게 말했다고 한다. "당신이 하는 말은 너무 쉽습니다. 여기 모인 대부분의 사람들은 매우 학문적인 독일 신학자들이어서 뭔가 좀 어려운 내용을 원합니다." 이에 페스토 주교가 이렇게 대답했다고 한다. "나는 어떻게 해야 어렵게 할 수 있는지 모릅니다."

예수 그리스도께서 말씀하신 복음은 매우 쉽다. 주님은 세상의 쉬운 것들을 들어 지혜로운 자들을 부끄럽게 하시며 세상의 약한 것들을 들어 강한 자들을 부끄럽게 하신다.

제3세계 그리스도인들의 특징 중에 내가 매우 좋아하게 된 한 가지가 있다. 그들은 영적으로 강하다는 사실이다. 그 강함 속에는 주목할 만한 단순함이 있다.

나는 서구 교회에서 자랐다. 그런데 서구 교회는 일을 복잡하게 만드는 것으로 유명하다. 내가 신학을 공부할 때는 모든 서구 신학자들의 책을 읽어야만 했다. 고백하건대, 나는 그 중 어떤 사람들이 말한 것을 전혀 이해하지 못했다. 친구들에게 가보았는데 그들도 마찬가지였다. 그래서 교수들에게 찾아갔는데 교수들 가운데도 모르는 사람이 많았다. 그 책을 쓴 사람들도 자신들이 한 말을 모를 것이라고 생각한다.

그러나 예수님께서 말씀하신 복음은 아주 쉬워서 어린아이들도 알아들을 수 있었다. 지적으로 배우는 일이 중요하지 않다는 말은 아니다. 우리는 하나님의 쉬운 것들을 복잡하게 만들지 않도록 주의해야 한다. 몇 가지 이유로 서구 신학자들은 간단한 것들을 복잡하게 만드는 일에 매우 익숙해 왔다. 그런데 예수님은 정반대의 일을 하셨다. 그분은 가장 복잡하고 심오한 사상들을 취하셔서 단순하게 만드셨다. 이는 제3세계의 많은 기독교 지도자들이 그처럼 신선한 이유이기도 하다.

나는 가장 중요한 신학적 질문은 "왜"라는 질문이라고 배웠다. 많은 서구 신학이 "왜"라는 질문에서 시작한다. 그래서 나는 제3세계 기독교인들에게 "왜"라는 질문을 자주 한다. 그리고 내가 하는 질문에 대해 제3세계 기독교인들은 같은 대답을 하는 것을 알게 되었다. "왜"라는 질문에 대해 그들은 정직하게 대답한다. "나는 모릅니다. 그러나 하나님께서 성경에서 그렇게 말씀하셨습니다. 나는 그분의 말씀에 순종할 뿐이고 그분은 앞으로 하시겠다고 말씀하신 것을 하십니다."

이것이 제3세계 형제자매들이 가진 단순한 믿음의 유례다.

얼마 전에 나는 중앙아메리카를 방문했다. 그곳은 귀신의 역사가 심한 곳이다. 나는 축사(逐邪)하는 일에 크게 쓰임 받는 한 형제와 같이 있었는데, 어느 모임에서 함께 기도하는 일에 끼어들게 되었다. 어린아이든 어른이든, 귀신들린 사람들을 앞에 두고 있을 때, 하나님께 대해 민감한 마음을 품고 있으면, 곧 방관자의 태도를 벗어나 그들이 놓임받기를 위해 간구하게 될 것이다. 나도 곧 믿음의 형제자매들과 함께 하나님께서 그들을 그 굴레에서 구해 주시기를 간구하였다. 그리고 하나님께서 많은 사람들을 놀라운 방법으로 구하시는 것을 보았다.

그때 나는 현장에 있던, 라틴 아메리카에서는 널리 알려진 한 목회자에게 "왜"라는 질문을 던져보았다. "당신이 축사할 때 귀신들은 어디로 갔을까요?" 그 질문은 예수님께서 귀신들을 돼지 떼에 들어가게 내모신 기사를 염두에 두고 있었다. 그러나 그는 매우 간단하고도 놀라운 대답을 했다. "나는 모릅니다. 우리는 그 문제에 대하여 몇 차례 이야기했지만 알 수 없었습니다. 그 문제는 그저 하나님께 맡기기로 했습니다."

하나님을 순전하게 신뢰할 수 있다는 것은 대단한 일이다. 하나님은 우리가 어린아이와 같은 신앙을 가지고 믿기를 바라신다. 그러나 이것은 유치한 믿음은 아니다. 고린도전서 13장에서 바울이 신앙의 성숙에 대해 말한 것을 기억하자. 11절이다. "내가 어렸을 때에는 말하는 것이 어린아이와 같고 깨닫는 것이 어린아이와 같고 생각하는 것이 어린아이와 같다가 장성한 사람이 되어서는 어린아이의 일을 버렸노라."

하나님은 우리가 미숙한 상태로 있거나 유치해지는 것을 원치 않으신다. 우리가 어린아이들처럼 단순하게 살기를 즐기고 단순하게 믿기를 원하신다.

하나의 예를 더 들어보겠다. 내 친구 중에 하나는 미국에서 매우 크고 높은 사람들이 모이는 교회의 목사다. 그는 매우 머리가 좋고 은사도 많으며 책도 많이 썼다. 언젠가 그 친구가 자기 목회의 초기에 일어난 일을 말해 주었다. 그가 시카고의 부자 동네에서 목회할 때의 일이다. 거기는 황금의 해안이라고 불리는 곳이다. 그 교회에는 비중 있는 사업가들이 많았기 때문이다. 미국에서 가장 큰 규모에 속하는 주식회사의 사장도 있었다. 내 친구가 부임하기 전에 교회는 매우 자유주의적이고 진정한 크리스천이 아닌 사람도 많이 있었다. 그러나 내 친구의 사역을 통해 많은 사람들이 개인적으로 그리스도를 믿게 되었고, 그 교회에 부흥과 영적 각성이 크게 일어나게 되었다. 그 큰 회사의 사장도 그리스도를 진정으로 믿게 되었다. 그리고 예수 그리스도의 은혜와 그를 아는 지식 안에서 빠른 속도로 자라갔다.

2, 3년 후에 내 친구는 다른 지역에 있는 교회로 가게 되었다. 교회에서는 작별하는 마당에 감사의 표시로 목사 내외를 위한 리셉션을 베풀었다. 성도들이 와서 떠나는 목회자와 악수를 하며 사례했다. 그 중에는 그 큰 회사의 사장도 있었다. 그는 감사하며 이렇게 말했다. "저는 목사님을 통해서 그리스도를 알게 되었고 크리스천의 삶 가운데 자라게 되었습니다. 특별히 어린이를 위한 설교에 감사드립니다." 내 친구는 매주일 어린이를 위한 설교를 했었다. 그런데 이 말에 크게 놀랐다. 이 사장이 혹시 농을 하는 것은 아닌가 생각했다. 그러나 사장은 이렇게 말했다. "사실입니다. 저는 목사님의 주일 설교는 거의 이해하지는 못했습니다. 그러나 어린이를 위한 설교는 언제나 이해할 수 있었습니다. 앞으로 살면서 그 말씀대로 살겠습니다." 이 목사는 이 방법으로 큰 효과를 거두었고 그 후로도 그렇게 목회했다고 한다.

우리가 강단에서 설교를 하는데 성도들이 알아듣지 못한다면 참 슬픈 일이다. 우리가 다른 사람이나 우리 자신이나 우리가 배운 신학교 교수들을 드러내 줄 수도 있다. 그러나 우리는 성도들과 교통하고 있으며, 성령의 능력 가운데 단순하고 명쾌하게 복음을 나누고 있다는 사실을 명심해야 하겠다.

간단한 삶의 목표를 가지라

두 번째로 우리는 삶에서 간단한 삶의 목표를 가져야 한다. 예수께서는 세상에 계시는 동안 매우 간단한 삶의 목표를 가지고 계셨다. 아버지의 뜻을 행하고 아버지께서 맡기신 일을 완수하는 것이었다.

우리가 개교회에서 목회하는 동안 많은 어려움이 있고, 또 많은 요구와 기대도 있다. 그러나 우리는 목표를 단순화하고 사역의 관심을 단순화해야 한다. 우리는 모든 것을 할 수는 없다. 다름 아닌 주님으로부터 우리의 관심이 시작되어야 한다. 그리고 우리 사역의 관심은 물론 개인의 삶과 가정생활에서도 관심은 단순해야 한다.

예수께서는 산상수훈에서 이런 내용을 말씀하셨다. "너희는 먼저 그의 나라와 그의 의를 구하라. 나머지는 내가 다 알아서 해 주겠다." 우리의 생이 끝났을 때 중요한 것은 우리가 하나님의 뜻을 이루었느냐 못했느냐다.

사도 바울도 이런 관심을 갖고 있었다는 사실을 아는가? 그는 남에게 복음을 전하고 자신이 버림받을까 두려워했다고 말하고 있다.

악과 의에 대해 단순하라

이제 우리는 삶에서 악과 의에 대하여 단순해야 한다. 이 부분은 악에 대하여 단순하라는 구절이다.

> "너희 순종함이 모든 사람에게 들리는지라 그러므로 내가 너희를 인하여 기뻐하노니 너희가 선한 데 지혜롭고 악한 데 미련하기를 원하노라"
> (롬 16:19).

하나님께서 말씀하신다. "너희가 선한 데 지혜롭고 악한 데 미련하기를 원한다. 너희의 최우선 순위로 나를 구하고 내 나라와 내 의를 구하는 데 두기 원한다. 그러나 너희가 악에 대해서는 미련하기를 원한다." 이를 문자적으로 번역하면 "너희가 악에 대하여 순진하기를 원한다"는 말이다.

오늘날 우리는 심각한 위험에 직면하고 있다. 우리 가정이 심각한 위험에 직면해 있다. 전에는 우리 가정을 악의 세력으로부터 손쉽게 보호할 수 있었다. 그러나 오늘날은 우리 가정에 악의 세력이 잡지와 정기간행물, 책과 TV, 비디오테이프를 통해 들어온다. 우리 대적은 우리 가정과 삶에 악한 것을 들여보내기 위해 모든 짓을 다하고 있다.

기독교 가정에서 자라는 어린아이들은 죄에 대하여 매우 순결하게 자랐던 때가 있었다. 그런데 미국에서는 그것이 점점 더 어려워지고 있다. 악한 것이 우리 사회에서 정상적인 삶의 한 부분이 되었다. 전에는 우리 사회가 악하다고 판단해서 배격하던 것들을 이제는 아무도 더 이상 배격하지 않고 있다.

이에 우리는 기독교가 하부 문화, 문화 내의 문화가 될 필요가 점점 더 커지고 있다고 생각한다. 교회가 세상과 같아져 버리면 더 이상 예수 그리스도의 참된 교회가 아니다. 성경은 이에 대해서 분명히 말한다. "이 세상이나 세상에 있는 것들을 사랑치 말라." 이 세상에 대한 사랑은 아버지에 대한 사랑이 아니다. 누구든지 세상을 사랑하는 자는 아버지의 사랑이 그 속에 있지 않다. 어려운 말이 아니다. 어린아이도 알아들을 수 있는 간단한 이야기다.

예수님께서 이 문제를 좀 다른 말로 하신 것을 기억할 것이다. 산상수훈 중에는 우리가 두 주인을 섬길 수 없다고 하신 말씀이 있다. 이를 사랑하고 저를 미워하든지, 또는 이를 중히 여기고 저를 경히 여기라는 것이다. 하나님과 돈을 겸하여 섬길 수 없음같이, 또한 하나님과 죄를 겸하여 섬길 수 없다.

우리는 죄에 대하여 순결해야 한다. 성경은 상당히 과격한 문구를 쓰고 있다. 죄의 모양만 보고도 도망가라는 것이다. 이렇게 하기는 참 힘들 것이다. 이를 위해서는 하나님의 도움이 필요하고, 예수 그리스도의 의를 힘입어야 하고, 그리스도의 마음과 태도를 가져야 한다.

사랑에 대해 단순하라

우리가 단순해야 하는 네 번째 영역이 있다. 우리는 사랑에 대해 단순해야 한다. 예수께서 말씀하셨다. "너희가 서로 사랑하면 이로써 모든 사람이 너희가 내 제자인줄 알리라"(요 13:35).

이제 로마서 12장 8-14절에 나오는 사랑에 대한 구절을 살펴보자.

> "사랑엔 거짓이 없나니 악을 미워하고 선에 속하라 형제를 사랑하여 서로 우애하고 존경하기를 서로 먼저 하며 부지런하여 게으르지 말고 열심을 품고 주를 섬기라 소망 중에 즐거워하며 환난 중에 참으며 기도에 항상 힘쓰며 성도들의 쓸 것을 공급하며 손 대접하기를 힘쓰라 너희를 핍박하는 자를 축복하라 축복하고 저주하지 말라."

사랑에는 거짓이 없어야 한다. 사랑은 순수해야 하고 진실해야 하며 복잡하지 말아야 한다. 사랑은 매우 단순한 것이다. 하나님의 사랑 외에 사랑을 가장 놀랍게 잘 나타내는 것은 어린아이의 사랑일 것이다. 어린아이들은 참으로 단순한 사랑을 가지고 있다. 나는 그 사랑은 하나님께서 우리를 사랑하시는 사랑과 같은 사랑이라고 본다.

하나님께서는 우리를 조건 없이 사랑하신다. 로마서에 보면 아무것도 우리를 하나님의 사랑으로부터 떼어놓을 수 없다고 하였다 (롬 8:39). 우리가 무엇을 하든 하나님은 우리를 사랑하신다. 예수님은 우리도 그러한 사랑을 갖기 원하신다.

사랑은 진실해야 한다. 악을 미워하고 선한 것과 함께 해야 한다. 성경은 우리에게 형제의 사랑으로 서로 사랑하라고 가르친다. 모든 크리스천들은 서로 사랑하며 살아야 한다. 하나님과 이웃들에 대하여 사랑의 관계를 가져야 하는 것이다.

수년 전 나는 어느 교회로부터 설교해 달라는 요청을 받았다. 설교 요청을 수락할 때, 나는 그 교회 목회자가 사임하려 한다는 사실을 몰랐다. 설교를 마쳤을 때 교인들은 나에게 다시 와서 설교해 달라고 부탁했다. 당시에 나는 일반 개교회가 아닌 비영리 기독교 선교단체에 몸담고 있었으므로 주일날 다른 교회에 가서 설교할 수 있었다. 나는 다시 가서 설교하기로 했다.

그런데 그들은 나에게 당회원들을 한번 만나보겠느냐고 물으면서 자신들은 도움이 필요하다고 했다. 내가 당회원들을 만났을 때 그들은 놀라운 이야기를 해 주었다. 그 교회는 그리스도인들의 교회이고 그것도 복음주의적 교회다. 교리도 건전하고 신학적으로도 우리와 별 차이가 없다. 그러나 거기에는 사랑이 없었다. 교회에 큰 분열이 있어서 미움이 그 교회에 있었던 것이다.

많은 사람들이 전임 목사를 크게 미워했다. 내가 당회원들에게 물어 보았지만 단 한 사람도 전임 목회자를 사랑하는 사람이 없었다. 전임 목회자가 간 데 대해 모두들 아주 좋아하고 있었다. 아무리 작게 말했어도 나는 큰 충격을 받았다.

그들은 나에게 "우리 교회를 맡아주시겠습니까?" 하고 청했다. 그러나 어느 누가 그런 교회에 가고 싶겠는가? 나는 이렇게 말했다. "이 교회의 목회자가 되고 싶지는 않습니다. 그러나 원하신다면 다시 와서 사랑에 대해 가르쳐 드리겠습니다. 괜찮으시다면 다음 목회자를 모실 준비를 하는 데 도움을 드리고 싶습니다."

그 이후 우리는 특별히 한 주간 모임을 갖기로 했다. 복음적인 모임은 아니었다. '우리가 하나님과 사람을 어떻게 사랑할 수 있는가' 하는 문제로 모인 모임이었다. 모임의 효과는 매우 컸다. 부흥의 영이 임했다. 많은 교회 지도자들이 깨어지고 남이 보는 앞에서 울음을 감추지 않았다. 서로 싸우던 사람들이 서로 사랑하기 시작했고, 서로 거칠게 말하는 대신 서로 껴안기 시작했다. 그런 광경을 보는 것만도 흐뭇한 일이었다.

그 후 그 교회는 참으로 바뀌었다. 단순히 그리스도에게 돌아왔고, 단순한 사랑의 삶을 되찾았다. 복잡한 일이 아니었다. 회개가 있고, 그리스도께 돌아왔고, 성령의 열매를 가져다주는 성령의 사역이 있었던 것뿐이었다.

나와 아내 제니는 거기서 몇 개월 간 그 교회의 새 목회자가 올 때까지 거기 머물러 사역했다. 그들이 어떤 목회자를 초빙했을 것 같은가? 사랑이 넘치는 목회자였다.

근년에 그 교회를 방문한 적이 있는데 대단히 즐거웠다. 수적으로도 괄목할 성장을 이루었으며 예배당 건물도 새로 지었다. 그러나 무엇보다도 그들은 서로의 삶을 사랑 안에서 세웠던 것이다.

요한은 요한일서에서 그리스도인들을 어린아이라고 부르고 있다. 그는 이렇게 말한다. "자녀들아 우리가 말과 혀로만 사랑하지 말고 오직 행함과 진실함으로 하자"(요일 3:17).

하나님께서는 우리가 어린아이들처럼 하나님과 다른 사람을 단순하게 사랑하며 살기를 원하신다. 사랑은 다른 사람의 죄를 용서하되, 잘못한 일들의 목록을 만들어 기억하지 않는다. 잘못된 일들의 목록을 만들어 가지고 있으면 삶이 복잡해진다. 나는 그런 사람들과도 상담해 본 경험이 있다.

나에게 온 사람 중에 남편을 미워하는 여인이 있었다. 그 여인은 그리스도인이었지만 남편을 미워했다. 그래서 하나님께서는 이혼을 싫어하실지라도 남편과 이혼하기로 결심했다. 그 여인은 나에게서 자기가 하려는 일에 대해 칭찬을 듣기 원했다. 물론 나는 그렇게 할 수 없었다.

나는 그 여인에게 몇 가지 질문을 했다. 그중 가장 기억에 남는 질문은 "왜 남편을 미워하십니까?"라는 것이었다. 그 여인은 매우 이상한 얼굴로 나를 보면서 말이 없었다. 같은 질문을 다시 부드럽게 했다. "왜 남편을 미워하십니까?" 그녀는 그 이유를 모르겠다고 대답했다. "그 이유를 모른다니 무슨 뜻입니까? 남편을 미워하는 데는 반드시 이유가 있을 텐데요." 나의 질문에 그녀는 "무슨 이유인지 기억하지 못하겠습니다"라고 솔직하게 대답했다. 그녀는 오랫동안 남편이 미운 이유의 목록을 가지고 있었는데 이제는 잊어버린 것이다. 남편을 미워할 이유를 잊어버렸지만, 우리 대적은 그녀의 마음속에 증오를 심어 놓았다. 이 얼마나 슬픈 일인가?

사랑은 잘못한 일들을 용서한다. 미국에 있을 때 새해가 되기 바로 전날 저녁에, 우리 교회에 다니는 한 부부가 찾아왔다. 그들은 서로에게 단단히 화가 나 있었다. 나는 그들을 만나서 역시 기본적인 질문을 했다. "무슨 문제입니까?" 그러자 그들은 동시에 대답하려 했다. 그래서 내가 말했다. "한번에 한 사람씩 물어보는 게 좋겠군요. 아내부터 시작합시다. 무엇이 문제입니까?" 그들은 결혼한 지 23년 된 부부였다. 아내가 그들의 문제를 말하기 시작했다. 그 아내는 결혼한 첫날부터 말하기 시작했는데, 30분 동안 이야기했으나 결혼 후 6일까지 밖에는 나가지 못했다. 나는 시계를 보면서 '이 여자 말을 다 들어주려면 내 일생 동안 들어야겠군' 하고 생각했다. 그 아내는 사랑하는 법을 배워야 했다.

다른 사람들의 실수 목록을 가지고 사는 인생은 매우 복잡하지만, 사랑하는 삶은 아주 단순하고 매우 즐겁고 자유를 준다. 우리는 사랑의 삶에 대하여 단순해야 할 것이다.

진리에 대해 단순하라

다섯 번째로 단순해야 할 것이 있다. 진리에 대하여 단순해야 한다. 여기에 진리에 대한 매우 중요한 가르침이 있다.

> "뱀이 그 간계로 이와를 미혹케 한 것같이 너희 마음이 그리스도를 향하는 진실함과 깨끗함에서 떠나 부패할까 두려워하노라 만일 누가 가서 우리의 전파하지 아니한 다른 예수를 전파하거나 혹 너희의 받지 아니한 다른 영을 받게 하거나 혹 너희의 받지 아니한 다른 복음을 받게 할 때에는 너희가 잘 용납하는구나 내가 지극히 큰 사도들보다 조금도 부족한 것이 없는 줄로 생각하노라 내가 비록 말에는 졸하나 지식에는 그렇지 아니하니 이것을 우리가 모든 사람 가운데서 모든 일로 너희에게 나타내었노라" (고후 11:3-6).

"뱀이 그 간계로 이와를 미혹케 한 것같이 너희 마음이 그리스도를 향하는 진실함과 깨끗함에서 떠나 부패할까 두려워하노라." 예수님은 우리의 믿음이 단순하기를 원하신다. 예수님은 아담과 하와가 손쉽게 단순한 삶을 살 수 있도록 해놓으셨다. 일을 복잡하게 만들어 놓은 것은 뱀, 곧 사탄이었다.

바울도 이 문제에 대하여 걱정하고 있었다. 그는 고린도 교회 성도들에게 예수 그리스도의 단순한 복음을 말하고 있다. 그런데 그때 거짓 사도들과 거짓 교사들이 들어왔다. 그들은 고린도 교회 성도들을 잘못된 길로 가게 하려고 시도했다. 아주 심각한 상황이었다. 바울은 말한다. "너희가 그리스도께 대한 신실하고 깨끗한 헌신에서 미혹됨이 없기를 바라노라."

하나님께서는 그리스도께 대한 우리의 헌신이 매우 진실하고 순수하기를 원하신다. 순수하게 된다는 것은 단순하게 된다는 것이다. 순수한 것은 무엇이나 아주 단순하다. 거기에 다른 것들을 섞을 때 복잡해지는 것이다. 대적이 우리에게 하려는 것이 바로 그것이다. 사탄은 우리에게 와서 그리스도의 단순한 복음으로부터 떨어지게 하려는 것이다.

예수님은 말씀하신다. "내가 곧 길이요 진리요 생명이다." 아주 간단한 말씀이고 우리는 그것을 이해할 수 있다. 예수 그리스도는 진리가 인격이 되신 분이다. 예수님께서 "너희가 나를 알면 진리를 알지니 진리가 너희를 자유케 하리라" 하신 말씀을 우리는 이해할 수 있다.

바울은 고린도전서 1장에서 진리에 대해 말씀하고 있다. 고린도전서 1장 18절에서 "십자가의 도가 멸망하는 자에게는 미련한 것이요 구원을 얻는 우리에게는 하나님의 능력이라"고 하였다. 자신의 인생에서 한때 십자가의 도가 미련함이었던 때를 기억하는 이도 있을 것이다. 사람들이 십자가의 도를 비웃고 조롱하던 때를 기억할 것이다. 그러나 성령께서 가리어졌던 우리 눈을 열어 주시사 우리 영혼이 빛을 받게 되었을 때, 이 미련한 도는 우리 삶에서 하나님의 능력이 되었다.

하나님께서는 마음에 비추임을 얻지 못한 자들에게는 미련함이 되는 십자가의 도를 택하셨다. 이 도는 그것을 영적으로 이해하는 자들에게는 뛰어난 능력이 된다. 하나님께서 사람들을 구원하실 때 단순한 방법을 택하신 데는 중요한 이유가 있다. 하나님은 이사야 29장 14절에서 이것을 말씀하신다. "그들 중의 지혜자의 지혜가 없어지고 명철자의 총명이 가리워지리라."

이것이 하나님의 계획의 일부이다. 사람들은 자기들이 매우 영리하다고 생각한다. 하나님께 이르려면 지식을 통해야만 한다고 생각하는 사람이 많이 있다. 지능지수가 높고 많이 배웠으면 하나님을 더 잘 알 수 있다고 생각하는 것이다. 그러나 하나님은 말씀하신다. "아니, 그렇지 않다. 내가 지혜자의 지혜를 폐하고 명철자의 총명을 가릴 것이다."

20절에서 바울은 이렇게 묻고 있다. "지혜 있는 자가 어디 있느뇨? 선비가 어디 있느뇨? 이 세대에 변사가 어디 있느뇨? 하나님께서 이 세상의 지혜를 미련케 하신 것이 아니뇨? 하나님의 지혜에 있어서는 이 세상이 자기 지혜로 하나님을 알지 못하는고로." 이 세상은 자기 지혜나 명철을 가지고는 결코 하나님을 알지 못할 것이다.

하나님께서는 대신에 다른 계획을 세우셨다. 하나님께서는 전도의 미련한 것으로 믿는 자들을 구원하기로 하셨다.

"유대인은 표적을 구하고." 요즈음 이런 함정에 빠지는 사람이 많다. "헬라인은 지혜를 찾으나 우리는 그리스도를 전하니 유대인에게는 거리끼는 것이요 이방인에게는 미련한 것이로되 오직 부르심을 입은 자들에게는 유대인이나 헬라인이나 그리스도는 하나님의 능력이요 하나님의 지혜니라."

여기에 모든 가르침의 요절이 있다. "하나님의 미련한 것이 사람보다 지혜 있고 하나님의 약한 것이 사람보다 강하니라"(25절). "하나님께서 세상의 미련한 것들을 택하사 지혜 있는 자들을 부끄럽게 하려 하시고 세상의 약한 것들을 택하사 강한 것들을 부끄럽게 하려 하시며 하나님께서 세상의 천한 것들과 멸시받는 것들과 없는 것들을 택하사 있는 것들을 폐하려 하시나니 이는 아무 육체라도 하나님 앞에서 자랑하지 못하게 하려 하심이라"(27-29절). 예수 그리스도는 우리의 지혜와 의로움과 거룩함과 구속함이 되셨다. 그러므로 "자랑하는 자는 주 안에서 자랑하라"고 하신 것이다.

단순한 믿음과 단순한 진리를 통해야만 예수님께 올 수 있다. 예수 그리스도 안에서만 계시된 진리다. 세상의 어떤 종교나 철학이나 사회과학이나 자연과학도 그것을 분별할 수 없다. 하나님께서는 단순한 길을 예비해 두셨다. 우리가 어린아이와 같이 되어 그리스도 안에서 믿음으로 말미암아 변화되는 것이다.

순종함에 있어 단순하라

이제 마지막 특징을 살펴보자. 순종함에 있어 단순해야 한다. 하나님께서는 우리가 순종하는 단순한 삶을 살기 원하신다. 이 주제에 대하여 요한복음 14장에서 그리스도를 사랑하는 자는 그리스도께 순종하는 자라고 하였다. 우리가 악에 대하여, 사랑에 대하여, 진리에 대하여 단순할 때 그리스도를 전적으로 신뢰하고 모든 일에 순종할 준비가 된 것이다.

> "너는 마음을 다하여 여호와를 의뢰하고 네 명철을 의지하지 말라 너는 범사에 그를 인정하라 그리하면 네 길을 지도하시리라"(잠 3:5-6).

주님은 약속하신 것을 반드시 지키신다. 주님은 우리를 단순한 삶으로 부르신다. 다른 사람들은 복잡하게 살아도 그냥 두고, 우리는 그러한 덫에 빠져들지 말아야 한다.

서구 교회에서는 우리가 부딪히는 한 문제점을 나타내는 말이 있다. 그것은 "겉으로 보면 영리한 듯한데 속은 그렇지 않다"는 말이다. 이는 헛똑똑하다는 것을 뜻한다. 어떤 사람들은 매우 영리하고 지식이 많으며 지혜로워 보이고 남들을 감동시키기도 하지만, 하나님을 감동시키지는 못한다.

주님은 우리가 어린아이와 같이 되기를 원하신다. 우리 삶에 단순한 관심을 갖기 원하신다. 악한 것과 의로움과 사랑과 진리와 순종에 대해 단순하기를 원하신다.

C. 만족에 관한 영적 훈련

만족하게 사는 사람을 보았는가? 우리는 자신의 삶에 만족하는가? 주님께서는 우리가 만족한 삶을 살고 즐기기를 원하신다. 성경은 만족에 대해 많은 언급을 하고 있다. 다음은 영적인 만족에 대해 가장 분명히 말하고 있는 구절이다.

> "그러나 지족하는 마음이 있으면 경건이 큰 이익이 되느니라 우리가 세상에 아무 것도 가지고 온 것이 없으매 또한 아무 것도 가지고 가지 못하리니 우리가 먹을 것과 입을 것이 있은즉 족한 줄로 알 것이니라 부하려 하는 자들은 시험과 올무와 여러 가지 어리석고 해로운 정욕에 떨어지나니 곧 사람으로 침륜과 멸망에 빠지게 하는 것이라 돈을 사랑함이 일만 악의 뿌리가 되나니 이것을 사모하는 자들이 미혹을 받아 믿음에서 떠나 많은 근심으로써 자기를 찔렀도다"(딤전 6:6-10).

경건과 자족은 큰 유익이 된다. 경건하게 산다는 것은 매우 훌륭한 일이다. 또한 이 경건한 삶에서 자족을 누릴 수 있다. 이것은 큰 유익이 된다. 자족이란 세상의 돈을 다 모아도 살 수 없다. 자족은 우리가 하나님과의 교제 가운데 살 때에만 얻을 수 있다. 우리는 세상에 가지고 온 것이 아무 것도 없으며, 세상을 떠날 때에도 아무것도 가지고 갈 수 없다.

그런데 대부분의 사람들은 얼마나 비참하게 살아가고 있는가? 자신들이 가질 수 있는 것들을 모아 쌓는 일에 일생을 허비하고 일생을 마치는

데, 결국 모든 것을 잃는다. 대부분의 사람들은 만족하지 못한 삶을 살아 간다. 게으른 사람들도 있다. 게으른 가운데 만족한 듯이 보이지만 그들에 게는 마음의 깊은 만족이 없다. 만족은 충족과 관계가 있다. 만족이란 완 전히 채워진 것이다.

성경은 매우 단순한 삶 가운데서도 자족하도록 우리를 격려한다. 8절은 우리에게 먹을 것과 입을 것이 있으면 만족하라고 가르친다. 돈을 사랑함 으로 속거나 곁길로 가지 말라고 가르친다. 많은 사람들은 돈이 만족을 가 져다 준다고 믿고 있지만 성경은 그렇지 않다고 가르친다.

솔로몬은 아마도 역사상 가장 큰 부자였을 것이다. 그러나 그 역시 만족 하지 못했다. 아시다시피 솔로몬은 인생을 다 살고 나서 이렇게 말했다. "헛되고 헛되도다 모든 것이 헛되도다." 그는 크게 부요했으며 처첩들도 많았고 가진 것도 많았지만 만족하지 못했다. 섬기는 지도자가 되는 일이 누구에게든 자연스러운 일이 아니라고 했는데, 그와 마찬가지로 자족함 을 얻는 일도 누구에게든 손쉬운 일은 아니다.

D. 자족하는 법을 배우려면

사도 바울은 자신이 자족하는 법을 배웠다고 했다. 오늘날도 우리에게 자족하는 법을 배우도록 도와주는 매우 중요한 구절이 있다.

> "이를 위하여 우리가 수고하고 진력하는 것은 우리 소망을 살아계신 하 나님께 둠이니 곧 모든 사람 특히 믿는 자들의 구주시라 네가 이것들을 명하고 가르치라 누구든지 네 연소함을 업신여기지 못하게 하고 오직 말과 행실과 사랑과 믿음과 정절에 대하여 믿는 자에게 본이 되어 내가 이를 때까지 읽는 것과 권하는 것과 가르치는 것에 착념하라"(딤 4:10- 13).

사도 바울은 큰 비밀을 배웠다. 즉 어떠한 처지에서도 만족하는 법을 배운 것이다. 그는 이렇게 말한다. "나는 궁핍할 때나 풍족할 때에 만족하는 법을 배웠다. 어떠한 처지에서도 만족하는 법을 배웠다. 배부를 때에나 배고플 때에나, 풍족하게 살 때에나 가난하게 살 때에나, 어떠한 형편에서도 만족하는 법을 배웠다."

바울은 빌립보서 4장 13절에서 그 비결을 말해 준다. "내게 힘 주시는 그리스도 안에서 내가 모든 것을 할 수 있느니라." 만족할 수 있는 힘을 가진 것은 바울이 아니었다. 예수 그리스도께서 그 힘을 바울에게 주셨던 것이다. 이것이 자족함의 핵심이다. 만족함이란 예수 그리스도께로만 오는 것이다. 주님께서는 우리가 만족하게 살기 원하시고 우리에게 만족하는 법을 배울 수 있게 해주셨다. 그 비결은 그 분의 손 안에서 사는 것이다.

그런데 우리 대적은 우리로 하여금 무언가 다른 것을 원하게 만든다. 사탄의 전략은 우리에게 다가와 이렇게 말한다. "이것만 갖게 되면 네가 만족할 텐데…." 그러나 우리는 세상에서 가장 부유한 사람도 결코 행복할 수 없다는 것을 배웠다. 그들은 매우 많은 재산을 가졌을지 모르지만 항상 좀 더 가져야 행복하리라고 생각한다. 세상의 생각은 그러하다. 그것이 바로 마귀의 생각이다.

그러나 예수님의 생각은 자족하는 것이다. 예수 그리스도께서 우리에게 힘을 주시면 어떠한 처지에서도 만족할 수 있다. 우리의 만족은 그리스도께서 계시다는 사실에서 오며, 성령으로부터 오는 것이다. 히브리서 13장을 보면 만족함에 대한 매우 흥미 있는 구절이 있다. 히브리서 13장 5-6절이다.

"돈을 사랑치 말고 있는 바를 족한 줄로 알라 그가 친히 말씀하시기를 내가 과연 너희를 버리지 아니하고 과연 너희를 떠나지 아니하리라 하셨느니라 그러므로 우리가 담대히 가로되 주는 나를 돕는 자시니 내가 무서워 아니하겠노라 사람이 내게 어찌 하리요."

우리의 사는 동안 돈을 사랑하지 말라. 언제나 가진 것으로 만족해야 한다. 이에 대해 "왜?"라고 하는 질문할지 모른다. "왜 내가 가진 것으로만 만족해야 합니까?" 그 이유는 하나님께서 우리에게 주신 약속이 있기 때문이다. 하나님께서는 "내가 너희를 떠나지 아니하며 버리지 아니하리라"고 말씀하셨다. 또한 다른 약속도 해주셨다. 우리는 확신 가운데 이렇게 말할 수 있다. "주께서는 나를 돕는 분이다. 내가 두려워하지 않으리라. 사람이 내게 어찌하리오."

예수 그리스도를 믿을 때 우리는 필요한 모든 것을 소유하게 된다. 그분은 평강과 기쁨과 충족과 영생의 근원이시며, 우리 삶을 채우시는 원천이다. 예수님은 우리 안에서 만족을 얻도록 우리를 부르셨다. 그리고 당신의 부요와 영광을 따라 우리의 모든 필요한 것을 주시겠다고 하셨다. 예수 그리스도는 우리가 필요한 모든 것을 가지고 계신다. 하나님께 가까이 나아가고 하나님께서 우리에게 가까이 오시도록 해야 한다.

끊임없이 그분을 우리 삶 가운데 모셔 들이자. 예수님께서 우리의 삶 밖에서 문을 두드리며 서 계시지 않도록 해야 한다. 항상 그분을 모셔 들이고, 우리 삶을 채우도록 하고, 우리와 교제하시도록 해야 한다. 우리는 항상 예수님과 사귐을 가져야 한다.

수년 전 남가주 지방에서 목회할 때의 일이다. 어떤 사람이 전화를 걸어 만나기를 청해 왔다. 그는 이렇게 말했다. "제 인생이 혼돈과 고통 중에 있습니다. 도와주세요. 저는 당신의 교회에 다니지 않지만 그 교회에 다니는 아내와 아이들이 저에게 목사님을 만나보라고 권했습니다." 내가 기꺼이 만나겠다고 하자, 그는 자기의 컨트리클럽에서 점심을 같이 하자고 초대했다. 나는 매우 돈 많은 사람들만 갈 수 있는 컨트리클럽에 가서 그 사람을 처음 만나게 되었다. 그는 크게 성공한 이제 마흔을 갓 넘긴 젊은 사업가였다.

그는 나에게 말했다. "먼저 제가 꽤 성공했다는 점을 알아주시기 바랍
니다. 그런데 저에게는 큰 문제가 있습니다." 그는 자신이 얻은 것들을 쭉
열거하기 시작했다. "저는 많은 돈을 벌어 큰 부자가 됐습니다. 사고 싶은
것은 무엇이나 살 수 있습니다. 좋은 아내와 아이들도 있습니다. 또 저는
이 도시에서 상당히 존경도 받아서 시에서 주는 상은 거의 다 받아 보았습
니다. 봉사단체에도 관계하면서 적지 않은 재정적 지원을 합니다. 그런데
도 문제가 있습니다."

그 사람은 대부분의 미국인들이 바라는 이상의 것을 가졌다. 그는 이
도시에 큰 저택이 있고 팜 스프링스에 두 채의 아파트가 있으며 하와이에
도 한 채의 아파트가 있다. 또 가고 싶은 곳이면 어디나 갈 수 있다. 그런데
도 무슨 문제가 있다는 것인가?

나는 그 문제가 무엇인지 짐작할 수 있었다. 그래서 그가 이렇게 말할
때 놀라지 않았다. "제 인생은 공허합니다. 만족이 없습니다. 제 삶의 목표
를 이루려면 60대 초반이나 65세까지는 일해야 되리라고 생각했는데 이
미 다 이루었습니다. 그러나 제가 이룬 것들이 저에게 만족을 주지 못했습
니다. 이제 어떻게 해야 될까요?"

그날 나는 그에게 그의 인생에 만족을 줄 수 있는 분은 오직 예수 그리
스도뿐이라고 말해주었다. 어거스틴이 말한 대로 사람의 인생에는 하나
님만 채우실 수 있는 빈자리가 있으며, 그 빈자리를 채우기 위해서는 끊어
졌던 하나님과의 사귐을 회복해야 한다고 말했다. 죄는 하나님으로부터
우리를 분리시킨다는 사실과 모든 사람이 죄를 범하여 하나님의 영광에
이르지 못하였고, 의인은 없나니 하나도 없다는 사실도 말해 주었다.

그때 그가 나의 말을 막았다. "목사님, 저를 보고 죄인이라고 하십니
까?" 나는 성경이 죄가 우리 모두의 문제라고 증언한다고 했다. 그는 매우
화가 나서 자신은 죄인이 아니라 선하며 마음도 넓은 사람이라고 했다. 나
는 그에게 예수 그리스도에 대해 좀 더 이야기하고, 예수께서 어떻게 그의

삶에 오실 수 있는지 말했다. 그날 나는 그에게 예수님을 영접하고 하나님과 다시 연합하도록 초청했으나 그는 거부했다. 그 뒤 우리는 몇 차례 다시 만났지만 그는 끝내 예수님 믿기를 거부했다.

만일 내가 그에게 작은 알약을 주어 만족할 수 있었다면, 그는 많은 돈도 기쁘게 썼을 것이다. 만일 내가 간단한 처방을 주었다면, 그는 오만한 태도로 나에게 많은 돈을 주어 부자로 만들었을 것이다. 그러나 내가 그에게 줄 수 있었던 대답은 참된 해답이었다. 그가 참된 만족을 누리려면 자신을 부인하고 날마다 자기 십자가를 지고 예수님을 따라야 했다. 그러나 성경에 나오는 젊은 관원과도 같이, 그는 자신을 예수님께 온전히 드리지 않았다. 결국 그는 얼마 못가 아내와도 이혼하고 말았다.

그는 가능한 모든 곳을 다니며 만족을 구했다. 이 사건은 거의 10년 전에 일어난 일이다. 그 뒤로 한두 번 그를 만났는데, 그는 아직도 만족이 없었다. 내가 확신하건대 그가 예수님께로 오지 않는 한 그에게 만족함은 없을 것이다. 우리에게 만족할 수 있는 힘을 주시는 분은 예수님이기 때문이다.

우리는 "내가 너희를 떠나지 아니하며 버리지 아니하리라. 보라, 내가 세상 끝날까지 항상 너희와 함께 있으리라" 하신 예수님의 신실한 약속에 만족해야 한다. 이것이 참된 성경적 만족의 비결이다. 오늘이나 내일, 우리의 남은 인생 동안, 아니 영원토록 우리는 예수님을 모셨을 때 모든 필요한 것을 가지는 것이다. 예수 그리스도께서 참된 만족에 대한 해답이며, 비결이다.

E. 단순하고 만족한 삶을 즐기려면

그러면 어떻게 해야 단순하고 만족스러운 삶을 즐길 수 있는가? 이제 이에 관한 다섯 단계를 살펴보자. 이 단계를 따라 단순하고도 만족한 삶을 누릴 수 있을 것이다. 이것은 지금까지 살핀 내용들을 요약, 정리한 것이다.

예수님의 삶에 관심을 집중하라

먼저 예수님처럼 사는 일에 관심을 두어야 한다. 예수님의 삶에 관심을 집중해야 한다. 스스로도 자라고 다른 사람들도 자라도록 도와서 더욱 더 예수님을 닮아가게 해야 한다. 여기에는 그리스도의 장성한 분량이 유일한 평가 기준이다. 이 문제를 이론적인 것으로 치부하지 말아야 한다. 이것은 기독교의 매우 실제적인 문제다. 하나님께서는 우리가 이렇게 살기 원하신다. 이제 우리의 삶에서 정상적으로 가져야 하는 세 가지 질문을 드린다.

우리가 예수님처럼 사는 일에 관심을 두려고 할 때, 첫째 질문은 "예수님이 이런 상황에서 무엇을 하실까" 하는 것이다. 이는 실로 실제적인 문제다. 나는 이 문제의 해답을 두 가지 실제적인 방법으로 찾아낸다. 하나는 하나님 말씀에 의지하는 것으로, 성령께서 진리의 말씀으로 우리를 이끄시도록 구하는 것이다. 또 하나의 간단한 방법은 기도다. 무엇을 해야 할지 모르면 하나님께 기도해야 한다. 그러면 하나님께서는 우리에게 말씀할 준비를 하고 기다리신다고 나는 믿는다.

이는 야고보가 영적 지혜에 대해 말할 때 쓰는 것과 같은 원리다. 누구든지 지혜가 필요하면 하나님께 구하기만 하면 된다. 그러면 하나님께서는 지혜를 주실 것이다. 우리는 지혜가 부족한 채로 살아야 할 이유가 없다. 하나님의 말씀은 명백하다. 무엇이 필요할 때 우리가 하나님께 구하면 하나님은 우리에게 주시겠다고 약속하셨다. 이 문제에 대해서도 마찬가지다. 어떠한 상황에서 예수님은 무엇을 하실지 알고 싶다면 하나님의 도움을 구해야 한다. 하나님께서는 도와주실 것이다.

두 번째 질문은 "예수님께서 뭐라고 말씀하실까" 하는 질문이다. "예수님께서 이러한 처지에 계시다면 뭐라고 말씀하실까?" 이 문제는 아시다시피 "무엇을 말하는가?"만이 아니라 "어떻게 말하는가?"의 문제이기도 하다. 사랑과 온화함과 부드러움으로 하실 것이다.

세 번째 질문은 "예수님께서 이런 경우에 어떻게 행동하실까?" 하는 것이다. "예수님께서 무엇을 하실까? 뭐라고 말씀하실까? 어떻게 행동하실까?" 이럴 때 우리는 기도해야 한다. "주님, 저희들을 도우시고 힘 주셔서 주님께서 하시려는 일을 하게 하소서." "주 예수님, 오셔서 저를 도와주소서. 제 삶의 밖에 서 계시지 마시고 들어오셔서 이 상황을 헤쳐 가도록 도와주소서. 무엇을 말해야 할지 알게 하시고 어떻게 행동해야 할지 알게 하소서."

우리는 예수님과 같은 삶을 살아야 한다. 예수님처럼 사는 일에 관심을 집중하자.

하나님과 사람 앞에서 겸손하라

다음으로 우리는 하나님과 사람 앞에서 겸손히 행해야 한다. 예수 그리스도와 같이 되어야 하고 그분 앞에서 겸손히 행해야 한다. 빌립보서 2장에서 살펴본 대로 겸손의 옷을 입어야 한다. 베드로전서 5장 5, 6절에서 본 바와 같이, 하나님께서는 교만한 자를 대적하시고 겸손한 자에게 은혜를 주신다는 사실을 기억해야 한다. 그러므로 우리는 하나님의 능하신 손아래서 겸손해야 한다. 그것이 주님께서 우리에게 원하시는 바이다.

예수님이 하나님과 사람 앞에서 겸손히 행하셨다면, 예수님이 만족에 대한 해답이라면, 그리고 우리가 예수님처럼 살려고 하면, 하나님과 사람 앞에서 겸손히 행해야 한다. 주님이 무엇보다 원하시는 희생을 그분께 드려야 한다. 바로 상하고 깨어진 마음, 상한 심령이다. 주님은 이것을 무시하지 않으실 것이다. 우리가 하나님의 능하신 손아래서 겸손하면, 하나님께서는 당신의 시간에 우리를 높이겠다고 약속하셨다. 우리는 하나님과 사람 앞에 겸손히 행해야 한다.

먼저 그리스도를 구하라

간단하고도 만족한 삶을 누리기 위한 세 번째 단계가 있다. 이것은 기독교 제자도의 기초인데 이미 수차례 이야기했다. 바로 그리스도를 먼저 구하는 것이며, 그의 나라와 그의 의를 구하는 것이다. 이것은 우리를 위해 무언가 구하는 일을 그치고, 잘못된 길로 가는 일을 그치는 일이다. 우리가 죽고 날마다 십자가를 지고 예수님을 따르는 일이다. 우리 자신의 뜻대로 구하지 않고 하나님의 뜻에 우리를 위탁하는 일이다. 이것이 바로 예수님이 오셔서 우리를 자유케 하신 이유다. 바울이 갈라디아서에서 예수님이 죄와 죽음에서 우리를 자유케 하시려고 오셨다고 말한 내용이다. 우리가 진정 자유로워지려면 우리 삶에서 우선순위를 바로 해야 한다. 그것은 먼저 예수 그리스도와 그의 나라와 그의 의를 구하는 일이다.

전심으로 하나님을 신뢰하라

네 번째 단계는 우리 마음을 다해 하나님을 신뢰하는 일이다. 이것은 말하기는 쉽지만 실제로 행하기는 무척 어렵다. 우리는 하나님을 전적으로 신뢰해야 하고 목숨을 다해 사랑해야 한다. 목회나, 우리의 가족이나, 우리 삶의 모든 측면에서 사랑해야 한다. 하나님께서 우리의 모든 필요를 공급하시도록 해드려야 한다. 우리는 적게 가졌을 때든지 많이 가졌을 때든지 만족하는 법을 배워야 한다. 우리에게 힘주시는 그리스도를 통하여 모든 일을 하는 법을 배워야 한다.

마음을 다해 하나님을 신뢰하고 우리의 명철을 의지하지 않는 것은 매우 잘하는 일이다. 그러나 삶의 모든 영역에서 하나님을 인정하고 그 지도를 받을 때 많은 사람들이 하나님께서 신실한 인도자요 목자가 되심을 경험하는 것이 더욱 중요한 일이다. 하나님은 신실하시고, 약속하신 바를 행하시며, 그분의 말씀을 늘 지키신다. 우리의 마음을 다해 하나님을 신뢰해야 한다.

모든 일은 하나님의 영광을 위해

다섯 번째 단계다. 우리가 단순하고도 만족한 삶을 누리려면 예수님처럼 사는 일에 관심을 두어야 한다. 하나님과 사람 앞에서 겸손히 행해야 한다. 예수 그리스도와 그의 나라와 그의 의를 우선적으로 구해야 한다. 전심으로 하나님을 사랑해야 한다. 그리고 마지막으로 모든 일은 하나님의 영광을 위하여 해야 한다. 먹든지 마시든지 무엇을 하든지 모든 일을 하나님의 영광을 위해 해야 한다는 것이다. 이미 언급한 바와 같이 나는 이것이 실로 그리스도인이 충족할 수 있는 열쇠가 된다고 믿는다.

하나님께서는 인간을 만드실 때 하나님께 영광을 돌리도록 하셨다. 하나님께 영광을 돌리는 것보다 더 큰 기쁨과 생명의 근원은 없다. 우리가 창조된 목적도 그것이다. 우리가 하늘나라에서 영원토록 할 일도 하나님께 기도와 존귀와 영광과 예배를 드리는 일이다. 우리의 예배를 받으시기에 홀로 합당하신 어린양을 예배하는 것이다. 우리는 아버지와 아들과 성령께 영광을 돌릴 것이다.

이제 마지막 결론이다. 그러나 가장 중요한 일은 이제 시작이라고 해야할 것이다. 그것은 하나님께서 우리에게 하신 말씀을 우리가 그대로 행하는 일이다. 나는 이번에 나눈 것들이 대부분 이미 알고 있는 것이라고 생각한다. 이제 행함으로 우리 삶에 일어나게 되는 놀라운 일에 대해서 하나님께 영광을 돌리고 기도를 드린다.

크리스천의 영성 지도력

펴낸일 • 2007년 6월 20일 초판 발행
지은이 • 폴 시 다
옮긴이 • 윤 필 교
펴낸이 • 김 수 곤
펴낸곳 • 도서출판 선교횃불
등록일 • 1999년 9월 21일 / 제54호
등록주소 • 서울시 송파구 삼전동 103번지

총 판 • 선 교 횃 불
　　　　전　화 : 02)2203-2739
　　　　팩　스 : 02)2203-2738
　　　　홈페이지 : www.ccm2u.com